Sanctions disciplinaires et morales,

Le cas de l'absentéisme fautif

Sanctions disciplinaires et morales, Le cas de l'absentéisme fautif

ISABELLE DEVOS

Cadre supérieur de santé paramédical
Membre de conseils de discipline d'IFSI

CLOTAIRE MOULOUNGUI

MCF hors classe, ancien membre du CNU Section 01
Correcteur et examinateur au concours des inspecteurs du travail

Autres ouvrages de la collection

Clotaire MOULOUNGUI, *Les appauvrissements consentis par l'appauvri*, 04/01/2026, ISBN 9791097723217

Catherine COUTURIER, *Explorations théoriques et pratiques des pédagogies actives dans l'enseignement supérieur*, 13/12/2025, ISBN 9791097723231

Clovis LECLERC, *Enseigner l'entreprenariat à l'université*, 20/11/2025, ISBN 9791097723224

Efrahime N'GUESSAN, *Télémédecine et Droit*, 25/10/2025, ISBN 9791097723248

Georges BARATIN, *L'entreprise entre joies et peines*, 03/10/2025, ISBN 9791097723255

6, square du capitaine Guynemer
59960 Neuville-en-Ferrain

ISBN : 979-10-977232-6-2
EAN : 9791097723262

Sommaire

Sommaire 9

Introduction. – L'illégalité des sanctions financières pour absentéisme fautif 11

A. – Le dénombrement préalable des présences et des absences 11

B. – Le cas de l'absentéisme moral ou vol du temps de travail 17

C. – La contestation de la retenue sur salaire de l'absentéiste 23

Chapitre 1. – Les sanctions disciplinaires pour absentéisme 35

Section 1. – La sanction des absentéistes dans le public 35

Section 2. – La sanction des absentéistes dans le privé 105

Chapitre 2. – Les "sanctions morales" pour absentéisme 171

Section 1. – La discrétion classique de la sanction morale. 172

Section 2. – La publicité comme sanction des absences. 225

Bibliographie sommaire 259

Manuels et extraits d'encyclopédies 259

Revues surtout juridiques et privatistes 260

Table des matières 271

Fin du livre et page pour des observations 280

Introduction. – L'illégalité des sanctions financières pour absentéisme fautif

1. – La diversité de vols du temps de travail par le salarié. Il est facile de s'assurer de la nécessaire présence physique du personnel au sein de la structure de travail. Plusieurs systèmes sont utilisables à cet effet (A.). Mais faut-il se satisfaire de la seule présence ainsi constatée ? La question est dictée par le fait que certains travailleurs se contentent de faire semblant d'être à la tâche.

Or peut-être ces travailleurs seront-ils entrain de vaquer à des occupations sans intérêt pour leur employeur. Il paraît en l'occurrence défendable de parler de vol de temps de travail, ou bien de parler d'absentéisme moral (B.). Quel que soit le type d'absentéisme constaté, la sanction prononcée ne saurait être financière, c'est-à-dire une sorte d'amende privée (C.).

A. – Le dénombrement préalable des présences et des absences

2. – L'absentéisme révélé par un décompte des présents. Pour savoir si tout le monde est présent, jamais un responsable de la vérification des présences ne demandera aux absents de lever la main. Logique : ceux-ci ne pourraient se signaler comme tels (à ce moment précis). Notre responsable devra donc procéder différemment.

Il devra plutôt s'intéresser au dénombrement des présents ; à leur identification. Pour cela, il recourra à la technique de l'émargement ; ou bien à celle de l'appel à vive voix ; ou encore à celle du passage de badge ; etc. Puisque les présents auront pu être identifiés, la liste des travailleurs absents pourra alors être établie par déduction.

Concrètement, ceux-ci n'auront pas émargé ; ou bien ils seront restés silencieux à l'appel de leur nom. Ou bien encore, ils n'auront pas activé leur badge ; etc. Certes, les présences à prendre en considération ne sont pas toutes physiques, vu que certaines peuvent être virtuelles.

3. – L'autocontrôle et le contrôle hiérarchie des présents.

A-t-on vraiment besoin d'un encadrement hiérarchique chargé du décompte ? Car en cas d'effectifs très important, il faudrait alors une bonne brigade de contrôleurs ; presqu'une *"armée mexicaine"*. Déjà que les directeurs et autres chefs souffrent de l'incompréhension de leur rôle dans la structure qu'ils managent (1).

En tous cas, l'auto-déclaration de son temps de travail par chacun se défend bien. Du moins quand absolument certains sont la capacité et l'honnêteté du personnel. Du reste, pour la coexistence collectivité, la seconde qualité pour l'autocontrôle (la bonne foi) doit être présumée. Sans doute est-ce le cas pour les salariés de haut niveau, les cadres, les titulaires de forfaits jours (2).

Un adage contestable prétend que « *la confiance n'exclut pas le contrôle* ». Il arrive ainsi que se déploient des vérifications tatillonnes dans les bureaux. Pourtant, les valeurs en jeu sont en général très faibles. Curieusement, et à l'inverse, chacun dort dans une maison dont il ne se sera

---

1) Effectivement, « *le cadre est souvent le grand accusé. Pour les représentants du personnel, sa mission est d'exploiter au maximum les personnels, au détriment même de leur santé* » (Valérie CHATEL, Mettre fin à la solitude des managers, AJ Collectivités Territoriales 2013 p.29).

2) Gwendoline LARDEUX, La reconnaissance du droit à la preuve en droit du travail, D. 2017. 37.

jamais demandé si les ouvriers étaient compétents, de sorte qu'elle ne s'effondrera pas bientôt sur eux. De même, l'on monte insouciants dans le bus ou l'avion, sans vérifier que le pilote ne sera point dangereux pour notre vie. Cela, à cause d'une dette de sommeil ; de l'ivrognerie ; de la prise ou de l'emprise d'autres drogues ; etc.

Cela dit, si un travailleur est reconnu comme autonome, et qu'il organise sa journée de travail (de même que l'intensité de celle-ci), l'employeur conserve-t-il un droit de lui exiger « *un temps de présence et de disponibilité* » ? Le doute est permis. L'on pourrait même répondre que durant sa journée de travail un tel travailleur bénéficie du droit « *de s'absenter et de vaquer à des occupations personnelles* » (3).

En vérité, un contrôle minimal s'impose en vue de réfréner l'intéressé dans son stakhanovisme. Car il ne faut pas qu'il se ruine la santé en travaillant sans limite temporelle.

La Cour de cassation a encore récemment jugé que la Cour de justice de l'Union européenne rappelle aux États membres leur obligation de prévoir à la charge des employeurs la mise en place d'un système de mesure de la durée du temps de travail effectué chaque jours par chacun des travailleurs. Ce système doit présenter les trois garanties suivantes : l'objectivité, la fiabilité, et l'accessibilité (4).

Il s'agit concrètement « *d'assurer l'effet utile des droits prévus par la directive 2003/88/CE du 4 novembre 2003 et du droit fondamental consacré à l'article 31, paragraphe 2,*

---

3) Mikaël PELAN, Le contrôle du contenu du temps de travail des salariés en forfait jours, La Semaine Juridique Social n° 18, 10 mai 2022, 1129.

4) Cass. Soc., 07 février 2024, 22-15.842, SOCIÉTÉ CHOUCHANE.

de la Charte des droits fondamentaux de l'Union européenne » (5).

4. – L' obligation légale de décompte du temps de travail.

Il est entendu que « *l'épanouissement individuel et collectif des agents au travail a d'inévitables répercussions sur leur motivation, leur absentéisme et le bon fonctionnement des services* » (6).

Outre la protection de la santé du travailleur, le décompte des heures de travail poursuit deux (autres) objectifs. D'une part, savoir si le travailleur a droit à la perception d'un supplément de salaire au titre des heures (supplémentaires) dépassant sa durée normale de travail. D'autre part, savoir quelles cotisations patronales l'employeur doit en définitive verser à l'URSSAF (à la Sécurité sociale). Il faut ici éviter le travail dissimulé, vulgairement appelé travail au noir.

En gros, l'employeur a l'obligation légale de répertorier les présences par divers moyens appropriés. Même en ayant manqué à cette obligation probatoire, en cas de procès, la possibilité de présenter tous autres moyens de preuve lui est quand même ouverte, affirme la Cour de cassation ; notamment son arrêt du 07 février 2024 (7).

---

5) Idem.

6) Ludivine CLOUZOT, La protection de la santé des agents publics : de l'esquisse au renouveau, AJFP 2024. 378.

7) « *L'absence de mise en place par l'employeur d'un tel système ne le prive pas du droit de soumettre au débat contradictoire tout élément de droit, de fait et de preuve, quant à l'existence ou au nombre d'heures de travail accomplies* » (Cass. Soc., 07 février 2024, 22-15.842, SOCIÉTÉ CHOUCHANE).

5. – La mauvaise volonté ou la mauvaise foi d'absentéistes.
En la matière, l'on ne saurait reprocher à l'employeur le comportement de son travailleur négligent ou de mauvaise foi. Ainsi, le Conseil d'État (14 octobre 1988) aura donné tort à M. GOURGAS (un professeur d'odontologie) qui avait toujours obstinément refusé d'émarger la liste de présence constituant le système de contrôle des assiduités au centre hospitalier régional de Montpellier. Or, ensuite « *invité par l'administration à déclarer les services accomplis en assortissant sa déclaration de tout élément de preuve, il n'a pas fourni les justifications demandées* » (8).

Le juge judiciaire rend aussi de semblables décisions contre le travailleur dédaigneux du pointage prévu comme mécanisme de contrôle des absences. Par exemple, un arrêt de la Cour de cassation (19 octobre 2022) aura répondu au salarié que : « *cette omission injustifiée, qui masque sciemment les présences et absences de l'intéressé, caractérise la faute grave et qu'en privant l'employeur de toute possibilité de contrôle contradictoire de ses heures de présence, il a évidemment contribué à une forme de désorganisation de l'entreprise* ».

En l'espèce, ce fut néanmoins un arrêt de censure de celui de la cour d'appel de Saint-Denis délocalisée à Mamoudzou (09 février 2021). La raison de la cassation aura été que ce grief (d'omission fautive) ne figurait pas dans la lettre de licenciement « *qui ne mentionnait que des faits d'absences répétées du salarié à son poste de travail* » (9). Les absences

---

8) CONSEIL D'ÉTAT, 14 octobre 1988, n° 60310, M. GOURGAS c. CHR DE MONTPELLIER.

9) CASS. SOC., 19 octobre 2022, n° 21-16.352, ASSOCIATION POUR LA FORMATION ET LE DÉVELOPPEMENT MARITIME ET AQUACOLE À MAYOTTE.

seules n'étaient manifestement pas suffisantes pour figurer une faute grave.

6. – Le contrôle des absences dans les formations.

Dans les écoles, les collèges et les lycées, il apparaît naturel au professeur de procéder à un appel nominatif des élèves. Au contraire, beaucoup d'universitaires refusent d'y procéder (à l'université) parce que cette démarche infantiliserait les étudiants. Leur conviction est que ces derniers seraient des adultes désormais responsables à tous points de vue (juridique, moral, etc.). D'autres professeurs d'université ajoutent même que *« la faculté, c'est facultatif »*.

En vérité, une évolution s'amorce avec le passage de plusieurs formations universitaires en cycles de formation professionnelle continue. Celles-ci reçoivent des étudiants (des apprentis) qui alternent leur temps d'activité entre une structure de formation et une structure de travail. Pour cette raison, ils sont aussi baptisés alternants (10). Or la formation universitaire qu'ils reçoivent n'est prise en charge pécuniairement par leur tiers financeur que si existent des preuves de présence aux enseignements ou aux activités d'application (11). D'où un manque à gagner pour la formation hôte de l'absentéiste.

Dans ce contexte, la présence passive ou même perturbatrice aux enseignements semble préférable par l'université à un travail de l'étudiant chez lui, ou bien en bibliothèque. Au sein d'un collectif de travail, la pratique de

---

10) Catherine COUTURIER, Les formations en alternance au début du siècle, Didactijuris, 2024, 100 pages.

11) Clotaire MOULOUNGUI, L'absentéisme dans les formations, Didactijuris, 2024, 347 pages.

passivité ou de la perturbation confinent à une blâmable dilapidation du temps nécessaire à l'activité de l'employeur.

B. – Le cas de l'absentéisme moral ou vol du temps de travail

7. – La difficulté du mesurage de l'utilité d'une présence. Demeurer toute la journée sur les lieux de l'activité suffit-il pour être considéré comme étant présent ? Oui apparemment ; même s'il s'agit alors d'une présence physique sans forcément une réalisation des tâches confiées par l'employeur.

Certes, « *mesurer le temps de travail est une véritable gageure : aussi bien pour le salarié présent dans l'entreprise mais dont l'activité peut parfois dévier vers un certain présentéisme contemplatif et du «papotage», que pour le commercial [...], le chauffeur de poids lourds [...], ou encore les salariés en télétravail [...]* » (12).

Un propos similaire avait déjà été tenu cinq ans plus tôt. À savoir que : « *L'ensemble du droit du travail classique repose sur le présentéisme physique, étalon efficace et accepté de la production et de la rémunération* » (13).

Une difficulté supplémentaire nait du caractère immatériel ou invisible du travail intellectuel ; notamment celui du chercheur devant sa paillasse de laboratoire ou bien devant un ordinateur. Car, au mieux, c'est à l'issue d'années

---

12) François-Xavier GALLET, La notion de temps de travail effectif, Gazette du Palais, 04/01/2001, n° 004, p. 4.

13) Jean-Emmanuel RAY, Le droit du travail à l'épreuve du télétravail, Une nécessaire adaptation, Droit social 1996 p.351 ; La guerre des temps, *Droit social* 2006. 3).

de vains efforts qu'enfin il trouvera de nouveaux produits et systèmes. Parfois, c'est alors qu'il ne sera pas entrain de chercher (hasard) qu'il trouvera (14). Bref, le temps et le résultat du travail des bras étaient plus faciles à percevoir et à contrôler (15).

8. - La durée de travail et ses résultats possibles.

La durée des efforts attendus du travailleur pendant une journée est une question délicate. Déjà parce que l'objectif poursuivi peut être très rapidement atteint par certains. Rallonger arbitrairement la durée du temps de travail ne permettra pas toujours une augmentation de la production.

Outre l'explication par la théorie économique des rendements décroissants, il y a la banale constatation d'une limite physique des efforts possibles. Le double risque suivant se profile alors : des accidents du travail ; une moindre qualité.

D'ailleurs, avertit un professeur de droit : « *Amplitude horaire n'équivaut pas à travail effectif. Cette évidence pratique pour tous les salariés (d'autant plus alors que la religion du présentéisme est désormais devenue majoritaire au sein des entreprises françaises) méritait d'être rappelée* » (16).

Certes, pense la DRH de l'Assistance publique – Hôpitaux de Paris : « *Imposer une amplitude horaire, quelle*

---

14) Cet heureux hasard porte le nom de sérenpidité. C'est de la sorte que Christophe COLOMB aura découvert l'Amérique (en 1492), et qu'Alexander Fleming, aura redécouvert la pénicilline (en 1928).

15) Jean-Emmanuel RAY, D'un droit des travailleurs aux droits de la personne au travail, *Droit social* 2010. 3.

16) Julien ICARD, Mode de calcul du temps de travail effectif, Les Cahiers Sociaux, 01/05/2014, n° 263.

qu'elle soit, génère plus d'absentéisme qu'une amplitude horaire, parfois plus fatigante, mais qui a été choisie par l'agent » (17).

9. – L'absentéisme moral, le défaut de service et autres.

L'Administration française a consacré le concept de *« défaut de service fait »* à l'encontre des fonctionnaires faussement présents. En clair, pour être rémunéré, l'agent public devrait avoir utilisé tout son temps de travail à réaliser convenablement les tâches prévues par son employeur.

Le pire est toutefois que satisfaire ces conditions ne suffit pas à justifier la rémunération d'un travailleur qui n'aura pas été recruté pour les missions qu'il aura remplies. Autrement dit : « *En matière de rémunération [...], le service fait ne saurait suffire à établir la validité de la dette en l'absence de texte ou de contrat* » (18). Pourtant « *tout travail mérite salaire* » verrons-nous plus loin dans ce livre.

La présence inutile à l'employeur prend la forme d'un absentéisme moral (mauvaise volonté probable) ou bien celle d'un présentéisme (bonne volonté vaine). Dans celui-ci, le travailleur s'efforce d'occuper son poste de travail malgré ses éventuels soucis physiques ou psychologiques.

D'une table ronde, d'il y a une quinzaine d'années, l'on retiendra que : *« Le présentéisme peut être défini comme l'inverse de l'absentéisme ou du burn-out. Le collaborateur*

---

17) Vanessa FAGE-MOREEL, Le temps choisi, Ou comment mieux articuler les services à la population et l'équilibre de vie des agents ? AJFP 2024. 311.

18) David GUILBAUD et Nicolas PÉHAU, Paiement irrégulier de rémunérations, *AJDA* 2020. 1901.

est présent à son poste de travail mais dans l'incapacité de fournir la prestation attendue soit par épuisement physique ou psychique soit simplement par démotivation » (19).

Les causes et les formes du présentéisme sont diverses. Effectivement, a-t-il pu être soutenu, « *Le présentéisme est généralement la résultante de maladies physiques et psychiques, chroniques ou épisodiques. Mais le terme englobe également une baisse de performance liée à la difficulté que rencontre un salarié à surmonter des problèmes privés et/ou professionnels* » (20).

10. – La dénonciation du présentéisme au travail.

Les personnes affectées par des pathologies ou des handicaps ne parviendront pas toujours à s'imposer professionnellement au moyen d'un présentéisme forcené. Il y aura en effet des jours où leur mal les empêchera de se déplacer vers le site prévu pour l'activité. L'intéressé se trouvera ainsi donc dans une situation de discrimination ; une discrimination indirecte.

Un auteur dénonce par conséquent les « *modes d'organisation et d'évaluation du travail fondés sur la présence, la productivité à un certain niveau ou la polyvalence au poste qui peuvent affecter, de façon disproportionnée, les salariés en situation de handicap* » (21). Au total, ce n'est pas toujours volontairement que des

19) Francis MEYER et Corine SACHS-DURAND, Présentéisme, maladie et baisse de productivité, Compte-rendu d'une table ronde sur les risques psychosociaux, Premier volet : Les risques psychosociaux, état des lieux, Revue de droit du travail 2012 p.633.

20) Francis Meyer et Corine SACHS-DURAND, préc.

21) Marie MERCAT-BRUNS, Les multiples formes de la discrimination fondée sur le handicap, Rev. trav. 2024. 331.

salariés dilapident le temps de travail au détriment de leur employeur.

11. - Le risque d'absentéisme dû au cumul d'emplois.

Le cumul d'emplois (et de rémunérations) est mal accepté en France. Même lorsque le travailleur (qui serait à temps complet) paraîtrait disposer de beaucoup de temps libre. Sans doute est-ce le cas des enseignants-chercheurs et de leurs doctorants (22).

Selon le Code Général de la Fonction Publique : « *L'agent public consacre l'intégralité de son activité professionnelle aux tâches qui lui sont confiées* » (art. L121-3). Ce code réitère plus loin que : « *L'agent public ne peut exercer, à titre professionnel, une activité privée lucrative de quelque nature que ce soit [...]* » (art. L123-1).

Le travailleur semble plus blâmable encore si un tel cumul s'exerçait lors de créneaux horaires normalement dévolus à l'activité principale. En tous cas, le précepte d'après lequel l'on ne peut servir parallèlement deux maîtres s'applique aussi dans le secteur privé. Tout au moins à l'égard des salariés qui ne sont pas à temps partiel, mais plutôt à temps complet.

12. - Le risque juridique du cumul illicite d'emplois.

Un contentieux des années 60 aidera à cerner la position des juges judiciaires confrontés à cette question du cumul d'emplois, cause potentiel d'absentéisme. Voici précisément le motif idoine d'un arrêt de la Cour de cassation (20 janvier

---

22) Charles FORTIER, Pas de cumul de rémunérations pour les doctorants sous contrat ! AJFP 2009. 300.

1961) : « *Malgré son engagement de consacrer tout son temps à son travail et de ne pas traiter d'affaires personnelles, il s'est souvent absenté de son bureau et y a reçu une correspondance relative à une activité parallèle* » (23).

Le salarié cumulard pouvait-il espérer rester impunément dans son emploi principal ? Non, avait répondu son employeur, lequel l'aura licencié. Selon lui, « *ces manquements graves* » du salarié rendaient « *impossible la continuation du contrat de travail à durée déterminée* ». Le salarié en question aura alors perdu son droit au paiement des salaires convenus, ainsi que l'indemnité compensatrice de congés payés avec (à l'époque) l'onction de la Cour de cassation (20 janvier 1961).

Dans cet arrêt, il est curieusement question de faute lourde (24). Cela surprend au regard de l'acception actuelle de cette notion. À savoir que c'est un fait commis pour nuire à son employeur. Il est vrai que dans l'affaire (et dans d'autres semblables), il y avait une sorte de vol du temps de travail. En clair, l'employeur payait apparemment pour rien une partie du salaire au travailleur cumulard. La situation ne manque pas de faire songer à celle où le travail convenu

---

23) Cass. Soc., 20 janvier 1961, N° 95 ; https://www.legifrance.gouv.fr/affichJuriJudi.do?idTexte=JURITEXT000006955682&fastReqId=2098253206&fastPos=6&oldAction=rechExpJuriJudi.

24) Les archives de la Cour de cassation ne donnent à lire que les abstracts ou les mots clefs. Les titreurs ont en l'espèce mentionné : Contrat de travail ; Durée déterminée ; Rupture par le salarié ; Faute lourde. La qualification de faute lourde ne semble pas aller de soi, puisque la définition qui en est donnée aujourd'hui, consiste en une volonté de nuire à l'employeur. Mais peut-être l'activité parallèle était-elle concurrente. Une jurisprudence presque aussi sévère se perpétue, même s'il est plutôt question de faute grave.

serait virtuel et/ou à réaliser loin des locaux de l'employeur…

C. – La contestation de la retenue sur salaire de l'absentéiste

13. – Les seules sanctions disciplinaires contre l'absentéiste.

Une règle prohibe les amendes privées, ou sanctions pécuniaires, de l'employeur contre les personnels. Le Code du travail (article L1313-2) proclame en effet que : *« les amendes ou autres sanctions pécuniaires sont interdites »*. Le second alinéa de cet article répute non écrite *« toute disposition ou stipulation contraire »*.

À ce sujet, deux professeurs soutiennent que « *depuis la loi du 5 février 1932, les amendes et autres sanctions pécuniaires sont interdites* » (25). Et d'après l'un de leurs collègues, la LOI AUROUX (du 04 août 1982) aura permis d'expurger les amendes patronales figurant dans les règlements intérieurs. Car les employeurs s'y octroyaient la faculté de régenter la relation contractuelle au moyen de clauses étrangères au contrat de travail passé avec le salarié (26).

25) Elsa PESKINE et Cyril WOLMARK, Droit du travail 2024, HyperCours, Dalloz, 2023, n° 283. Christian GAMALEU KAMENI, Précisions relatives à la retenue de la prime d'un salarié absent pour participation à une grève, *LPA* 25 janv. 2019, n° 141x0, p. 11.

26) Il convient de savoir qu'une personne publique (ou assimilée) a le droit de revenir sur une clause illicite pour en corriger l'illicéité ; tout au moins quand celle-ci est divisible (séparable) du reste du contrat. Sinon, cette personne publique doit user de son pouvoir de résiliation unilatérale. Ces deux pouvoirs (de modification et

Précisément : « *La prohibition des amendes ou autres sanctions pécuniaires ne se restreignait pas au seul domaine disciplinaire, bien au contraire lorsqu'on reprend la genèse des textes antérieurs. Elle est un nomade qui ne dédaigne pas les rives contractuelles* » (27).

14. – Une infraction pour sanction pécuniaire au salarié. L'employeur partisan des retenues (en vue de s'assurer une meilleure obéissance du personnel) encoure lui-même une conséquence pécuniaire (de droit du travail, voire de droit pénal). Oui : « *Le fait d'infliger une amende ou une sanction pécuniaire en méconnaissance des dispositions de l'article L1331-2 est puni d'une amende de 3750 euros* » (28).

On se demandera en l'occurrence s'il s'agit d'une amende délictuelle ou plutôt d'une amende contraventionnelle (29). Encore que le Code pénale plafonne à 1500 € les amendes contraventionnelles les plus fortes, celles de la cinquième classe. Tout au plus atteignent-elles le double (3000 €) en cas de récidive.

D'un autre côté, alors que les amendes contraventionnelles s'additionnent à la charge de l'auteur d'une pluralité d'infractions de même nature, les amendes

---

de résiliation) différencient nettement le contrat administratif du contrat privé. Mais il est entendu que la plupart des contrats de l'administration sont (curieusement) des contrats privés. Cela est à coup sûr contre-intuitif...

27) Antoine MAZEAUD, Un élargissement, en jurisprudence, du domaine de la sanction pécuniaire, *Droit social* 1991 p.469. A contrario, cette jurisprudence restreint le domaine de la sanction pécuniaire décidable par l'employeur.

28) Code du travail, article L1334-1.

29) Élisabeth FORTIS, Sur les incidences de la réforme du Code pénal sur le droit du travail, Droit social 1993. 884.

délictuelles sont pour leur part limitées par la règle du non-cumul des peines (30).

Cas d'école : si trois salariés ont subi une sanction pécuniaire prohibée, l'employeur ne payera que 3750 € si c'est un délit qu'il a commis, mais 11250 € s'agissant d'une contravention. Dans l'une et l'autre hypothèse, l'amende sera quintuplée si l'auteur (ici l'employeur) est une personne morale, et non pas une personne physique.

Rappelons que l'amende revient au Trésor Public et non pas à la victime (qui ne serait pas l'État lui-même). Est-ce à dire que le travailleur illicitement sanctionné n'aura droit à rien ? La réponse est que la victime d'une infraction (dont l'auteur a été condamné au pénal) dispose de la faculté de solliciter des dommages-intérêts.

Il lui suffira de remplir les conditions de l'article 1240 du Code civil. Sans toutefois le problème de la charge de la preuve ; une preuve (du fait préjudiciable fautif) déjà en effet offerte par le procès pénal (31).

Certes, en 2003, « *la Cour européenne des droits de l'homme estime en effet qu'il y a violation de la présomption d'innocence lorsque la culpabilité du prévenu est remise en*

---

30) En fait, « *l'addition possible des amendes contraventionnelles et correctionnelles a pour résultat paradoxal que le concours de deux délits exclut le cumul d'amendes, alors que le concours d'un délit et d'une contravention l'autorise* » (Martine HERZOG-EVANS, Amendes pour contraventions, Répertoire de droit pénal et de procédure pénale / Confusion de peines, MAJ 2020).

31) Cass. Crim., 02 octobre 2007, Relaxe et recevabilité de l'action civile de la victime : nécessité d'une demande expresse de réparation, AJ pénal 2008. 37.

cause après une relaxe devenue définitive, ne serait-ce que pour prononcer des dommages-intérêts » (32).

Pour l'essentiel, l'on retiendra qu'il est interdit de mettre en œuvre une sanction financière même prévue (noir sur blanc) dans le contrat de travail, ou prévue dans le règlement intérieur, ou encore dans un accord d'entreprise (33). En cas de litige, le juge saisi fera comme si la disposition pénalisante n'avait jamais été stipulée dans l'acte juridique en question. Cette possibilité n'est pas toujours heureuse.

15. – L'inopportunité du choix des sanctions pécuniaires.

Peut-être l'interdiction du prononcé de sanctions financières par l'employeur est-elle désormais anachronique. Pourquoi ? Parce que, originellement, il s'agissait de s'assurer que le travailleur percevrait les fruits de son travail ; c'est-à-dire sans subir au passage des déductions patronales abusives.

En effet, un célèbre travailliste souligne cette règle n'a jamais eu pour finalité d'avantager de mauvais salariés retardataires, flemmards ou malhonnêtes. Il aurait l'impression de bénéficier d'une immunité. En ce sens, bien paradoxale semble la situation où ce salarié *''voleur de temps de travail''* se trouve mieux protégé que le salarié gréviste. En effet, celui-ci endure la retenue pour défaut d'assiduité. Pourtant son absentéisme découle de l'exercice d'un droit sanctifié par la Constitution. Il est vrai que dans les deux cas

32) Sébastien FUCINI, Appréciation de la faute civile en cas de relaxe et d'appel de la seule partie civile, D.A. 10 mars 2016.

33) Nathalie MARIAPPA, L'administration peut modifier unilatéralement une clause illicite d'un contrat sans saisir le juge, DA 20 mars 2023.

(de grève, de vol) l'employeur souffrira d'une dégradation des quantités et/ou de la qualité de la production espérée des personnels (34).

16. – Le seul juge correctionnel pour les vols et autres.

Dans l'affaire SOCIÉTÉ DUCOPLUS, un caissier s'appropriait (volait) une partie de la recette journalière. L'employeur qui, après un certain temps, l'aura découvert pouvait-il se faire rembourser progressivement, au moyen d'une retenue sur le salaire mensuel de ce caissier ? La réponse jurisprudentielle (négative) peut étonner.

En l'espèce, la Cour de cassation (09 octobre 2019) aura rejeté le pourvoi de l'employeur. Les juges du fond (Douai, 23 février 2018) auront en effet été approuvés d'avoir jugé que *« cette retenue était une sanction pécuniaire illicite de la faute commise par le salarié et que le licenciement du 13 septembre 2012 constituait dès lors la réitération d'une sanction des mêmes faits »* (35).

Dans l'affaire SOCIÉTÉ PARINORD LOGISTIC ET DISTRIBUTION, l'employeur avait aussi entendu faire payer l'auteure d'un détournement de fonds. Mal lui en aura pris : il aura dû reverser de l'argent à la salariée. Ce fut « *au titre de l'annulation de la sanction pécuniaire* » (36).

---

34) Jean SAVATIER, Salaire. Réduction en cas de grève perlée. Sanction pécuniaire, *Droit social* 1995 p.599.

35) CASS. SOC., 09 octobre 2019, SOCIÉTÉ DÉCOPLUS, pourvoi n° 18-15.593. Dans une subdivision ci-dessous, nous revenons sur la question du cumul de sanctions.

36) CASS. SOC., 06 mars 2019, SOCIÉTÉ PARINORD LOGISTIC ET DISTRIBUTION, pourvoi n° 17-27.386.

Bien sûr, l'employeur n'est pas complètement démuni contre ses salariés indélicats. Effectivement, la voie disciplinaire et la voie pénale (correctionnelle) lui demeurent ouvertes. La voie pénale oblige à s'en remettre aux autorités publiques. Car nul n'a le droit de se faire justice à lui-même ; pas de vengeance privée. Concrètement, l'employeur n'a pas le droit de jouer les justiciers ; sauf en cas de flagrance et de légitime défense.

La Cour de cassation (11 février 2009) avait précisément jugé que l'employeur ne peut, *« sauf circonstances exceptionnelles, ouvrir les sacs appartenant aux salariés pour en vérifier le contenu qu'avec leur accord et à la condition de les avoir avertis de leur droit de s'y opposer et d'exiger la présence d'un témoin »* (37).

17. - La dimension pécuniaire des sanctions disciplinaires.

L'employeur qui entend sévir devra appliquer l'une des sanctions disciplinaires (déjà) prévues dans le règlement intérieur de la structure de travail. Les principales sont le licenciement, la mutation, la rétrogradation et la mise à pied. Peut-être beaucoup de salariés fautifs préféreraient-ils des sanctions pécuniaires aux sanctions disciplinaires. Ces dernières présentent d'ailleurs une dimension pécuniaire involontaire.

Sans doute la retenue sur salaire n'aura-t-elle pas à se calquer sur les préjudices finalement provoqués par les jours

37) CASS. SOC., 11 février 2009 / n° 07-42.068, Société industrielle des oléagineux ; Chantal MATHIEU et Olivier LECLERC, Controverse : Quelle vigueur du droit à la preuve en droit du travail ?, *Rev. trav.* 2020. 652.

d'absence au poste de travail. Car les travailleurs absentéistes n'y gagneraient pas au change ; tant ils ruinent les finances et la réputation de leurs employeurs. Effectivement, perdre une ou plusieurs journées de salaire sera toujours préférable au remboursement du manque à gagner de l'employeur lors de l'intervalle de temps litigieux.

Est-il raisonnable (sérieux) de prétendre que les sanctions disciplinaires ne sont pas en définitive pécuniaire ? En vérité, beaucoup d'entre elles présentent des incidences patrimoniales désastreuses pour le travailleur concerné.

Éventuellement en effet, la personne licenciée n'aura plus de salaire, tandis que celle rétrogradée percevra une plus faible rémunération. Une perte financière (certes moindre) se constate aussi en cas de mise à pied. Même la mutation disciplinaire soumet parfois le travailleur à des dépenses personnelles pour s'adapter au nouvel environnement professionnel. Conclusion ironique d'auteurs : « *les sanctions pécuniaires indirectes ne sont donc pas prohibées* » (38).

Un arrêt de rejet de la Cour de cassation (30 novembre 2016) laisse perplexe. Il y est répondu à la demanderesse que la cour d'appel aura « *rejeté à juste titre sa demande en annulation de la sanction disciplinaire [une mutation]* », parce que « *la salariée, qui n'avait pas évoqué l'existence d'une sanction pécuniaire, avait donné son accord à la modification de son contrat de travail* » (39).

À propos de la rétrogradation, il est doctement enseigné que « *la rétrogradation entraîne une réduction de la*

38) Elsa PESKINE et Cyril WOLMARK, précités.

39) CASS. SOC., 30 novembre 2016, Caisse primaire d'assurance maladie de la Haute-Marne, pourvoi n° 15-14.572.

rémunération, mais en raison du changement d'attribution et classification. Il n'y a pas deux sanctions, mais une seule qui en tant que telle n'est pas prohibée » (40). Il n'empêche que persiste une impression de double peine.

18. – Le risque de double peine du salarié absentéiste.

Selon un ancien professeur, la survenue de la retenue sur salaire, puis de la diminution quelque temps après de la prime d'assiduité, sont des sanctions pécuniaires. Certes, « *la solution peut apparaître comme l'aboutissement d'un constat marqué du sceau de la neutralité : le salarié ayant été absent et un abattement pouvant être pratiqué sur la prime d'assiduité en cas d'absence, la décision de l'employeur constitue une simple application des conditions d'attribution de la prime litigieuse, et non une mesure disciplinaire* » (41).

À leur tour, deux de ses collègues (s'appuyant d'ailleurs sur lui) soutiennent cette même idée de sanction réitérée. Voici leur discours : c'est « *l'employeur lui-même qui a choisi la sanction prononcée et l'oppose ensuite au salarié pour le priver de la prime [...] [ce qui laisse transparaître] la fragilité de la position de la Cour de cassation sur les primes d'assiduité* » (42).

Mais dans l'affaire SOCIÉTÉ JEAN LEFEBVRE, la Cour de cassation (4 juin 1986) leur avait répondu (anticipativement). Pour elle « *ne peut constituer une*

---

40) Antoine MAZEAUD, Droit du travail, Précis Domat Droit privé, LGDJ, 2016, n° 145.

41) Georges BORENFREUND, L'abattement pratiqué sur une prime d'assiduité, conséquence de l'absence du salarié du fait de sa mise à pied, ne constitue pas une sanction pécuniaire, *D.* 1995 p.357.

42) Jean MOULY et Jean SAVATIER, Droit disciplinaire, Répertoire de droit du travail octobre 2013, n° 180.

sanction pécuniaire le refus de l'employeur de verser au salarié une somme [pour assiduité] à laquelle ce dernier ne peut prétendre » (43).

Pour les premiers juges de l'affaire, ceux du Conseil de prud'hommes de Bourg-en-Bresse (14 décembre 1983), la clause ainsi appliquée devait être considérée comme non écrite. Car contraire au Code du travail, lequel interdit les sanctions financières. De plus, pour eux, « *la gratification litigieuse présentait tous les caractères d'un salaire fixe* » (44). Dès lors, les deux salariés demandeurs au procès devaient en bénéficier ; à l'instar de leurs collègues assidus, eux !

19. - La légalité d'une sorte de cumul des peines.

Sans doute les éminents enseignants-chercheurs précités ont-ils raison de dénoncer la superposition de mesures de rétorsion contre le (pauvre !) travailleur. Juste peut-on ici rappeler que le droit français admet abondamment le cumul de sanctions. Certes, dans le respect du principe de proportionnalité.

À cet égard, et plus généralement, « *la mise en œuvre du principe constitutionnel de proportionnalité, selon lequel, si l'éventualité que deux procédures, pénale et fiscale, pour des faits de fraude fiscale soient engagées peut conduire à un cumul de sanctions, le montant global des sanctions éventuellement prononcées ne doit pas dépasser le montant le plus élevé de l'une des sanctions encourues* » (45).

---

43) Cass. Soc., 4 juin 1986, 84-40.773, Société Jean-Lefebvre, Bulletin 1986 V n° 274 p. 211.

44) Idem.

45) Cass. Crim., 29 janvier 2020, pourvoi n° 17-83.577, société civile immobilière La Guardiola.

En tous cas, il est courant qu'une sanction disciplinaire complète la condamnation pénale déjà infligée au fonctionnaire ou au salarié (46). Une sanction pénale qui s'accompagnera d'ailleurs éventuellement d'une réparation civile (dommages-intérêts).

De plus, les amendes contraventionnelles s'additionnent à l'encontre de l'auteur, puisque le principe du non-cumul des sanctions pénales ne concerne que les sanctions prévues pour les crimes et les délits.

Au total, la règle selon laquelle le même fait ne doit être sanctionné qu'une fois semble bien fragile. Certes, dans un arrêt d'espèce, la Cour de cassation (18 février 1998) avait répondu que : « *la cour d'appel [Paris, 15 février 1995], ayant constaté que les faits reprochés dans la lettre de licenciement étaient identiques à ceux invoqués dans la lettre de notification d'un avertissement, a, à bon droit, décidé que les mêmes faits ne pouvaient justifier successivement deux mesures disciplinaires* » (47).

Il n'empêche que de nombreux cas auront été jugés comme constitutifs de sanctions pécuniaires interdites.

20. – Le refus licite d'une prime conditionnelle au fautif.

Dans l'affaire SOCIÉTÉ VÉOLIA TRANSPORTS, des chauffeurs étaient privés d'une certaine prime (*"de non-accident"*). Tout au moins s'ils apparaissaient comme

---

46) Evan RASCHEL, Nouvel épisode dans l'application de la règle ne bis in idem en droit français : l'autorisation du cumul des sanctions pénales et disciplinaires, Gaz. Pal. 30 mai 2015, n° 224k3, p. 14. ; Bertrand de BELVAL et Jean VILLACÈQUE, Suspension provisoire d'un avocat poursuivi pénalement, GPL 13 déc. 2022, n° GPL443s8.

47) CASS. SOC., 18 février 1998, n° 95-41.779, Société PINAULT.

responsables exclusifs de l'accident survenu sur la route. S'agissait-il en l'occurrence d'une sanction, d'une sanction financière ? La jurisprudence aura répondu positivement à cette question.

En effet, examinant l'arrêt de la cour d'appel de Caen (27 septembre 2013), la Cour de cassation (03 mars 2015) a estimé que c'était « *à bon droit [...] qu'elle a retenu [...] qu'il y avait lieu de condamner l'employeur à payer au salarié une somme à titre de rappel de cette prime ainsi qu'à l'allocation de dommages-intérêts* » (48).

21. – L'illcéité de la compensation unilatérale patronale.

Même la compensation qui, depuis toujours, est un mécanisme civiliste de paiements réciproques semble fermée à l'employeur. L'idée est que le salarié ne doit pas se sentir piégé, c'est-à-dire l'objet d'un chantage (ou plutôt d'une extorsion). Néanmoins, la compensation conventionnelle se concevrait en cas de relations apaisées et confiantes entre les parties.

Ce contexte plutôt serein aura existé dans une affaire où la Cour de cassation (25 juin 14) avait admis (au travers des juges du fond) que « *le remboursement litigieux n'avait pas été imposé par l'employeur* » (49). Il n'empêche que l'employeur rentre rarement dans ses fonds. Notamment parce que les travailleurs mettent parfois en avant sa propre responsabilité dans la survenue de leur absentéisme.

---

48) CASS. SOC., 03 mars 2015, SOCIÉTÉ VÉOLIA TRANSPORT, pourvoi n° 13-23.857.

49) CASS. SOC., 25 juin 2014, pourvoi n° 13-10.797.

Chapitre 1. – Les sanctions disciplinaires pour absentéisme

22. – Des réponses disciplinaires souvent différentes entre le privé et le public

La personne fautive pour absentéisme n'est pas sanctionnée de la même façon dans le secteur public et dans le secteur privé. On verra par exemple dans le second cas qu'un seul individu pourrait immédiatement prononcer un licenciement, quitte à devoir payer des dommages-intérêts en cas de licenciement finalement jugé abusif. Voilà pourquoi l'étude entend dissocier la présentation des sanctions disciplinaires du secteur public (Section 1), de celles du secteur privé (Section 2).

Section 1. – La sanction des absentéistes dans le public

23. – Le reproche d'insuffisance ou d'indiscipline à l'agent.

Deux principaux cas de figure désespèrent l'employeur à propos d'un travailleur. Le premier est que, malgré sa bonne volonté, ce travailleur n'arrive pas à remplir ses missions. C'est alors une insuffisance professionnelle (50).

L'employeur parvient parfois à la gommer grâce à une réorientation du travailleur vers d'autres missions ; ou bien en lui offrant des formations professionnelles même seulement internes. En cas d'échec de pareilles solutions, nos

---

50) Conseil d'État, 20 juillet 2021, Appréciation de l'insuffisance professionnelle d'un agent public justifiant son licenciement, Lebon 2021.

deux partenaires devront sans doute se séparer pour toujours. Le cas échéant, ils seront assurément déçus, mais pas forcément fâchés.

Le second cas de souffrance de l'employeur à cause d'un travailleur est celui où ce dernier serait pourtant a priori compétent. Sauf qu'il pêchera par son mauvais comportement. Or, un savoir-être doit nécessairement compléter le savoir et le savoir-faire de tout collaborateur (51).

Le défaut de savoir-être se traduira éventuellement par une dilapidation du temps de travail. C'est-à-dire des retards à la reprise du travail ; des pauses intempestives ; des départs anticipés ; et des absences sans excuse.

24. – L'assiduité grâce à la carotte et/ou au bâton.

Bien entendu, la structure de travail (physique ou intellectuel) attend de ses membres qu'ils soient pleinement disponibles et toujours à la tâche. Voilà pourquoi diverses mesures s'envisagent pour favoriser l'assiduité au travail (52).

Par exemple : de la reconnaissance ; des primes de présence ; de meilleures conditions de travail ; des locaux plus ergonomiques ; etc. Ces mesures incitatives cheminent

---

51) Cour administrative d'appel de Bordeaux, 22 mars 2021, De l'importance du « savoir-être » pendant le stage, AJFP 2021. 318 ; Jean-Pierre KARAQUILLO, L'indifférence au savoir-être : un danger pour la crédibilité des institutions sportives, JS 2018, n°184, p.3.

52) Clotaire MOULOUNGUI, Les leviers incitatifs de l'assiduité au travail, Didactijuris, 2025.

presque toujours avec des mesures punitives de nature à prévenir l'absentéisme (par crainte de la sanction).

Certaines d'entre elles sont purement verbales, alors que d'autres comportent une dimension financière : manque à gagner et/ou dépenses supplémentaires (53). Pour le travailleur (rémunéré pour ses efforts) l'inconvénient pécuniaire arrive à son paroxysme en subissant une éviction de la structure de travail trop souvent désertée.

25. – Des sanctions différentes dans le privé et le public.

Quoique les employeurs du secteur public et du secteur privé soient tous mus par le besoin d'efficacité, il convient d'étudier de façon séparée leurs sanctions disciplinaires pour défaut d'assiduité (54). Ne serait-ce que parce que la procédure est infiniment plus simple dans l'entreprise privée, puisque l'exclusion définitive de l'absentéiste (son licenciement) est susceptible d'être actée en un mois seulement.

De toute façon, les sources textuelles des sanctions disciplinaires divergent dans les deux cas (55). C'est de la sorte que dans les lignes qui suivent l'étude des sanctions

53) Clotaire MOULOUNGUI, L'absentéisme et ses inconvénients prétendus, Th. Nantes, 2023 ; Méfaits et Bienfaits de l'Absentéisme, Didactijuris, 2024.

54) Robert HOLCMAN, Secteur public, secteur privé : similarités et différences dans la gestion des ressources humaines. Revue française d'administration publique, 2007, 123(3), 409-421. https://doi.org/10.3917/rfap.123.0409.

55) Les développements du chapitre 8, sur les sanctions morales, constituent néanmoins une sorte de pont entre le privé et le public.

applicables a lieu dans deux chapitres distincts (6 et 7) ; en commençant par le secteur public

26. – Les individus punissables dans une administration.

Dans ce chapitre (et plus généralement dans le livre tout entier), le terme administration est habituellement pris comme un synonyme de l'expression service public. Cela étant, le défaut d'assiduité s'y rencontre de la part tout d'abord des agents publics (56) ; c'est-à-dire les fonctionnaires et les contractuels (§ 1).

Encore d'autres humains fourmillent dans les services publics durant des mois voire des années. Ils ne sont alors pas à proprement parler des travailleurs. À ce propos, si l'hésitation est permise pour certains de ces élus, en particulier les élus, en revanche il n'y en a guère concernant les usagers que sont les élèves (§ 2.).

§ 1. – La sanction de l'agent public absentéiste.

27. – Les sanctions disciplinaires de l'agent absentéiste.

À cause de son défaut d'assiduité, l'agent public est susceptible de subir diverses sanctions disciplinaires. Les plus rudes semblent être la mutation, l'exclusion temporaire et la révocation (A.). Lorsque la révocation (ou licenciement)

---

56) « *La fonction publique ne connaît ni définition officielle ni définition textuelle. [...]. [...] une partie de la doctrine juridique [...] assimile la fonction publique à l'ensemble des personnes de droit public employées par des personnes publiques* » (Didier JEAN-PIERRE, La Semaine Juridique Administrations et Collectivités territoriales n° 17, 26 Avril 2011, 2170).

résulte du reproche d'abandon de poste, des interrogations apparaissent souvent (B.).

A. - La diversité de sanctions dont la révocation

28. - Des sanctions disciplinaires de sévérité variable.

Les populations médisent volontiers sur les fonctionnaires (et les agents publics en général). Car ils seraient de paresseux désinvoltes payés à ne rien faire. Encore que des sondages montrent que les Français se satisfont de l'existence des services publics (57). Or les fonctionnaires en représentent la force de travail.

Ensuite, la retraite des fonctionnaires résulterait d'éléments de calcul trop favorables. Il est vrai que l'on ne tient compte que des rémunérations des six mois avant la retraite pour trouver la moyenne servant de base au calcul de la pension. Ce sont à l'évidence les rémunérations les plus fortes possibles de la carrière ; compte tenu de promotions à l'ancienneté. Mais la comparaison n'est que partiellement pertinente (58).

---

57) « *Plus de 7 usagers sur 10 (71 %) estiment avoir été accueillis avec bienveillance et respect, contre seulement 8 % d'insatisfaits et 21 % de neutres. Les services publics les mieux notés sont les hôpitaux (85 %), l'école (84 %), la Gendarmerie (83 %), France services (79 %) ou la Police (75 %)* » (https://www.modernisation.gouv.fr/presse/donner-la-parole-aux-francais-pour-ameliorer-les-services-publics).

58) Reconnaissons que ce sont les rémunérations des 25 dernières années d'activité qui sont prises en compte pour le calcul des retraites du privé. Or, parfois, le salarié concerné aura été ponctuellement au chômage. Et ses rémunérations du début de carrière pouvaient être plutôt faibles. Mais, précisément, les rémunérations des fonctionnaires sont faibles tout au long de leur carrière ; surtout pour les cadres. Ensuite, les agents publics ne perçoivent pas

D'un autre côté, la sécurité de l'emploi offerte par le statut de la fonction publique exaspère. Aussi beaucoup d'hommes politiques auront-ils faits de la suppression de cette garantie de l'emploi un argument de leur campagne présidentielle. C'est oublier que l'agent public supporte stoïquement diverses sujétions ([59]).

Il pèse notamment sur eux un devoir de dignité ou d'exemplarité. Et leurs manquements sont punis ; même leur absentéisme. Outre la perte immédiate de rémunération pour chacun des jours d'absence, ils subissent par diverses sanctions disciplinaires telles que la mutation et l'exclusion temporaire (1.). Pire, leur révocation (ou leur licenciement) est également l'une des sanctions possibles (2.).

1. – La mutation ou l'exclusion temporaire de l'absentéiste

29. – Les sources des sanctions des fonctionnaires.

Les manquements professionnels des fonctionnaires et autres agents publics sont punissables (60). Les sanctions disciplinaires applicables figurent dans la loi n° 83-634 du 13 juillet 1983 (portant droits et obligations des fonctionnaires). Ces sanctions auront ensuite été reprises dans deux lois

---

d'indemnités de départ. Or c'est un beau capital : 25% du salaire mensuel pour chacune des 10 premières années, puis 33% pour les années suivantes.

59) On note « *la soumission des fonctionnaires à des sujétions particulières, mais aussi l'attribution d'avantages spécifiques, qui n'en sont que la contrepartie* » (Bertrand MATHIEU, L'employeur public entre droit administratif et droit du travail, AJFP 2000. 16).

60) Franck LAGARDE, Manquement au devoir de réserve d'un fonctionnaire territorial, JS 2025, n°262, p.9.

postérieures ; l'une relative à la fonction publique territoriale, et l'autre à la fonction publique hospitalière.

Pour faciliter l'accessibilité matérielle et intellectuelle des ces trois lois, leur codification (à droit constant) aura été décidée. Les trois constituent dorénavant le Code Général de la Fonction Publique (CGFP). L'on y trouve une répartition quadripartite des sanctions disciplinaires applicables aux agents publics (61).

30. - Le délai et l'autorité de la sanction disciplinaire.

Au moins deux différences sont à y noter par rapport à la matière disciplinaire du secteur privé. D'une part, au lieu de seulement deux mois, l'administration dispose de trois années pour éventuellement engager une procédure disciplinaire (62). D'autre part, cette procédure est bien dans les mains de l'autorité de nomination, comme dans le secteur privé.

Néanmoins, dans le public, spécifiquement pour les sanctions les plus graves, cette autorité se doit de solliciter préalablement l'avis d'un conseil de discipline (63). Cet avis (à solliciter obligatoirement) n'a point de force juridique obligatoire ; il peut donc être suivi ou pas.

---

61) Code Général de la Fonction Publique, article L533-1.

62) Cour administrative d'appel de Marseille, 13 décembre 2011, Le délai raisonnable pour prendre une sanction disciplinaire, AJDA 2012. 837.

63) Tribunal administratif de Nantes, 13 décembre 2007, Annulation d'une révocation prononcée sur avis irrégulier du conseil de discipline, AJFP 2008. 148.

31. – Les trois principaux types d'avis dans l'administration.

Le droit administratif prévoit trois types d'avis : l'avis consultatif (ou avis facultatif) ; l'avis obligatoire ; l'avis conforme. Dans le premier cas, l'autorité qui doit décider est encouragée (par les textes) à solliciter un avis.

Dans le second cas, il faut absolument prendre l'avis des organismes prévus par les textes, mais en restant libre de le suivre. Quant au dernier cas (l'avis conforme), non seulement il est indispensable de le solliciter, il faut par ailleurs en tenir compte.

Il convient de préciser ici que l'administration (l'administrateur) se trouve généralement dans une situation où son action sera prédéterminée par les circonstances de fait et de droit. On dit que l'administrateur a une compétence liée si le sens de sa décision est connu à l'avance ; du fait que certaines conditions prévues par la loi ou le règlement sont réunies. L'administrateur dispose en revanche d'un pouvoir discrétionnaire s'il reste libre de décider dans tel ou tel sens (64). Pour illustrer les deux cas de figure, il suffit de penser au jury de fin d'année (65).

---

64) Pierre PY, Pouvoir discrétionnaire, compétence liée, pouvoir d'injonction, D. 2000. 563.

65) On sait que tous les étudiants dont la moyenne est supérieure à 10/20 seront forcément déclarés admis (compétence liée du jury). Toutefois, le jury peut décider d'admettre en année supérieure des personnes qui n'ont pas cette moyenne (pouvoir discrétionnaire). Il ne s'agit pas ici de pouvoir arbitraire : le jury ne saurait pas racheter un étudiant dont la moyenne tournerait autour de 07/20.

32. – La sévérité variable selon son le chef du service.

Fautif est certainement l'agent public qui n'observe pas avec soin les temps de travail. En particulier, au cas de prise unilatérale de congés ponctuels ; ou bien au cas de prolongation de congés autorisés.

L'indifférence ou la frénésie à l'égard de l'absentéisme dépend largement des responsables des services concernés. En d'autres termes, d'un service à l'autre, la réaction hiérarchique différera en sévérité pour des cas pourtant semblables (66).

Les absentéistes les plus chanceux subiront parfois seulement une sanction morale. Or, pour leur défaut d'assiduité, d'autres agents publics (eux) devront quitter le service. Ce sera temporairement ou définitivement. Autrement dit, le fonctionnaire ou le contractuel absentéiste cessera à jamais de servir l'administration (révocation, licenciement, retraite anticipé). Ou bien, il pourra encore s'y atteler, mais sous d'autres cieux ; déplacement ou mutation (67).

33. – La mutation d'un magistrat du siège comme sanction.

Il est possible d'illustrer la sanction de déplacement (pour absentéisme) au moyen d'une lecture d'arrêts. Dans l'un deux, l'on découvre que le MAGISTRAT RICCI avait été président du TGI de Saint-Denis de la Réunion. À compter du 15 juin 1991, il aurait pu faire valoir son droit à la

66) Pierre FRANCK, La sanction doit-elle être la même pour tous les auteurs d'une même faute ? Droit social 1991. 621.

67) Conseil d'État, 7 juillet 2022, Situation de famille et mutation d'office, Lebon 2022.

retraite. Mais il fut maintenu en activité comme (simple) juge en surnombre (68).

Par la suite, il fut sanctionné (au moyen du déplacement d'office) par le CSM, le Conseil supérieur de la magistrature (69). La raison est qu'il s'était rendu coupable de « *manque d'assiduité au regard des exigences découlant de ses responsabilités en prolongeant abusivement ses congés en juin 1991 avant la cessation de ses fonctions de chef de juridiction et en renouvelant ce comportement à l'issue d'une seconde absence en septembre et octobre 1991 alors qu'il était maintenu en activité* » (70).

D'avoir à souvent changer de circonscription juridictionnelle est inscrit dans l'ADN de tout magistrat. La finalité de cette disposition managériale est le juge soit préservé de l'établissement d'attaches sentimentales ou patrimoniales dans le ressort de sa juridiction. Parce que de pareils liens d'intérêt risqueraient de le distraire de son

---

68) Le surnombre de fonctionnaires est hélas rare. Or pour rendre une décision de justice, l'équipe de juges doit forcément être d'un certain nombre ; en général trois. Il est rassurant d'avoir des juges réservistes en complément : les litiges pourront ainsi toujours être tranchés sans discontinuité.

69) Conseil d'État, 26 juillet 2011, Contrôle du juge de cassation sur les sanctions infligées à un magistrat par le CSM, Lebon 2011.

70) Conseil d'État, 31 juillet 1996, N° 140899. En outre, il y aura eu de sa part le manquement au devoir de délicatesse ; en conservant pour son usage personnel, après avoir quitté ses fonctions de chef de juridiction, une voiture de fonction qu'il aurait dû spontanément restituer. Il convient enfin de rajouter le fait d'avoir manqué au devoir d'impartialité en participant au jugement de deux affaires dans lesquelles il avait un intérêt personnel.

impartialité professionnelle ; ou bien ils susciteront chez autrui de la suspicion à son encontre (71).

Dans l'île de la Réunion (et s'agissant de cette première affaire), un juge qui ne peut plus travailler dans la ville de Saint-Denis sera déplacé vers la ville de Saint-Pierre. C'est un *"limogeage"*. Notre magistrat se retrouvera alors à moins d'une heure de route de son point de départ. Il faut savoir que la distance entre ces deux villes (de l'île) est inférieure à 80 kilomètres.

L'on remarquera d'abord qu'il était envisageable de le muter beaucoup plus loin : en métropole. Mais la région concernée aurait alors subi la perte d'un magistrat. Or il en manque dans toutes les juridictions de France (72). Peu importe que l'endroit se caractérise par un habituel ciel ensoleillé et des plages de sable fin. L'on remarquera aussi que le principe d'inamovibilité des juges n'aura pu jouer en l'espèce.

34. – Le déplacement d'office de l'administrateur civil.

Dans la seconde affaire, le MINISTRE DES ANCIENS COMBATTANTS avait d'abord opté pour la mutation comme sanction (20 novembre 1979). Puis, en désespoir de cause, il aura retenu la révocation (9 avril 1980). Le tribunal administratif de Nancy (15 novembre 1984) trouva ces mesures hiérarchiques à la fois justifiées et proportionnées.

---

71) Pascale DEUMIER, Les « principes généraux applicables à la fonction de juger dans un État de droit », RTD civ. 2025. 68.

72) Anne PORTMANN, À Compiègne, les avocats réclament plus de magistrats, D.A. 24 octobre 2013 ; Caroline FLEURIOT, Le TGI de Bobigny a besoin d'une trentaine de magistrats du siège en plus, D.A. 25 janvier 2016.

Et le Conseil d'État (13 février 1987) aussi. Il a en effet pensé que *« les griefs [avérés] tirés d'une insuffisante assiduité et d'un manque de ponctualité dans l'exécution des travaux impartis au requérant [...] sont de nature à justifier l'infliction d'une sanction disciplinaire ; que l'autorité investie du pouvoir disciplinaire n'a commis aucune erreur manifeste d'appréciation de la gravité des griefs retenus en prononçant la sanction du déplacement d'office [de la ville de Metz à celle de Nancy] »* (73).

Par ailleurs, dans cette affaire, *« le ministre était en droit d'exclure l'intéressé du service »*, car *« parvenu à l'expiration d'un congé de maladie, [il] n'a pas rejoint sa nouvelle affectation sans qu'il ait justifié de raisons médicales l'empêchant de reprendre ses fonctions »*. Le lecteur songera sans doute ici à la notion d'abandon de poste, laquelle ci est longuement discutée dans la prochaine subdivision.

35. - La coopération souhaitable du salarié en vue de sa mutation disciplinaire.

Les salariés du secteur privé (lesquels relèvent du Code du travail et des conseils de prud'hommes) connaissent également une sanction disciplinaire proche du déplacement : c'est la mutation disciplinaire. Par exemple, la cour d'appel de Douai (29 novembre 2013) aura été approuvée par la Cour de cassation (18 novembre 2015), d'avoir validé le remplacement d'une mutation par un licenciement.

Pour commencer, le salarié avait commis une faute grave. La sanction alors voulue par son employeur faut alors

73) CE, 13 février 1987, N° 65309, Secrétaire d'État aux anciens combattants.

la mutation disciplinaire vers un autre site d'activité de l'entreprise. Mais encore fallait-il modifier le contrat de travail, avec naturellement l'accord du cocontractant, c'est-à-dire le salarié fautif. Ce qu'il refusa, sans en mesurer les suites fâcheuses.

En effet, « *l'employeur qui se heurte au refus d'une mutation disciplinaire impliquant une modification du contrat de travail, peut, dans l'exercice de son pouvoir disciplinaire, prononcer une autre sanction, y compris un licenciement pour faute grave aux lieu et place de la sanction refusée* » (74).

Dans une autre affaire, opposant la SNCF à l'un de ses agents, la cour douaisienne (16 décembre 2016) avait entendu se prononcer en référé sur une mutation déjà contestée au fond. D'où la cassation : « *[ayant] saisi la juridiction prud'homale pour en contester le bien-fondé l'agent avait accepté sa mutation disciplinaire, ce dont elle [la cour d'appel] aurait dû déduire l'absence de trouble manifestement illicite constitué par la mise en œuvre de cette mutation* » (75).

36. – L'absentéiste exclu de fonctions (et non pas suspendu).

Le secteur public dispose d'une autre mesure d'éloignement, dont le décompte n'est pas kilométrique, mais temporelle. La situation est totalement différente de la mise à pied (pratiquée dans le secteur privé) ou de la suspension (par ailleurs en cours dans le secteur public). Il s'agit de l'exclusion de fonctions.

---

74) Cass. Soc., 18 novembre 2015, Société Arcade, N° de pourvoi : 14-21.405.

75) Cass. Soc., 11 avril 2018, Moussa Y c/ SNCF, N° de pourvoi : 17-13.513.

L'intéressé sera privé de travail et de traitement (de salaire) durant un temps plus ou moins long (76). Il ne retrouve pas du tout le travailler (en attendant) pour un autre employeur. Or son attente durera peut-être deux années (77).

Il est humain de se demander comment donc l'intéressé ferait pour survivre sans revenu. La question se pose déjà pour un départ accepté par l'employeur pour une formation professionnelle de longue (78). De toute évidence, il sera acculé à la démission. Dans ces conditions, l'on se demandera si l'employeur public fait preuve de magnanimité, ou plutôt de rouerie, en ne retenant pas clairement la révocation du fonctionnaire ou le licenciement du contractuel. Le principe de la liberté du travail se trouve visiblement malmené.

La jurisprudence suivante servira d'illustration. Un agent public travaillant pour le syndicat intercommunal d'Évreux avait plusieurs absences injustifiées à son passif. En 2006, c'était 25 absences ; en 2007, 71 absences ; en 2008, 39 absences.

Si devant les juges l'intéressé avait bien fourni des certificats médicaux justifiant plusieurs de ces absences, il

---

76) Conseil d'État, 29 janvier 2003, Compétence liée de l'administration pour interrompre le versement d'un revenu de remplacement à un agent exclu pour motif disciplinaire, Lebon 2003.

77) Cour administrative d'appel de Lyon, 2 août 2011, Un comportement violent, en service, sanctionné par une exclusion de fonctions d'une année, AJFP 2012. 97 ; Cour administrative d'appel de Nancy, 30 janvier 2014, Détournement de fonds publics : la proposition d'exclusion de fonctions pendant trois jours était insuffisante, AJFP 2014. 231. Attention, un tel détournement n'est pas forcément du vol ou bien un usage pour les siens.

78) Tribunal administratif de Cergy-Pontoise, 14 janvier 2022, Congé de formation professionnelle long = congé sans solde, AJDA 2022. 1309.

ne les avait jamais transmis en temps utile à son employeur. Or un décret de 1987 lui faisait obligation de les transmettre dans les 48 heures (79).

Certes, il prétendait avoir informé sa hiérarchie de ses absences par téléphone. À supposer même que cette affirmation correspondît à la vérité, il restait la tardiveté de la transmission des certificats médicaux prescrivant l'arrêt de travail. Cet agent public aurait dû se montrer diligent en y procédant (serait-ce) pour la régularisation de sa situation administrative.

Dans cette affaire, les faits étaient établis et pouvaient être qualifiés de fautifs. Ce qui exposait l'intéressé à une sanction disciplinaire. Alors, celle choisie par l'employeur fut l'exclusion temporaire pour une durée de six mois. Selon le tribunal administratif (12 janvier 2009) cette sanction disciplinaire était proportionnée (80).

L'on soulignera que le requérant n'avait plaidé pour une sanction moindre ; même pas comme solution subsidiaire. Il avait donc tout misé sur l'annulation pure et simple de sa sanction (81). Cela étant, il avait (au moins) eu la consolation d'obtenir le paiement de ses jours d'absence.

---

79) En l'absence de dispositions législatives ou réglementaires, la jurisprudence envisage la transmission dans un délai raisonnable de la part des agents de la fonction publique d'État ; CE 5 juin 1985, Ministre des PTT c/ Bartier, Lebon 175 ; 31 mars 1989, Communauté urbaine de Bordeaux c/ Descot T., Lebon 743.

80) Le tribunal administratif de Versailles avait déjà ainsi répondu à un autre agent public (TA Versailles, 20 juin 2005, Canoville, n° 0304190).

81) Gilles Armand, Une exclusion temporaire de fonctions peut être justifiée par l'absentéisme sans que l'absentéisme justifie des retenues sur traitement, AJFP 2012 p.150. Cet auteur aura été le rapporteur public du tribunal administratif dans l'espèce en question.

Car bien réels étaient sa maladie ainsi que les certificats médicaux l'attestant. Le problème résidait seulement dans la tardiveté de leur transmission. Au fond, l'exclusion temporaire semble être (à minima) un jalon vers un départ définitif du service public (82).

2. – Le départ définitif de l'absentéiste comme sanction

37. – Le licenciement éventuel de l'agent public absentéiste.

La hantise de la hiérarchie de tout collectif de travail à l'égard de l'absentéisme la conduit parfois à rechercher le départ définitif du fonctionnaire ou du contractuel manquant d'assiduité. Ainsi (le 23 mars 1976), il avait été mis fin au contrat du SIEUR RIEHL pour « *manquements répétés à l'obligation d'assiduité à laquelle il était soumis* ».

Ces faits étant avérés (ou étant matériellement exacts), ils présentaient dès lors « *le caractère de fautes graves* » (83). Le jugement du tribunal administratif de Paris (4 juin 1980), lequel penchait pour la fin prématurée et unilatérale du contrat, aura par conséquent été confirmé (27 octobre 1982).

38. – Le licenciement de la contractuelle pour insuffisance professionnelle et absentéisme.

La lecture d'un arrêt relatif à un domaine peut-être aujourd'hui désuet révèle qu'une contractuelle du ministère des télécommunications était affectée à la *"mission câble"*. Il

---

82) Rédaction, L'exclusion définitive du service est la seule sanction applicable aux élèves gardiens de la paix, AJFP 2008. 326.

83) Conseil d'État, 27 octobre 1982, N° 26233, Christian Riehl, Mentionné dans les tables du recueil Lebon.

s'agissait pour elle d'établir des rapports tant sur la faisabilité que sur le coût de services susceptibles d'être proposés aux collectivités locales en cette matière du câble. Mais, en six mois d'activité, et malgré plusieurs rappels, la contractuelle n'en avait produit aucun.

De surcroît, *« cette carence s'est accompagnée d'un manque d'assiduité et de difficultés relationnelles peu compatibles avec ses responsabilités »* (84). Selon le Conseil d'État, ces faits *« étaient de nature à fonder légalement la mesure de licenciement dont elle a fait l'objet »*. Sa demande d'annulation du jugement du tribunal administratif de Paris (4 février 1987), aura ainsi été rejetée.

39. - Le ratage de la mise à la retraite d'un inspecteur des impôts pour son probable absentéisme.

Le 15 mars 1978, le MINISTRE DE L'ÉCONOMIE ET DES FINANCES avait prononcé la sanction de mise à la retraite d'office d'un INSPECTEUR CENTRAL DES IMPÔTS. À ce fonctionnaire, il était notamment reproché un *« manque d'assiduité et de ponctualité [...] dans l'accomplissement de son service »*.

D'un autre côté, à cause de sa négligence, deux créances d'impôts seront devenues prescrites, et donc irrécouvrables. Pire, en tant que contribuable, il apparaissait n'avoir pas toujours été irréprochable. Encore que ce dernier reproche (de fraudeur fiscal) se sera finalement révélé comme étant sans fondement.

C'est pourquoi le Conseil d'État (22 janvier 1988) s'était dit que le ministre n'aurait probablement pas eu la main aussi lourde *« s'il n'avait retenu que les deux autres motifs »*

---

84) CE, 22 mars 1995, N° 110412, ministre de l'industrie, des postes et télécommunications et du commerce extérieur.

(85). Pourtant, le tribunal administratif de Pau (21 octobre 1980) avait antérieurement (pour sa part) maintenu la sanction décidée par la hiérarchie administrative ; à savoir un départ anticipé en retraite. Tout compte fait, l'inspecteur aura pu reprendre son emploi.

N'empêche qu'un vieux travailleur absentéiste est susceptible de se retrouver prématurément à la retraite. Certes, dans un pays où des centaines de milliers de personnes descendent dans la rue pour réclamer un départ rapide à la retraite, l'on peut se demande en quoi être tenu d'en profiter immédiatement serait une sanction.

La réponse est que la pension à percevoir par le retraité est faible, mais qu'elle aurait pu augmenter avec le nombre d'années supplémentaires d'activité. Ensuite, être viré est blessant psychologiquement.

Sans compter que certains travailleurs estiment pouvoir encore rendre des services à la collectivité. Au point que des savants (français) frappés par la limite d'âge émigrent (émigraient) vers les Amériques ; pour de nouvelles recherches scientifiques (86).

40. – Le licenciement d'agents territoriaux de tous grades pour défaut d'assiduité.

Le contentieux des sanctions disciplinaires ne concerne pas seulement des agents de l'État. En effet, les collectivités

85) Conseil d'État, 22 janvier 1988, N° 32957, ministre de l'économie et des finances.

86) C'est le cas du codécouvreur du virus du sida (Luc Montagnier, prix Nobel de médecine 2008) et de l'inventeur de la pilule abortive R486 (Étienne-Émile Baulieu, Prix Albert Lasker 1989).

locales ont également un personnel dont le défaut d'assiduité est d'ailleurs souvent élevé (87).

À la suite de la Cour des comptes, un auteur rappelle que : « *la gestion des agents territoriaux présente d'importantes marges de manœuvre budgétaire. Cette préconisation, récurrente dans tous les rapports de la Cour, est accompagnée de plusieurs pistes d'économies, telles que la gestion prévisionnelle des effectifs et [...] la gestion plus rigoureuse du temps de travail* » (88).

Pour illustrer le phénomène nous nous appuierons sur trois cas d'espèces ci-dessous dénommées en référence de leur lieu de survenance. À Savoir Dijon, Vitry-sur-Seine, Toulouse.

41. – La démission recherchée d'une sommité dijonnaise de la culture pour absentéisme.

Cette affaire (commune de Dijon) renvoie à JULES ZIEGLER. Il était l'un des premiers disciples d'Ingres (au 19ème siècle) et appartenait à un courant romantique. En outre, (un peu comme son maître) cet homme aura excellé dans divers arts ; dont la peinture. C'est justement lui qui peignit LA PAIX D'AMIENS. C'est un tableau que l'on admire dans cette ville (d'Amiens) depuis 1802.

D'un autre côté, parce qu'il aura été l'un des fervents supporters de la candidature de LOUIS-NAPOLÉON BONAPARTE à la présidence de la République, puis zélateur de ce président finalement devenu empereur, notre peintre bénéficia (dans l'administration) de retombées (positives) de

87) Thomas BIGOT, La réforme de l'arrêt maladie des fonctionnaires est actée, D.A. 6 mars 2025.

88) Jean-Marc PASTOR, La Cour des comptes renouvelle ses critiques sur la gestion des agents territoriaux, AJDA 2016. 1896.

son militantisme. De sorte qu'il aura pu être à la fois, tant le conservateur du musée de Dijon, que le directeur de l'école municipale de dessin de la ville (89).

Toutefois, *« son manque d'assiduité dans l'une et l'autre fonction le condamne en février 1856 à la démission que le maire de Dijon a requise de Paris »* (90). Ici, l'expression démission d'office serait davantage en phase avec la situation concrète. En effet, l'intéressé aura démissionné de force. Il n'avait pas abandonné ses missions *"en faisant le mort"*. Mais pour donner corps à cette volonté d'exclusion, le maire avait besoin d'une autorisation de Paris. Car les édiles locaux disposaient alors de beaucoup moins d'autonomie (91).

42. – L'invocation à Vitry de l'absentéisme à la rescousse du licenciement d'une directrice.

Dans la seconde espèce, il se trouve que la COMMUNE DE VITRY-SUR-SEINE avait échoué à faire valider l'éviction d'une

---

89) Il est probablement injuste de faire découler ces nominations d'un certain népotisme, et non pas des mérites incontestables de l'intéressé. Néanmoins, à la même époque, VICTOR HUGO, devenu trop critique à l'égard du régime politique, avait dû s'exiler dans une île anglo-normande (GUERNESEY).

90) Cf. Wikipédia. On ne sait pas trop s'il faut y trouver un rapport de cause à effet. Toutefois quelques mois plus tard il mourut alors que dans les rues de Paris l'on fêtait la naissance du petit Jésus.

91) Il y a une quarantaine d'années seulement que les délibérations communales ainsi que les arrêtés du maire n'ont plus besoin de contrôle a priori de la part du préfet. C'est désormais après coup que les actes juridiques des autorités nées de la décentralisation sont susceptibles d'être remis en cause. Une contestation devant une juridiction ; la juridiction administrative.

de ses directrices (JACQUELINE X) pour insuffisance professionnelle. Alors, elle avait cru pouvoir parvenir à ses fins en invoquant finalement l'absentéisme de cette directrice. Celle-ci travaillait plus précisément au laboratoire d'analyses médicales du Centre municipal de santé de la ville.

Elle était ainsi évincée après quatre années d'activité (6 janvier 1978 au 13 octobre 1982). L'insuffisance professionnelle était le motif générique du licenciement, lequel a toutefois été infirmé par le tribunal administratif de Paris (23 décembre 1983).

Dans l'espoir de faire annuler ce jugement par le Conseil d'État, la ville avait fini par indiquer qu'il s'agissait plus précisément « *d'un manque d'assiduité de la directrice* » (92). Le problème est que le maire n'y avait pas fait allusion jusque-là dans ses écritures, devant le tribunal (93). De plus, aucune pièce du dossier ne venait corroborer l'absentéisme prétendu (94).

43. - Les deux échecs toulousains de licenciement d'un contractuel sans grade.

Dans cette affaire, un agent contractuel de la ville de Toulouse avait été licencié par le maire (28 juillet 1987). Le licenciement de l'intéressé correspondait à une sanction disciplinaire pour sa persistance dans le manque d'assiduité,

---

92) Conseil d'État, 13 février 1987, N° 57753, Ville de Vitry-sur-Seine.

93) Conseil d'État, 10 octobre 2001, Une cour saisie après cassation d'un premier arrêt n'est pas tenue de répondre à un moyen soulevé pour la première fois devant le juge de cassation, Lebon 2001.

94) Il est difficile de deviner quel aurait été le sens de l'arrêt du Conseil d'État si le reproche d'absentéisme était avéré. L'inassiduité est néanmoins une faute grave. Surtout d'une personne censée servir de phare ou d'exemple.

et pour son irrespect des instructions du directeur de l'école où il était en fonction. Le tribunal administratif de Toulouse a validé le renvoi définitif de l'intéressé (16 mai 1989).

Quelques années auparavant, ce tribunal avait en revanche annulé le licenciement du même agent (13 mai 1987). En effet, le maire l'avait déjà révoqué le 26 juin 1985. Devant le Conseil d'État (4 mars 1992), la commune avait perdu pour irrespect des formes : l'intéressé n'avait pas eu préalablement connaissance de son dossier (95).

Dans la nouvelle procédure, c'était l'agent qui s'était pourvu en cassation (96). Et il avait encore gagné devant le Conseil d'État (2 octobre 1992). Mais cette fois, parce que son préavis de trois mois n'avait pas été respecté. Or son absentéisme ne constituait pas une faute grave privative d'un tel préavis (97).

Au total, l'agent public souvent absent n'est pas facile à renvoyer. Sauf lorsque son cas s'analyse juridiquement en un abandon de poste.

---

95) Conseil d'État, 8 novembre 2017, Droit à la communication du dossier, Lebon 2017 ; 31 janvier 2014, La communication du dossier est une garantie au sens de la jurisprudence Danthony, Lebon 2014.

96) Attention, les pourvois en cassation ne vont pas seulement à la Cour de cassation, mais également au Conseil d'État. Dans ce cas, le justiciable contestera la décision d'une juridiction administrative de droit commun (tribunal administratif, cour administrative d'appel) ou bien la décision d'une juridiction administrative spécialisée (chambre régionale des comptes, cour de discipline budgétaire, etc.). Cf. René BLANCHER, Conseil d'État Juge de Cassation, RTD com. 1996. 759.

97) Conseil d'État, 2 octobre 1992, N° 110372, Commune de Toulouse.

B. - Le concept d'abandon de poste et sa controverse

44. - L'abandon de poste comme invention prétorienne discutée en doctrine.

Lorsqu'une personne n'occupe plus son poste de travail depuis jours, voire des semaines, trois explications viennent généralement à l'esprit. Soit elle aura démissionné ; soit elle aura été évincée ; soit elle sera demeurée hors de la structure de travail d'un commun accord avec l'employeur, du fait d'un évènement heureux ou malheureux.

En réalité, il y a aussi le cas où l'employeur se trouvera dans l'ignorance de la cause du long absentéisme finalement par lui subi. L'individu déserteur apparaitra ainsi comme fautif. Il semblera manquer de fiabilité et de prévenance.

L'employeur désappointé pourrait alors songer à la révocation ou le licenciement respectivement du fonctionnaire ou du contractuel. Sauf qu'une longue procédure devrait alors être enclenchée. Aussi les employeurs publics ont-ils convaincu les juges administratifs de consacrer une sorte de démission implicite : l'abandon de poste (1.).

Néanmoins cette invention jurisprudentielle a toujours subi la critique de la doctrine. La controverse se perpétue encore entre les auteurs (2.).

1. - Une jurisprudences contre le long absentéisme d'agents

45. - L'incompatibilité du droit à des absences avec une continuité service public.

La continuité du service public se concilie mal avec des agents publics désertant longuement leur poste, ou bien tardant à rejoindre leur nouveau poste d'affectation. L'on parle alors d'abandon de poste. Ce concept est une invention prétorienne qui participe à la lutte contre le long absentéisme dans les services publics ; *« tout particulièrement dans les collectivités territoriales où celui-ci ne cesse de croître »* (98).

De fait, il paraît anormal que l'exercice du droit statutaire à des congés (même de maladie) aboutisse à un absentéisme dysfonctionnel pour les services. Cette philosophie incitative à l'assiduité innerve un décret d'octobre 2014 (99). Le texte renferme une procédure de contrôle des arrêts maladie des fonctionnaires.

De sorte que l'administration devrait toujours recevoir les avis d'arrêt de travail (avec leur durée) dans les 48 heures. Sinon, le malade négligent (et en tous cas retardataire) risque une retenue sur son traitement mensuel.

46. – La perte de la procédure protectrice en cas d'abandon de poste.

L'agent public accusé d'abandon de poste se trouve privé de la procédure disciplinaire. Cela veut dire qu'il subit alors une justice expéditive (pas de procès). Normalement, la procédure disciplinaire se déroule sous les auspices d'une juridiction administrative spécialisée (le conseil de discipline et sa tutelle).

L'agent concerné peut se faire assister ; y compris par un avocat. Mieux, les arguments de l'administration, de même que le dossier tenu sur lui depuis son entrée en fonction, lui

98) Alexis ZARCA (et Sylvain NIQUÈGE), Dispute sur l'abandon de poste, AJFP 2016 p.181.

99) Décret n° 2014-1133 du 3 octobre 2014.

seront nécessairement communiqués (100). Il pourra ainsi mieux se défendre. La CEDH l'admet volontiers, malgré l'existence d'impératifs pouvant relever de la "raison d'État". En tous cas, elle a inauguré « *une approche nouvelle, plus équilibrée, des intérêts étatiques et individuels en jeu* » (101).

Rappelons que les sanctions les plus graves (par exemple la rétrogradation ou la révocation) nécessitent que l'autorité qui la prononce s'entoure de l'avis de l'organisme prévu au profit du type de fonctionnaire en cause (102).

La décision de l'une et l'autre seront nécessairement motivées. C'est une exigence qui est de rigueur pour toute mesure administrative défavorable à un agent ou, plus généralement, à un administré (103).

47. – L'abandon de poste des gardiens de la paix faux malades mais vrais grévistes.

Pendant l'automne de l'année 1989, les gardiens de prison se sont mis en grève ; alors qu'ils n'en ont pas le droit au regard de leurs fonctions régaliennes proches des

---

100) Conseil d'État, 8 novembre 2017, Droit à la communication du dossier, Lebon 2017 ; 31 janvier 2014, La communication du dossier est une garantie au sens de la jurisprudence Danthony, Lebon 2014.

101) Gesa DANNENBERG, La spécificité de la situation juridique du fonctionnaire dans la jurisprudence de la Cour européenne des droits de l'homme, AJFP 2025. 140.

102) Philippe TERNEYRE, Grève dans les services publics, Répertoire de droit du travail, janvier 2016, n° 427.

103) Code des relations entre le public et l'administration, article L211-3. Par exemple, « *la décision licenciant un agent pour insuffisance professionnelle ne doit pas se borner à des appréciations générales* » (Jérémy BOUSQUET, Licenciement pour insuffisance professionnelle : la motivation par référence est à bannir, AJFP 2024. 281).

magistrats, des policiers ou des militaires (104). Le ministre de la Justice a dès lors envoyé à chacun d'entre eux une lettre recommandée avec avis de réception.

Leur choix binaire (leur dilemme) était : soit de démissionner et ne plus percevoir de revenu ; soit revenir au travail (dans les 12 heures) et demeurer dans des conditions de travail déplorables. En fin de compte, la raison (ou le droit) aura fini par l'emporter : reprise du travail par tous (105).

Même quand un fonctionnaire bénéficie du droit de grève, s'il l'utilise mal, son arrêt de travail s'analysera en une grève illicite. Par conséquent, la répression disciplinaire classique s'ensuivra. À savoir l'application de l'une des sanctions d'un des quatre groupes de sanctions disciplinaires des fonctionnaires (106).

---

104) Philippe TERNEYRE, Grève dans les services publics, Répertoire de droit du travail, janvier 2016, n° 467 ; l'auteur signale ce qui suit : « *Pour les policiers, « toute cessation concertée du service... pourra être sanctionnée en dehors des garanties disciplinaires » (L. 28 sept. 1948) ; pour les gardiens de prison, la grève, si elle est « susceptible de porter atteinte à l'ordre public, pourra être sanctionnée en dehors des garanties disciplinaires » (Ord. 6 août 1958, art. 3) ; pour les personnels des services des transmissions du ministère de l'Intérieur, « toute cessation concertée du service... pourra être sanctionné en dehors des garanties disciplinaires » (sauf la révocation) (L. 31 juillet. 1968, art. 14)* »

105) Le Monde 30 sept., 2 oct. et 18 oct. 1989.

106) Code Général de la Fonction Publique, article L533-1. La lecture des articles L. 533-1, L. 533-2 et L. 533-3 du code général de la fonction publique (CGFP), montre que le législateur a supprimé « *la possibilité, pour l'autorité investie du pouvoir disciplinaire, de prononcer un abaissement de plusieurs échelons et limité la rétrogradation au grade immédiatement inférieur et à un échelon correspondant à un indice égal ou immédiatement inférieur à celui détenu par l'agent* » (Conseil d'État, 5 mars 2024,

48. - Le contrôle médical difficile des brefs arrêts maladie.

Bien loin de la Métropole (en Polynésie), une secrétaire d'administration présentait un taux annuel d'absentéisme de 42 % en 2008 ; de 42,7 % en 2009 ; de 63 % en 2010 ; et de 69,3 % en 2011 (107).

Soupçonnant une fraude, le président de l'assemblée locale sollicita une enquête sur ces arrêts maladie répétés. Par ailleurs, le médecin du travail fut invité à faire un rapport sur l'état de santé de l'intéressée ; ou du moins sur sa capacité à travailler.

Malheureusement, aura répondu le médecin conseil de la Caisse de prévoyance sociale, la brièveté des arrêts de travail rendait impossible le moindre contrôle a posteriori. Il recommanda de plutôt saisir la médecine du travail pour apprécier l'éventuelle inaptitude de l'agent ; compte tenu de sa pathologie chronique. Ce qui d'ailleurs avait déjà été fait (108).

Dans notre affaire, le rapport médical attendu du médecin du travail fut établi le 31 janvier 2012. Il concluait à l'aptitude de l'intéressée, mais avec une restriction relative à la réalisation des photocopies. Pourquoi cette exemption ? Parce qu'étant asthmatique, des crises (d'asthme) risquaient de lui venir de l'encre des toners.

Pourtant son supérieur hiérarchique aura constitué un dossier disciplinaire à son encontre ; eu égard à ses absences

---

Application dans le temps de la réforme des sanctions disciplinaires, n° 461548, Lebon 2024).

107) Il s'agit de la même affaire que précédemment.

108) Une inaptitude aboutit à un licenciement lorsqu'il n'existe pas de solution de reclassement du travailleur diminué par ses problèmes de santé.

et retards. La demande de sanction correspondante, transmise le 13 décembre 2013 (au président de l'assemblée locale), n'aura toutefois pas connu de suite (favorable). Ce que l'on pourrait comprendre (109).

49. – L'abandon de poste constitué par le défaut de transmission de ses justificatifs d'absence.

Dans cette affaire, la secrétaire administrative resta ainsi donc en fonction en dépit de son absentéisme important. Jusqu'à ce que près de deux années plus tard, elle manqua le travail les 20, 21 et 22 juillet 2015. Le pire est qu'elle était apparue le 21 juillet (en bonne forme !?) dans un reportage télévisé. Elle y figurait en sa qualité d'élue du conseil municipal de Punaauia (110). Alors, par courrier du 22 juillet 2015, le président de l'Assemblée de la Polynésie française lui aura enjoint deux choses.

Premièrement, justifier ses absences et reprendre son poste de travail. Deuxièmement, ne plus s'absenter sans motif légitime, à peine d'être aussitôt licenciée pour abandon de poste.

---

109) La sanction était doublement difficile à infliger. D'une part, un salarié malade est surprotégé. D'autre part, un salarié élu est surprotégé. Sans compter que cet élu pouvait être un opposant. Une difficulté supplémentaire (en opportunité) se dressait alors.

110) Au niveau national, la réalité de l'état de santé dégradée de Patrick Balkany s'était posée en juin 2020. Car le 20 de ce mois-là il avait esquissé quelques pas de danse devant les caméras. Or il avait été sorti de prison parce sa santé était chancelante. Cf. https://www.gala.fr/l_actu/news_de_stars/patrick-balkany-dechaine-a-la-fete-de-la-musique-sa-danse-qui-a-surpris_450446 ; https://www.sudouest.fr/culture/musique/video-patrick-balkany-danse-pour-la-fete-de-la-musique-a-levallois-les-internautes-scandalises-1915687.php.

Dès le lendemain, elle aura rejoint son poste ; toujours sans présenter les justificatifs attendus. D'où la décision d'une retenue sur salaire à son encontre (111). Pire, elle aura à nouveau été absente sans explication les 11, 12 et 14 août 2015. D'où une autre retenue sur salaire.

Puis, à compter du 21 septembre, elle se sera encore absentée pendant une semaine (au moins). En tous cas, le 28 septembre 2015 un huissier de justice lui aura signifié une mise en demeure de reprendre ses fonctions le 1er octobre 2015 à 7 h 30 (112).

Sinon elle serait radiée sans besoin de procédure disciplinaire préalable. Ce qui (hélas pour elle) fut alors décidé par le président de l'assemblée de la Polynésie française, le 02 octobre 2015. Naturellement, la secrétaire administrative s'en plaignit.

Mais, tant le Tribunal administratif de la Polynésie française (29 avril 2016), que la cour administrative d'appel de Paris (07 juillet 2017), auront successivement rejeté sa demande d'annulation de l'arrêté de licenciement (113). En l'espèce, la sanction d'abandon de poste sera apparue justifiée.

---

111) L'arrêt n'indique pas l'ampleur de la retenue. Il est néanmoins permis de supposer que cela aura été pour les trois derniers jours d'absence. C'est-à-dire les 20, 21 et 22 juillet inclus.

112) La fonction d'huissier (tout au moins l'appellation) a désormais disparu. Il faut désormais parler de commissaire de justice. Un autre officier ministériel, le commissaire priseur, a disparu en même temps. Il se trouve que les deux ont fusionné en vue de constituer ensemble la profession réglementée de commissaire de justice.

113) L'on notera que pour faire appel, l'agent public se devait d'aller de Tahiti (Papeete) à Paris. La distance ne freine pas pour autant tous les justiciables (un peu procéduriers).

Car, aura jugé la cour administrative d'appel, « *le Tribunal administratif de la Polynésie française a [exactement] répondu [...] que Mme A...ne pouvait se prévaloir d'une situation régulière de congé de maladie lors de la signification, le 28 septembre 2015, de la mise en demeure de rejoindre son poste dès lors qu'elle n'avait pas transmis son arrêt de travail à son supérieur hiérarchique mais s'était bornée à en envoyer une photographie par courriel à trois agents de l'assemblée de la Polynésie française* » (114).

50. – La force majeure comme échappatoire hypothétique dans l'abandon de poste.

Le service public est tenu de prendre en considération les circonstances particulières de l'espèce. L'employeur le fera d'autant plus aisément que les circonstances en question lui auront été communiquées. Et celles-ci pourraient être constitutives de la force majeure.

Cela étant, en quoi peut consister l'impossibilité dans laquelle l'agent public se sera trouvé pour ne pas rappliquer à l'appel de son administration ? Car la force majeure est une cause d'exonération dont les trois conditions sont difficiles à réunir.

Certes, la mise en avant de la maladie satisfait souvent la hiérarchie de l'absentéiste. Mais encore faut-il que ce

---

114) CAA de Paris, 07 juillet 2017, 16PA02237. De fait, un destinataire seulement l'a reçu, et ne l'a pas transmis à la hiérarchie. Tant juridiquement que moralement, il n'y était pas tenu, puisque l'expéditrice ne le lui avait pas demandé. À la fin, l'intéressée avait procéder à la transmission après les 48 heures réglementaires ; et même après la date fixée par la mise en demeure.

dernier ait transmis ses certificats médicaux dans le temps imparti (de 48 heures en général).

On le vérifie dans l'arrêt suivant où les certificats médicaux avaient été déposés hors délais ; notamment après le délai imparti par la mise en demeure de reprendre le service. En l'occurrence, dit l'arrêt, *« si elle soutient que cette communication tardive est due à l'impossibilité d'apprécier, en raison des troubles psychologiques dont elle souffrait, la portée de la mise en demeure qui lui a été adressée, elle ne l'établit pas par les certificats médicaux produits »* (115).

Mais que disaient ces certificats établis par un psychiatre ? Que les troubles constatés avaient pu *« l'empêcher de prendre la mesure de la gravité de la lettre de mise en demeure et la rendre incapable de déposer les avis d'arrêts de travail avant le 1er octobre 2015 ».*

Ailleurs, on y lisait que *« les troubles dont elle souffrait et les quantités de médicaments psychotropes alors ingérées sont susceptibles d'avoir altéré sa capacité de compréhension ».* Or des années après, le Conseil d'État aura consacré l'irresponsabilité disciplinaire au profit de l'agent souffrant de troubles mentaux (116).

Il n'empêche que dans les deux instances successives de jugement, il sera apparu que les justifications de la requérante étaient purement hypothétiques. En conséquence de quoi, les juges auront-ils dit que : *« l'intéressée, qui ne justifie pas s'être trouvée dans l'impossibilité de manifester*

---

115) CAA Paris, 07 juillet 2017.

116) Conseil d'État 17 février 2023, Pas d'irresponsabilité disciplinaire pour un fonctionnaire souffrant de troubles mentaux, n° 450852, Lebon 2023. Toutefois : Cour administrative d'appel de Marseille, 18 octobre 2024, L'agente, qui ne souffrait pas de troubles sévères de discernement, avait librement consenti à sa démission ! AJCT 2025. 246.

un lien avec le service avant le 2 octobre 2015, doit être regardée, dans les circonstances de l'espèce, comme ayant rompu le lien qui l'unissait à l'assemblée de la Polynésie française » (117).

Or un agent public qui se refuse obstinément à reprendre le travail malgré l'ordre solennel et le délai raisonnable qui lui auront été donnés, se place subséquemment en situation d'abandon de poste.

Bref, cet agent devait être révoqué ; sans autre forme de procès (118). Certes, il s'agit-là d'une mesure violente dont la transparence doit cependant être assumée, notamment par une publication.

51. – Le lien habituel de l'abandon de poste avec une maladie de l'agent public.

Sans doute en considération de l'importance juridique et humaine de la question de l'abandon de poste, les arrêts correspondants du Conseil d'État sont tous publiés au Recueil Lebon ou, au minimum, signalés dans les tables de ce recueil.

Au fil de ses décisions, le Conseil d'État a fini par déterminer le régime juridique de l'abandon de poste. L'on s'aperçoit que presque tous les cas sont liés à une maladie de l'agent public concernée.

---

117) CAA de Paris, 07 juillet 2017,

118) J. SIMBILLE, La théorie de l'abandon de poste : une anomalie dans le droit disciplinaire de la fonction publique, AJDA 1984. 420 ; R. MATTA-DUVIGNAU, La radiation des cadres pour abandon de poste, AJFP 2014. 105 ; Ludvine CLOUZOT, L'abandon de poste en droit de la fonction publique, RFDA 2014. 123 ; P. LINGIBÉ, La théorie de l'abandon de poste : un couperet extra statutaire sanctionnant le refus de servir, AJCT 2016. 96.

Par exemple, le Conseil d'État (9 mars 1996) avait dit qu'était un abandon de poste : « *le fait pour un policier dont l'état de santé est déficient mais qui a été reconnu apte à reprendre son service immédiatement de s'être borné à renouveler une précédente demande de mise en congé sans solde* » (119).

Une vingtaine d'années plus tard, cette Haute Cour (11 décembre 2015) aura continué dans le même sens (120). À cette occasion son arrêt aura réaffirmé trois principes.

52. – Les trois critères de validité du licenciement pour abandon de poste.

Le Conseil d'État rappelle les trois principes suivants pour que l'employeur ait pu avoir parlé à juste titre d'abandon de poste. Tout d'abord, une radiation des cadres (au détriment de l'agent absentéiste) suppose une injonction préalablement faite à l'intéressé.

C'est-à-dire que ce dernier ait été « *mis en demeure de rejoindre son poste ou de reprendre son service dans un délai approprié qu'il appartient à l'administration de fixer* » (121).

D'autre part, cette mise en demeure doit (logiquement) se plier à une certaine solennité. C'est ainsi que, proclame le Conseil d'État, elle « *doit prendre la forme d'un document écrit, notifié à l'intéressé, l'informant du risque qu'il court*

119) Conseil d'État, 9 mars 1966, N° 57515, ministre de l'intérieur. Voir aussi : 26 septembre 2014, N° 365918, foyer départemental de l'enfance du Gard ; 10 octobre 2007, N° 271020, Centre hospitalier intercommunal André Grégoire ; 15 novembre 2006, N° 280424, ministre de la justice ; 15 juin 2005, N° 259743, ministre de la défense.

120) Conseil d'État, N° 375736, 11 décembre 2015, commune de Breteuil-sur-Iton, Publié au recueil Lebon.

121) Idem.

d'une radiation des cadres sans procédure disciplinaire préalable ».

De troisième part, se pose la question de savoir quoi faire lorsque l'agent ne donne pas signe de vie ; ou bien quand il ne manifeste pas de volonté d'obéir. On notera que la Cour suprême administrative entrevoit que la justification de la situation d'absentéisme déplorée soit « *d'ordre matériel* », c'est-à-dire pas uniquement médical.

Effectivement, « *en l'absence de toute justification d'ordre matériel ou médical, présentée par l'agent, de nature à expliquer le retard qu'il aurait eu à manifester un lien avec le service, cette administration est en droit d'estimer que le lien avec le service a été rompu du fait de l'intéressé* » (122).

53. - La persistance de relations avec l'agent absentéiste procédurier.

L'employeur public n'est pas tenu de radier son agent fautif (malgré le long absentéisme injustifié). La situation de fait lui ouvre seulement cette faculté de révocation (de licenciement). Pourtant, il ne faut pas s'exagérer l'immédiateté de l'effectivité de la révocation. L'arrêt Commune de Breteuil-sur-Iton (11 décembre 2015) le montre bien.

En l'espèce, un maire avait prononcé la radiation de l'un de ses adjoints techniques. Les choses se seront-elles alors arrêtées là ? Nullement ; c'est après cinq longues années de procédures que la commune se sera enfin considérée comme définitivement débarrassée de l'agent en cause.

---

122) Conseil d'État, N° 375736, 11 décembre 2015, commune de Breteuil-sur-Iton, Publié au recueil Lebon.

Tout avait commencé par un accident de service (entorse du genou gauche), le 9 septembre 2009. L'adjoint technique victime avait alors été placé en congé maladie pour deux mois et demi (du 13 septembre au 25 novembre 2009). Cependant, la commune avait entendu le convoquer à une contre-visite. Mais sans succès, l'agent ayant choisi de s'y soustraire à deux reprises (123).

Le maire de la commune a dès lors regardé ces absences successives comme irrégulières et en a fait part à l'intéressé (le 16 novembre 2009). Puis, trois jours plus tard (19 novembre), au moyen d'une lettre recommandée, ce maire l'aura mis en demeure de reprendre ses fonctions le 24 novembre.

La lettre comminatoire précisait (à l'agent) le risque de perte d'emploi (pour abandon de poste) faute de reprise immédiate du travail (124). Vu que le jour en question l'agent n'avait pas cru devoir se déplacer, alors dès le lendemain (25 novembre), une nouvelle lettre recommandée lui notifia sa radiation des cadres.

Curieusement, l'agent absentéiste en aura obtenu l'annulation par le tribunal administratif de Rouen (20 novembre 2012). Ce qui conduisit la commune à interjeter appel devant la cour administrative d'appel de Douai (10 décembre 2013) ; vainement. D'où son pourvoi en cassation devant le Conseil d'État (11 décembre 2015).

Pour sa part, le Conseil d'État aura estimé qu'en considération des manquements de l'agent et, au contraire, du respect des procédures par la commune, la cour

---

123) Une première lettre, du 30 septembre, fixait cette contre-visite au 6 octobre. Une seconde, datée du 27 octobre, prévoyait un rendez-vous de substitution pour le 3 novembre 2009.

124) Odélia FAUGÈRE, Un droit commun de la mise en demeure du débiteur est-il envisageable ? D. 2025. 789.

administrative d'appel *« a commis une erreur de droit ».* Autrement dit, la révocation prononcée par le maire ne pouvait en l'occurrence être remise en cause (en justice).

54. – La fragilité juridique du licenciement pour abandon de poste.

Priver un agent de son emploi (sans l'avoir entendu) paraît incompatible avec le droit européen ; voire avec notre droit constitutionnel (125). Encore qu'un auteur soutiennent que : *« si la légitimité de cette procédure peut être, à plusieurs égards, remise en cause, il n'en demeure pas moins qu'elle est soumise au contrôle strict du juge administratif, constituant ainsi, malgré tout, une protection efficace au bénéfice de l'agent »* (126).

Le concept d'abandon de poste aura été conçu avant l'essor de la volonté de protéger les fonctionnaires, notamment au moyen d'un statut de la fonction publique. Précisément, une procédure disciplinaire permet de les préserver de l'erreur et de la malice lors des prononcés de sanctions par la hiérarchie. Il n'est dès lors pas excessif de soutenir que le licenciement pour abandon de poste appartient à un autre temps ; c'est une sanction dorénavant anachronique (127).

---

125) Le droit au procès équitable, de plus dans un délai raisonnable, perturbera sans doute cette construction jurisprudentielle de l'abandon de poste. Cf. Philippe TERNEYRE, Grève dans les services publics, Répertoire de droit du travail, janvier 2016, n° 421.

126) Raphaël MATTA-DUVIGNAU, La radiation des cadres pour abandon de poste, AJFP 2014. 105.

127) Ludivine CLOUZOT, L'abandon de poste en droit de la fonction publique, RFDA 2014. 123 ; J. SIMBILLE, La théorie de l'abandon

De fait, compte tenu de ses conditions d'existence l'abandon de poste est plutôt rare en pratique. Par exemple, dans un contentieux, il s'est trouvé qu'un agent de l'office départemental HLM de La Haute-Vienne avait bénéficié d'un congé de maladie, du 23 au 26 juillet 1996 inclus. Or à l'issue de cette quasi-semaine d'arrêt, notre agent n'aura pas repris le travail. Certes, il avait adressé à l'employeur public un nouveau certificat médical, lequel prolongeait son congé jusqu'au 4 août 1996 inclus.

C'est en conséquence que cet employeur public aura fait procéder (30 juillet) à une contre-visite médicale. Or celle-ci avait conclu (dès le lendemain matin) que l'agent était apte à reprendre immédiatement son travail. Le jour même (par lettre remise en man propre à 12 heures 15), le directeur de l'office l'aura ainsi mis en demeure de reprendre ses fonctions à l'heure d'embauche de l'après-midi (13 heures 30) ; c'est-à-dire dans le délai de deux heures de temps.

Il n'empêche que le poste de travail de cet agent sera resté désespérément vide ce jour-là (et peut-être les jours suivants aussi). Le directeur prit alors un arrêté pour le radier des effectifs de l'office. Cette radiation aura-t-elle été licite ? Non, répondit le Conseil d'État (25 juin 2003), car *« l'excessive brièveté de ce délai a eu pour effet d'entacher d'illégalité la mise en demeure et, par voie de conséquence, l'arrêté radiant M. X des cadres de l'office »* (128).

---

de poste : une anomalie dans le droit disciplinaire de la fonction publique, AJDA 1984. 420 ; Alexis ZARCA et Sylvain NIQUÈGE, préc.

128) Conseil d'État, 25 juin 2003, N° 225347, Mentionné dans les tables du recueil Lebon. Le tribunal administratif de Limoges (19 février 1998) s'était déjà prononcé dans le même sens. Mais la cour d'appel de Bordeaux avait réformé son jugement par arrêt du 17 juillet 2000.

L'on peut se demander si l'employeur public ne serait point parvenu à ses fins en se résolvant à se plier patiemment (ou *''tout bêtement''*) à la procédure disciplinaire. C'est ici la question de la controverse suscitée par le concept d'abandon de poste.

2. – Les controverses sur la révocation pour abandon de poste.

55. – L'assimilation de l'abandon de poste à la désertion militaire.

À croire une certaine doctrine, lorsque l'agent public ne se présente pas à son lieu de travail *« l'abandon de poste s'analyse alors comme une désertion »* (129).

À cet égard, deux décennies auparavant, à quatre mains, il avait été écrit que *« l'abandon de poste emprunte au vocabulaire militaire. Il évoque la désertion, la fuite devant l'ennemi ou les responsabilités. Il annonce une sanction aussi sommaire qu'exemplaire »* (130). De fait, *« l'abandon de poste suggère l'infidélité, la confiance trahie »* (131).

Si à l'armée la désertion est une faute pénale, l'abandon n'a pas en revanche cette dimension en droit privé. Mieux, « *l'abandon de poste n'est pas considéré comme une faute disciplinaire* » (132). On lit aussi que « *la radiation [...] ne*

---

129) R. MATTA-DUVIGNAU, La radiation des cadres pour abandon de poste, AJFP 2014. 105.

130) Pierre MOREAU et Bernard CAZIN : L'abandon de poste : une procédure d'exception, AJFP 1998. 40.

131) Idem.

132) Patrick LINGIBÉ, La théorie de l'abandon de poste : un couperet extra statutaire sanctionnant le refus de servir, AJCT 2016. 96.

doit pas être véritablement analysée sous le prisme de la sanction disciplinaire » (133).

56. – L'assimilation de la radiation pour abandon de poste en simple prise d'acte.

Des auteurs soutiennent que la radiation pour abandon de poste serait une sorte de prise d'acte de la part de l'administration. Oui, celle-ci ferait le constat que son agent aura démissionné (serait-ce implicitement).

D'après l'un d'entre eux (inspiré par la jurisprudence), « *la radiation constitue par nature une simple constatation, pour avoir été décidée à l'initiative de l'agent lui-même (soit sur sa demande expresse, soit pour des faits qu'il a provoqués) ou encore par l'effet de circonstances, sans caractère disciplinaire non plus, qui l'entraînent nécessairement* » (134).

Selon un autre auteur, la dimension disciplinaire d'une radiation des cadres serait surfaite. Car « *même lorsqu'elle a une connotation disciplinaire, la radiation des cadres de la fonction publique n'est pas en elle-même une sanction et reste - par son objet comme par sa finalité - une décision par laquelle l'autorité administrative compétente se borne à constater que les liens qui unissaient l'agent au service public ont été rompus* » (135).

---

133) Raphaël MATTA-DUVIGNAU, La radiation des cadres pour abandon de poste, AJFP 2014. 105.

134) Laurent LOMBART, Typologie de la radiation des cadres de la fonction publique : les cas de pure constatation, AJFP, 2008. 265.

135) Idem.

57. – Le rapprochement de l'abandon de poste du secteur public et du secteur privé.

En droit privé, l'on rencontre aussi la notion d'abandon de poste ; même si la démission ne se présume pas (en droit privé) (136). Le vieux traité de droit du travail du professeur CAMERLYNCK invite à songer à *« l'absence ou l'abandon de poste injustifiée et s'étant prolongés, ou l'absence de reprise du travail, sans explication, à la fin du congé »* (137).

Le législateur se montre dorénavant plus rigoureux à l'encontre des démissions secrètes ou discrètes. Un décret indique dorénavant les contours de la présomption de démission par abandon de poste du salarié. Désormais, la mise en demeure impartira à l'absentéiste 15 jours pour reprendre son travail ou pour présenter diverses justifications possibles (138).

De toute façon, l'employeur privé se débarrasse facilement d'un collaborateur (fautif ou non) ; du moment que celui-ci ne bénéficie pas d'une protection légale particulière (mandat, grossesse, maladie). Et à condition d'assumer le paiement d'indemnités à ce collaborateur éconduit sans cause réelle et sérieuse. S'agissant de l'abandon de poste, c'est plutôt le salarié qui aura fait usage d'un pouvoir occulte : une démission qui ne dit pas son nom.

---

136) CA Paris, 4 mars 2003, société Presseport, https://www.legifrance.gouv.fr/juri/id/JURITEXT000006942555?tab_selection=all&searchField=ALL&query=absent%C3%A9isme+d%C3%A9mission&searchType=ALL&fonds=JURI&typePagination=DEFAULT&pageSize=10&page=1&tab_selection=all#all).

137) G.H. Camerlynck, le contrat de travail, tome 1, 2ème édition, Dalloz, 1982, n° 335.

138) Décret n° 2023-275 adopté le 17 avril 2023 relatif à loi n° 2022-1598 du 21 décembre 2022 dite Marché du travail.

58. – L'abandon de poste comme preuve d'une souffrance au travail.

La radiation de l'agent public est suivie par une conséquence financière immédiate dont ne souffrent pas les autres agents licenciés pour faute ou pour insuffisance professionnelle. En effet, l'auteur de l'abandon de poste étant assimilable à un démissionnaire (sans excuse légitime), il ne bénéficie pas des allocations pour chômage et retour à l'emploi (139).

Précisément, en période de chômage de masse, pourquoi donc abandonner son poste, et en particulier sa sécurité de l'emploi de fonctionnaire ? C'est alors que certains s'interrogent sur notre société contemporaine dans laquelle se multiplient ces abandons. Car l'on se trouve peut-être en présence de pauvres bougres qui n'en peuvent mais. Oui, ce serait une manifestation de la souffrance au travail (140).

Pour un auteur, le recours intellectuel à la notion d'abandon de poste serait *« la traduction d'une bien pauvre politique de gestion des ressources humaines, sourde à un autre fléau de notre temps - la souffrance au travail »* (141). En tous cas, observe le Professeur NIQUÈGE, *« l'abandon de*

---

139) L. PERRIN, Démission et bénéfice des indemnités prévues par le plan de sauvegarde de l'emploi, D.A. 25 juin 2008.

140) Selon un auteur : « *la souffrance au travail est à la fois une cause et un symptôme du désengagement au travail. Surcharge de travail, ambiance de travail délétère, travail monotone, manque de reconnaissance et absence d'opportunité d'évolution professionnelle sont autant de raisons de se désengager* » (Sandrine MAILLARD, Le désengagement au travail des salariés, Droit social 2025. 11).

141) Alexis ZARCA (et Sylvain NIQUÈGE), Dispute sur l'abandon de poste, AJFP 2016 p.181.

poste constitue souvent le terme d'un conflit douloureux entre l'employeur et son agent » (142).

Certes, l'agent en question aura dédaigné toutes les étapes qui auraient pu favoriser un échange de vues avec son employeur. L'on sait que sa radiation aura été précédée par des étapes permettant à l'agent d'échapper au funeste sort qui se préparait. Pas de surprise : une lettre lui aura expressément indiqué le risque de son éviction prochaine.

§ 2. – L'exclusion de l'élu ou de l'élève absentéiste

59. – La pluralité des personnes coupables d'absentéisme.

Dans les organismes publics, les individus manquant à leur obligation d'assiduité ne sont pas forcément des travailleurs. Encore que ces derniers y soient quotidiennement attendus des années durant (voire des décennies) ; jusqu'à la retraite professionnelle. Ces autres absentéistes ne sont pas pour autant de passage dans l'organisme public déserté. En effet, il se pourrait qu'ils y demeurent quelques années.

Cela étant, le défaut d'assiduité de presque tous est susceptible de sanctions. Parmi celles-ci, et au maximum de la sévérité, il y a l'éviction. C'est en vérité une sanction généralement illusoire contre un élève (1.). D'ailleurs, l'éviction de l'élu absentéiste n'est pas toujours davantage convaincante (2.).

142) Idem.

A. – L'exclusion de l'élève français ou étranger

60. – Le faible pouvoir contre l'élève français et le grand pouvoir contre l'étudiant étranger.

L'absentéisme des élèves est un phénomène ancien qui remonte à démocratisation de l'école (143). Encore que l'expression « *école buissonnière* » n'en découle pas complètement. En effet, comme les protestants avaient décidé de s'écarter de la voie officielle (le catholicisme), ils ne disposaient pas de locaux pour leurs enseignements qu'ils dispensaient parfois en plein air, dans les buissons.

Cela étant, l'école républicaine avait été imaginée comme facteur d'intégration et d'émancipation. Mais elle est désormais trop souvent le prétexte d'anathèmes, de stigmatisations et d'exclusions. Souvent à cause d'avis politiques ou pédagogiques inconciliables sur l'absentéisme ; des différends au bien à propos de ses causes que de ses remèdes idéaux.

Au demeurant, les remèdes appliqués se révèles bien risibles (1.). Encore que, le cas échéant, certains rient jaune. L'étudiant étranger souffre davantage, et indirectement, de son absentéisme injustifié. Sa présence sur le territoire de la République se trouve alors compromis (2.).

1. – L'exclusion illusoire ou dérisoire de l'élève français

61. – La facilitation du mérite républicain par l'école.

Autrefois, seuls les enfants des nobles (seigneurs) disposaient d'écoles et de précepteurs en vue d'une instruction physique et intellectuelle. D'un autre côté,

143) Clotaire MOULOUNGUI, L'absentéisme dans les formations, préf. Catherine Couturier, Didactijuris, 2025.

l'Église catholique aidait aussi à l'instillation de rudiments de connaissances générales. C'était en particulier dans la perspective de l'entrée dans des séminaires ; c'est-à-dire pour la prêtrise.

En définitive, la Troisième République aura eu l'ambition d'élever tous les enfants à l'instruction publique. Un personnage (Jules Ferry) est souvent cité comme le promoteur d'une telle démocratisation de l'école en France (144).

Cette école n'était pas si démocratique. D'une part, les hameaux de montagnes et les autres bourgades mal desservies par les transports en commun avaient un service scolaire un peu dégradé (une classe pour tous les niveaux). D'autre part, et plus généralement, les élèves ne recevaient pas les mêmes enseignements ; selon qu'ils étaient des garçons ou des filles. En effet, leurs programmes d'études et leurs écoles étaient distincts.

Grâce à l'instruction (à l'école notamment), les bons élèves pouvaient désormais prétendre aux fonctions jusque-là hermétiquement fermées aux générations précédentes de leurs familles. Ce fut le concept du mérite républicain. L'idée est bien admise dans les facultés de droit, pour le recrutement de leurs professeurs des universités.

Effectivement, est-il prétendu : « *D'une manière générale, le concours d'agrégation constitue un bel exemple des concours à la française, illustration du mérite républicain,*

---

144) En vérité, cet homme politique n'était que le membre d'un gouvernement dont il n'était pas encore le président (du Conseil des ministres). En outre, un gouvernement a besoin de moyens financiers que lui octroie le parlement (dans un budget annuel).

qui doit absolument être conservé... voire étendu à d'autres disciplines ! » (145).

Pourtant quelques parents et élèves se représentaient très mal l'intérêt de l'école. Au point de souhaiter pratiquer l'inassiduité aux formations. Cette opinion persiste dans une certaine mesure ; eu égard aux réussites sociales sans lien avec les diplômes et l'école.

62. – L'existence de réussites sociales sans l'aide de l'école.

Nul ne doute sérieusement que l'école (l'instruction) soit importante pour la vie future de l'enfant. Dès lors, peut-être est-il légitime de sanctionner son éventuel absentéisme scolaire (146). Néanmoins, est-il certain que l'on atteigne un tel objectif d'assiduité en demandant à l'enfant absentéiste de cesser de se rendre dans l'établissement scolaire ?

L'homme de la rue dirait ici que cette sanction sera contre-productive, puisque dispensant paradoxalement l'absentéiste invétérée de son obligation de présence en classe. Du reste, tôt ou tard la société française devra prendre en charge cet enfant qui aura grandi loin de l'éducation nationale. Un livre de Clotaire MOULOUNGUI en parle abondamment (147).

Il convient pourtant de noter que de nombreux absentéistes auront quand même pu se frayer un chemin vers la réussite économique et sociale. C'est le cas du

---

145) Rémy CABRILLAC, Retour sur le concours d'agrégation de droit privé et sciences criminelles, Recueil Dalloz 2024 p.1456.

146) Roger MONJO, L'école peut-elle être, à la fois, libératrice et obligatoire ?, Presses universitaires de Caen | « Le Télémaque », 2013/1 n° 43 | pages 87 à 102, https://www.cairn.info/revue-le-telemaque-2013-1-page-87.htm.

147) Clotaire MOULOUNGUI, L'absentéisme dans les formations, Didactijuris, 2024, 347 pages.

célébrissime artiste peintre et sculpteur DANIEL BUREN (148). En effet, dit la légende, après des débuts à l'École des métiers d'arts de Paris, entre 1957 et 1960, il aura été *« admis à l'École des beaux-arts dont il est renvoyé pour absentéisme »* (149).

Or, cinq ans plus tard, ce sculpteur commença à recevoir des commandes. Et aujourd'hui, n'importe où dans le monde entier, une œuvre artistique noire et blanche renvoie mentalement à lui (DANIEL BUREN). Désormais, il siège dans de prestigieuses instances de l'art et de la culture.

D'un autre côté, le célèbre dirigeant soviétique STALINE (originellement SOSSO DJOUGACHVILI) avait initialement choisi les ordres comme orientation professionnelle. De 1894 à 1899, il étudia au séminaire de Tiflis (à Tbilissi, la capitale de la Géorgie soviétique). Toutefois, en *« 1899, Djougachvili est renvoyé du séminaire pour manque d'assiduité »* (150).

Cette exclusion définitive l'aura obligé à une réorientation professionnelle. C'est de la sorte qu'il aura *"promis"* à ses compatriotes *« le bonheur ici et maintenant » ;* contrairement à la promesse chrétienne (151). Du reste, des religieux défroqués l'ont quelque peu imité par la suite.

---

148) Il est surtout connu pour avoir installé (en forme d'œuvre) sur la cour d'honneur du Palais Royal à Paris des cylindres de marbre qu'il a peint en noir et en blanc.

149) Marcella LISTA, BUREN Daniel, Encyclopædia Universalis [en ligne], http://www.universalis-edu.com/encyclopedie/daniel-buren/.

150) Encyclopædia Universalis [en ligne]. http://www.universalis-edu.com/encyclopedie/staline/.

151) Il ne s'agissait donc plus d'attendre la mort (puis le paradis) pour bénéficier du bonheur dont les nobles et les bourgeois jouissaient déjà sur terre.

Même si eux avaient bel et bien terminé leur formation et exerçaient déjà comme prêtres depuis des années (152). Sans doute les religieux en question s'étaient-ils lassés de fréquenter assidument leurs lieux de culte.

63. – L'absentéisme de collégiennes par fronde religieuse.

L'école buissonnière s'explique diversement (153). Ainsi, il y a une trentaine d'années, la France entière aura été tenue en haleine par le cas de jeunes filles boudant les cours d'éducation physique et sportive de leur collège Édouard Branly (de Tourcoing). Par ailleurs, ces collégiennes persistaient à porter un foulard d'inspiration musulmane.

Elles s'étaient lancées dans une politique de la chaise vide en espérant que les enseignants (leur) cèdent bientôt. Mais le RECTEUR DE L'ACADÉMIE DE LILLE les avait alors exclues définitivement de l'établissement scolaire (27 décembre 1994).

Comme à l'époque aucune disposition légale ou réglementaire n'interdisait les signes religieux ostensibles à l'école, les parents des deux collégiennes sollicitèrent l'annulation juridictionnelle de la décision administrative (154). Le fondement de leur action en justice était l'atteinte à des libertés publiques.

Lesquelles ? Outre celle de se vêtir à sa guise, celle d'exprimer ses convictions religieuses en publique. Ce qui

---

152) Par exemple : l'abbé Fulbert Youlou (père de l'indépendance du Congo) ; Monseigneur Makarios (père de l'indépendance de Chypre), le père Jean-Bertrand Aristide (premier Président élu démocratiquement à Haïti), etc.

153) Clotaire MOULOUNGUI, l'absentéisme dans les formations, Didactijuris, 2024, 347 pages.

154) Nicolas BLANCHARD, Vers une interdiction du port des signes politiques ou religieux en compétition ? JS 2025, n°261, p.6.

semble compatible avec le principe de laïcité, voire conforme à lui (155). Sur le plan général, leur argumentation aura été retenue par le tribunal administratif de Lille (13 avril 1995). Puis, confirmation par le Conseil d'État (27 novembre 1996).

Pour les juges, l'arrêté rectoral n'aurait été fondé en droit que si le foulard (par lequel les intéressées entendaient exprimer leurs convictions religieuses) pouvait être regardé, au cas d'espèce, *« comme un signe présentant par sa nature un caractère ostentatoire ou revendicatif, et dont le port constituerait dans tous les cas un acte de pression ou de prosélytisme »*. Précisément, était-ce le cas ? Il a semblé que non aux juges. Par conséquent, la décision rectorale d'exclusion devait être annulée.

64. – Le sauvetage d'une exclusion définitive d'absentéistes par substitution de motif.

Dans l'affaire ci-dessus, au lieu d'annuler l'exclusion définitive des collégiennes, le Conseil d'État l'aura plutôt maintenue. Pour parvenir à un semblable résultat, il aura recouru à la technique juridictionnelle de la substitution de motifs (156). C'est-à-dire qu'une décision est (finalement)

---

155) Clotaire MOULOUNGUI, L'artisan, l'habillement du personnel et le droit, Marché et organisations 2006/1 (N° 1), pages 163 à 179 ; Tenues de travail et management des organisations : La fin des blouses blanches et autres ? L'harmattan, 2006, 212 pages.

156) « *Le Conseil d'État, juge de cassation, pratique, sous certaines conditions, la substitution de motifs, lorsque la solution des juges du fond est fondée mais repose sur un motif erroné en droit : par exemple, en substituant un motif d'irrecevabilité au motif d'incompétence* » (Jacques-Henri STAHL, B - Substitution de motifs, Répertoire de contentieux administratif / Recours en cassation, MAJ mars 2025).

sauvée en renvoyant au texte ou au principe qui aurait dû être utilisé par son auteur (ignorant ou négligent).

Justement, aura constaté la Cour suprême des juridictions administratives, il ressortait *« des pièces du dossier, et notamment des certificats établis par les médecins scolaires, qu'à l'exception des cours de natation, les filles des requérants étaient aptes aux cours d'éducation physique ; qu'ainsi, leurs absences répétées à ces cours n'étaient justifiées par aucun motif valable »*.

Certes, les requérants reprochaient par ailleurs aux autorités scolaires de n'avoir pas insisté pour faire revenir les élèves en cours. Ce à quoi, le Conseil d'État avait répondu *« qu'aucune disposition législative ou réglementaire n'obligeait l'administration à mettre les filles des requérants en demeure d'assister à ces cours, dès lors que l'assiduité est obligatoire à tous les enseignements prévus par l'emploi du temps des élèves ; que la sanction de l'exclusion définitive qui a été infligée à Mlles Y... et X... était légalement justifiée par les faits ainsi relevés à leur encontre »*.

Mais alors, le foulard islamique était-il condamnable en l'espèce et impliquait-il conséquemment une sanction d'exclusion définitive ? La Haute Cour aura jugé que cela n'avait pas d'importance : l'absentéisme constaté étant à lui seul suffisant à justifier l'exclusion.

Effectivement, affirme son arrêt : *« à supposer que les autres motifs retenus par le recteur soient erronés en droit ou en fait, il résulte de l'instruction que le recteur de l'académie de Lille aurait pris la même décision à l'égard de Mlles Y... et X... s'il s'était fondé sur le seul motif de leur absentéisme persistant »* (157).

---

157) Conseil d'État, 27 novembre 1996, n° 170209, Wissaadane et Chedouane c/ Recteur de l'académie de Lille. Dans une espèce

65. – La pluralité des absences fondement de l'exclusion définitive.

Combien d'absences peuvent fonder matériellement une telle exclusion définitive de l'élève absentéiste ? Les juges ne le précisent pas. C'est en principe le règlement intérieur de l'établissement scolaire qui prévoit les sanctions applicables à ses élèves indisciplinés, notamment les absentéistes.

Il faut noter que le Code de l'Éducation n'appelle vraiment à s'émouvoir qu'à partir de la quatrième demi-journée d'absence dans le mois (158). Autrement dit, l'élève qui prolongerait son week-end et raterait alors les cours du lundi et du mardi atteindrait le plafond qui déclenche le courroux administratif.

On comprend ainsi donc sans peine que pour une centaine d'absences le RECTEUR DE L'ACADÉMIE DE NANCY-METZ (27 juin 1994) ait confirmé l'exclusion du collégien JEAN-MARC X. Une exclusion décidée par le conseil de discipline du collège des Trois Frontières (Longlaville, 19 mai 1994). Car au cours de l'année 1993-1994, cet élève (de quatrième) avait été absent durant 93 demi-journées.

Or, lit-on dans la décision de justice, *« si certaines absences ont été justifiées par des certificats médicaux réguliers, un grand nombre d'entre elles ont été motivées par*

---

proche jugée le même jour, mais sans absences répréhensibles, le Conseil d'État avait confirmé le jugement par lequel le tribunal administratif de Paris (5 juillet 1995) avait (à bon droit) annulé la décision illégale du RECTEUR DE L'ACADÉMIE DE CRÉTEIL (28 décembre 1994) excluant une élève de son collège Gérard Philippe d'Aulnay-sous-Bois (Conseil d'État, N° 172787, recteur de l'académie de Créteil).

158) https://www.service-public.fr/particuliers/vosdroits/F1899.

des raisons de convenance personnelle de Mme Z [la mère], en raison notamment de ses difficultés à assurer le transport de son fils entre son domicile et le collège » (159).

Sans doute des commentateurs auraient-ils pu s'étrangler devant cette sévérité contre une famille miséreuse incapable d'affréter un véhicule pour déposer sa progéniture à l'école. À cet égard rapporte une ONG : « *Les enfants pauvres ont sept fois moins de chances que les enfants riches de terminer leurs études* » (160).

Des journalistes peut-être un peu militants précisent que : « *Quand la puissance publique ne remplit pas son obligation de gratuité, elle aggrave les problèmes des élèves pauvres* » (161).

En tous cas, les conseillers d'État auront jugé que *« ces divers motifs non médicaux ne sont pas de nature à justifier l'absentéisme persistant de l'élève ; qu'ainsi, le conseil de discipline du collège et le recteur de l'académie de Nancy-Metz ont pu légalement sanctionner cette méconnaissance de l'obligation d'assiduité scolaire par une exclusion définitive de l'établissement »*.

En première instance, le tribunal administratif de Nancy avait montré la même intransigeance contre l'élève absentéiste. La décision d'exclusion définitive se retourne parfois contre l'institution scolaire elle-même, ainsi que le révèle l'affaire ci-dessous.

---

159) Conseil d'État, 28 octobre 1996, N° 170560, recteur de l'académie de Nancy-Metz.

160) https://www.oxfam.org/fr/communiques-presse/les-enfants-pauvres-ont-sept-fois-moins-de-chances-que-les-enfants-riches-de.

161) https://blogs.mediapart.fr/delahaye-jp/blog/250619/ce-que-l-insuffisance-de-gratuite-l-ecole-fait-la-scolarite-des-eleves-pauvres.

66. – L'absentéisme forcé de l'étudiante exclue à tort.

Une étudiante de L'ÉCOLE SUPÉRIEURE DE COMMERCE DE PAU (établissement d'enseignement supérieur de la CHAMBRE DE COMMERCE ET D'INDUSTRIE DE PAU-BÉARN) était alternante (162). Plus précisément, elle était inscrite en Master en même temps qu'elle était en contrat d'apprentissage dans l'entreprise AUCHAN. Son intégration y aura été plutôt compliquée. Elle usait volontiers de sa liberté de pensée et de sa liberté d'expression. Ce qui aura fortement déplu.

Dès lors, un conseil de discipline devait se réunir en ayant à l'esprit la nécessité d'une décision exemplaire. Certains juges maugréaient que : *« il y va de la crédibilité de l'institution vis-à-vis d'une grande entreprise, partenaire historique de l'apprentissage ».*

L'étudiante, particulièrement vindicative lors de son audience de jugement aura subi la sanction de l'exclusion définitive (4 février 2010). En réaction, elle décida de saisir le tribunal administratif de Pau. Non seulement pour une annulation de son exclusion, mais également pour l'obtention de dommages-intérêts (163). Cependant, le tribunal la débouta (8 mars 2012). D'où son recours devant la cour administrative d'appel de Bordeaux. Elle y obtint gain de cause.

Car *« pour prononcer la sanction d'exclusion définitive contestée, le conseil de discipline a notamment tenu compte,*

---

162) L'affaire aura été de la compétence matérielle du tribunal administratif parce qu'une chambre de commerce n'est pas tout à fait une institution privée. En tous cas, elle est chargée d'un service public (faciliter les affaires). D'autres personnes privées chargées d'un service public sont par exemple la Sécurité sociale et ses composantes, les fédérations sportives, etc.

163) Elle envisageait 30000 euros pour ses parents et 50000 euros pour elle-même.

d'une part, du besoin de ménager un employeur influent, important partenaire pour les contrats d'apprentissage, d'autre part, du comportement agressif de l'étudiante lors de son audition » (164).

Apparemment, aucun de ces deux éléments ne pouvait fonder la sanction litigieuse. D'une part, le conseil de discipline était censé sévir pour des agissements survenus bien avant sa réunion. D'autre part, ce conseil manquerait d'impartialité en se montrant plus ou moins sévère en fonction du poids économique d'une des parties à un litige (165).

L'année universitaire étant finie depuis longtemps, l'étudiante ne pouvait reprendre ses études dans l'établissement ; malgré l'annulation de son exclusion. Sa consolation (sa réparation) devait prendre la forme de dommages-intérêts. Elle aura perçu 15.000 euros ; notamment, dit la cour, pour « *la rupture, entraînée par son exclusion, de son contrat d'apprentissage* » (166).

Selon les conseillers bordelais, il fallait l'indemniser pour le préjudice lié à l'arrêt brusque de sa scolarité en Master ; en particulier la perte d'une année universitaire. C'est un préjudice moral. En second lieu, son avenir professionnel

---

164) Cour administrative d'appel Bordeaux, 16 juillet 2013, N° 12BX01100.

165) Cependant, « *l'autorité à l'origine de l'engagement de poursuites disciplinaires contre un agent public peut régulièrement présider le conseil de discipline amené à rendre un avis sur le projet de sanction envisagé, dès lors que le contrôle juridictionnel opéré par le juge administratif sur la sanction prononcée est un contrôle "normal"* » (Laurent DERBOULLES, Beau temps sur la procédure disciplinaire de la fonction publique vue de Strasbourg, AJFP 2023. 164).

166) Cour administrative d'appel Bordeaux, 16 juillet 2013, N° 12BX01100.

était dorénavant compromis, puisqu'elle ne pouvait plus prétendre aux emplois auxquels ouvre le Master qu'elle préparait (167).

2. – Le refus du titre séjour à l'étranger absentéiste

67. – L'exigence d'une preuve d'assiduité à l'étudiant demandeur d'une carte de séjour.

La réussite universitaire, en parallèle d'une assiduité irréprochable, conditionnent le renouvellement préfectoral du titre de séjour de l'étudiant étranger. Il ne lui suffit pas de s'inscrire dans une structure d'enseignement supérieur reconnue par l'État pour ensuite bénéficier du renouvellement de son titre de séjour en France.

En effet, la fréquentation régulière de celle-ci s'impose par ailleurs à lui (168). Plusieurs arrêts de la juridiction administrative se prononcent en ce sens ; en particulier celui récent de la cour administrative d'appel de Nantes (mars 2025). Les maîtres-mots de la matière sont : *''sérieux''* et *''assiduité''* (169).

---

167) Idem.

168) « *Si vous n'êtes pas européen et que vous ne résidez pas dans l'un des pays concernés par la procédure "Études en France", vous devez suivre la procédure de la demande d'admission préalable (DAP) pour poursuivre vos études en France en 1ère année d'une formation de niveau licence* » (https://www.service-public.fr/particuliers/vosdroits/N31346).

169) Clotaire MOULOUNGUI, L'incidence du droit Ohada sur la fixation des étudiants africains en Afrique, Revue européenne du droit social, 2014, pp 39-47 ; Clotaire MOULOUNGUI, L'absentéisme dans les formations, Didactijuris, 2025, préf. Catherine COUTURIER.

En l'occurrence, auront dit les conseillers administratifs nantais, peut-être pouvait-on admettre la préparation de l'examen d'entrée au CRFPA comme un projet légitime et valable. Toutefois, l'intéressé n'avait apporté « *aucun élément de nature à démontrer son assiduité dans la préparation qu'il suit à l'IEJ ou la reconnaissance de ses mérites particuliers dans la formation et les enseignements qu'il a suivis* ». Pire, il y avait au contraire la preuve « *de défaillances et d'absences injustifiées* ».

68. – L'assiduité pour un passage du statut de mineur non accompagné à étudiant étranger.

En général, le refus de la carte de séjour oblitérée "*étudiant*" concerne des jeunes qui auront préalablement été autorisés à gagner le territoire de la République en vue d'une poursuite d'études (170).

Pourtant, il est arrivé l'an dernier que le problème se posât à propos d'un (ancien) mineur étranger ("*non-accompagné*") confié à l'Aide Sociale à l'Enfance. Dans ce contentieux, un ressortissant angolais (né le 27 juillet 2004) entendait recevoir un titre de séjour (171). Mais le préfet de la Somme aura plutôt décidé (16 mars 2023) de lui interdire le territoire français.

Et, selon le tribunal administratif d'Amiens (18 décembre 2023) : « *le motif tiré de l'absence d'assiduité et de sérieux*

---

170) Dominique TURPIN, § 10 - Renouvellement du titre de séjour « *étudiant* », Répertoire de droit international / Étudiants étrangers Internat, Novembre 2024 ; Vincent TCHEN, Étrangers, Séjour, Régime de délivrance des titres de séjour, JurisClasseur Administratif, Fasc. 233-61 et 233-62.

171) Sur la base de l'article L423-22 du Code de l'entrée et du séjour des étrangers et du droit d'asile.

dans les études suffisait à fonder la décision de refus de titre de séjour prise par le préfet ». Son jugement aura ensuite été confirmé par la Cour administrative d'appel de Douai (172).

En revanche, ce sont-là des exigences (de sérieux et d'assiduité) que deux degrés de juridiction auront considéré comme satisfaites dans le cas d'une ressortissante gabonaise. Voilà pourquoi celle-ci aura été sauvée de l'OQTF.

Plus exactement, il ressortait « *des pièces du dossier qu'elle n'a jamais été défaillante aux examens, plusieurs attestations du corps enseignant produites faisant au contraire état de son assiduité aux enseignements* » (173).

69. – L'indifférence du changement d'orientation en cas de sérieux et d'assiduité de l'étudiant.

Un autre étudiant s'était résolu à abandonner le master de droit des affaires (après deux échecs) au profit d'un D.U. "étudiant-entrepreneur" ; dans sa même université de Toulon (174). Un diplôme qu'il aura alors obtenu avec la mention "*bien*", « *son assiduité et son sérieux étant de nouveau soulignés au titre de l'année en cause* » (175).

En l'occurrence, l'étudiant-entrepreneur avait acquis des compétences nécessaires à la création d'une entreprise d'agents de sécurité. Néanmoins le préfet du Var lui a dénié le droit au renouvellement du titre de séjour. Manifestement à tort ; puisque la cour administrative d'appel de Marseille a

---

172) CAA de DOUAI, 3ème chambre, 18/09/2024, 24DA00107.

173) CAA de DOUAI, 2ème chambre, 28/08/2024, 23DA02229.

174) Emmanuelle MAUPIN, Publication d'un décret sur les titres de séjour pour motif professionnel ou d'études, AJDA 2025. 1157.

175) CAA de MARSEILLE, 2ème chambre, 17/05/2024, 23MA02202.

confirmé le jugement rendu le 28 juillet 2023 par le tribunal administratif de Toulon en faveur de cet étudiant (176).

Peu d'années avant, la cour administrative d'appel de Douai avait infirmé un jugement par lequel (le 9 mars 2023) le tribunal administratif de Rouen avait rejeté une demande d'annulation d'un arrêté défavorable pris par le préfet de la Seine-Maritime (le 03 octobre 2022). Pourtant, au regard de ses notes et d'une attestation des autorités universitaires, l'étudiant (un ressortissant ivoirien) « *suivait ses études avec sérieux et assiduité* » (177).

70. – L'OQTF en cas de cumul d'échecs, d'une réorientation et/ou d'un absentéisme.

En revanche, durant trois années, un jeune congolais sera resté en première année de licence de gestion. Puis il se sera réorienté vers un certificat d'aptitude professionnelle au métier de serveur. Problème, auront relevé les juges : « *une telle formation, qui relève de l'enseignement secondaire, ne constitue pas des études supérieures* » (178).

Que répondre alors à son souhait de demeurer encore en France ? Réponse juridictionnelle : « *indépendamment de l'assiduité, au demeurant non établie, dont il aurait fait preuve au cours de ses années d'étude, le préfet du Puy-de-Dôme a pu, sans erreur d'appréciation, considérer que M. A... ne justifiait pas du caractère réel et sérieux de ses études, pour refuser de lui renouveler son titre de séjour en qualité d'étudiant* » (179).

---

176) Idem.
177) CAA de DOUAI, 2ème chambre, 10/10/2023, 23DA00613.
178) CAA de LYON, 4ème chambre, 17/10/2024, 23LY03327.
179) CAA de LYON, 4ème chambre, 17/10/2024, 23LY03327.

Conclusion : l'étudiant étranger n'est pas censé venir en France pour faire du tourisme ou pour profiter d'une ou plusieurs années sabbatiques (180). Mieux, il représente un capital-humain dont ses parents et les financeurs de son éventuelle bourse espéreront un retour sur investissement personnel, familial, et peut-être national (181).

B. – La sanction de la démission d'office dans une instance

71. – L'accord d'administrateurs et du juge pour la concrétisation de la démission d'office.

Lorsqu'un individu perd le droit de participer au fonctionnement d'un groupement dont il étai membre jusque-là, plusieurs explications se bousculent à l'esprit de l'observateur. La question liminaire, voire unique, étant de savoir si l'intéressé en sera parti de son plein gré (ou non). Ce serait alors une démission ; sachant que nul ne saurait être tenu demeurer engagé toute sa vie durant (182).

S'il a été poussé vers la sortie, le cas le moins conflictuel est celui où l'intéressé n'aurait pas été réélu, son concurrent ayant été préféré. Les autres cas de figure sont la révocation ou le licenciement. On supposera que la personne évincée aura commis une faute, une faute grave. Ce qui ne se conçoit nullement à l'encontre de l'agent qui aurait perdu la tête

---

180) Clotaire MOULOUNGUI, L'incidence du droit Ohada sur la fixation des étudiants africains en Afrique, Revue européenne du droit social, 2014, pp 39-47.

181) François SAUVAGE, Preuves en droit de la famille : l'obligation parentale d'entretien du jeune majeur, AJ fam. 2008. 15.

182) Le mariage et le contrat de mariage ont vocation à durer pendant la vie des deux conjoints. La servitude conventionnelle dure parfois très longtemps, si bien qu'elle peut survivre à son signataire.

(183). Certes, le secteur privé comporte d'agréables particularités (184).

Curieusement, il existe une démission qui est en vérité une révocation. Le membre de l'instance n'en fera plus parti malgré sa volonté contraire. En fait, l'on parle de démission d'office. Même quand l'intéressé n'est pas absentéiste et n'aura pas donné l'impression d'avoir démissionné du fait d'une sorte d'abandon de poste (185).

L'opération fait naturellement l'objet d'un encadrement juridique strict que nous étudierons dans un premier temps (1.). Ensuite, nous verrons quelques cas particuliers survenus en pratique (2.).

1. – Les principes directeurs de la démission d'office

71. – Le besoin de groupements aux membres assidus.

Les autorités françaises reconnaissent certainement la fameuse « *intelligence collective* ». De sorte qu'elles mettent en place des comités, des commissions et d'autres instances collégiales, dont la mission est de conseiller ou de décider.

183) Cour administrative d'appel de Versailles, 24 mai 2017, Quand le trouble mental explique la faute : révocation disproportionnée, AJFP 2018. 117.

184) L'employeur peut toujours licencier le salarié de droit commun sans cause réelle et sérieuse. Ce sera un salarié auquel la loi n'aura pas conféré une quasi-immunité (syndicaliste, victime de discrimination, femme enceinte, etc.). L'employeur s'expose néanmoins à payer des dommages-intérêts pour licenciement abusif, en sus d'une prime de départ définitif (appelée prime de licenciement).

185) Guillaume BEAUSSONIE et Antoine BOTTON, La consigne : punir l'élu (local) en laissant libre l'électeur, D. 2025. 1037.

Leurs membres sont d'origines diverses, de façon que les approches et les éclairages soient multiples.

Mais certains d'entre ces membres se révèlent parfois absentéistes. Aussi est-il parfois prévu un nombre minimal de participants aux réunions d'une instance administrative. Cela veut dire que la réunion projetée n'a pas lieu si au moins un nombre donné de participants n'y prend pas part. Il s'agit de la notion de quorum (186).

À l'évidence, ce quorum sera difficile à réunir si l'on exige la présence de chacune des catégories de membres de l'instance. Faut-il en effet s'obliger à respecter des sous-quorums par collèges ? Dans le silence de la loi, la réponse négative semble compréhensible. La cour administrative d'appel de Paris est de cet avis.

En effet, dans un contentieux récent, elle a jugé que *« nonobstant l'absence de représentants des collectivités territoriales, le quorum de la formation spécialisée de ce conseil était atteint, autorisant le conseil à siéger »* (187).

Les absences constatées étaient donc indifférentes. Mais si un tel relativisme était systématique, peut-être l'intérêt des décisions plurales (ou pluridisciplinaires) disparaîtrait-elle.

Logiquement, les membres d'une instance ont un devoir d'assiduité (188). Est-ce une simple faculté, ou bien s'agit-il pour chacun d'eux d'une obligation ? Le cas échéant, quelle sanction s'ensuivrait alors en cas d'inassiduité ? En général,

---

186) Clotaire MOULOUNGUI, Absentéisme des décideurs, hic pour quorums et majorités, Didactijuris, 2024.

187) CAA de Paris, 20 décembre 2018, N° 18PA01829.

188) Christian BIDÉGARAY, Faut-il être un saint pour être un élu local ? RFDA 2025. 274.

l'absentéisme est sanctionné par une présomption simple de démission. On parle plus exactement de démission d'office.

Concrètement, le membre absentéiste cessera d'être compté (comme membre) de l'effectif. Il pourra toutefois être maintenu dans l'instance si ses explications convainquent. L'intéressé devra convaincre ses collègues, ou bien son autorité de nomination, ou bien encore une juridiction.

72. – L'historique et les sources de la démission d'office.

C'est une loi du 7 juin 1873 qui a instauré la démission d'office à l'encontre des conseillers (municipaux) faisant preuve de mauvaise volonté dans l'accomplissement de leur mandat local.

Cette loi, maintes fois modifiée, figure désormais (pour les conseillers départementaux) à l'article L3121-4 du Code général des Collectivités Territoriales (le CGCT). L'hypothèse est que, *« sans excuse valable »*, le conseiller aura *« refusé de remplir une des fonctions qui lui sont dévolues par les lois »*. Des discussions se sont élevées sur l'un et l'autre point.

Si l'excuse a une dimension subjective (et personnelle) marquée, au moins pouvait-on s'imaginer que *« les missions »* ne donneraient pas lieu à difficulté d'interprétation. En effet, elles sont normalement listées.

À la vérité, une bonne part de complexité vient toutefois de ce que, à la loi proprement dite, se rajoute le règlement (décrets et arrêtés gouvernementaux). Or l'une et l'autre possèdent un potentiel créateur infiniment renouvelé.

73. – Le pouvoir du juge en matière de démission d'office.

La démission d'office prononcée par la juridiction administrative à l'encontre d'un conseiller municipal se fonde sur deux articles du CGCT. D'une part l'article L2121-

5 sur le fond du droit ; d'autre part, l'article R2121-5, lequel explicite le parcours juridictionnel à suivre.

Le premier (des deux) enseigne qu'il appartient au tribunal administratif de déclarer comme démissionnaire le conseiller municipal qui se sera refusé à accomplir l'une de ses missions légales, alors qu'aucune excuse ne légitimerait une pareille défaillance.

Le refus en question ne sera peut-être pas exprimé en public, ou bien annoncé à l'autorité compétente (le maire). Il sera insidieux, sournois, silencieux. Précisément, le CGCT envisage « l'abstention persistante après avertissement de l'autorité chargée de la convocation ».

Curieusement, les juges administratifs ne considèrent nullement le défaut persistant d'assiduité aux réunions du conseil départemental comme une démission implicite ; « donc l'absentéisme aux séances du conseil n'est pas une cause de révocation » (189).

74. – Le délai d'un mois pour chacune des étapes de la procédure.

À propos des délais, quel est celui de la saisine du tribunal administratif à l'encontre du conseiller municipal absentéiste ? Réponse : un mois au maximum ; à peine de déchéance. Il s'agit d'une sorte de prescription des poursuites (190). C'est aussi dans la limite d'un mois de temps que le tribunal doit se prononcer.

---

189) Nadine DANTONEL-COR, Département : élection et statut des conseillers départementaux, Encyclopédie des collectivités locales, août 2014.

190) Sylvia ROZELIER, Engagement des poursuites disciplinaires et prescriptions, D. 2002. 772.

Sinon il est dessaisi au profit de la cour administrative d'appel. En vérité, pas de saisine d'office (autosaisine) de celle-ci. Il appartient effectivement au maire de former le recours juridictionnel dans un (nouveau) délai d'un mois.

Une fois la démission prononcée par le tribunal, le greffier en chef de cette juridiction indique au conseiller exclu qu'il dispose d'un mois pour faire appel. Puis, c'est dans les trois mois suivants que la cour administrative d'appel devra avoir jugé la contestation (191).

La fin prématurée de son mandat n'interdit pas pour autant à l'absentéiste de se présenter à de nouvelles élections municipales. Néanmoins, dit l'article précité, « le membre ainsi démissionnaire ne peut être réélu avant le délai d'un an » (192).

2. – La mise en œuvre de la démission d'office

76. – Illustrations de tentatives de démissions d'office.

Dans un arrêt récent, l'on apprend qu'un conseiller municipal, le plus âgé, avait été invité à présider (en cette qualité) la séance destinée à l'élection du nouvel exécutif de la COMMUNE DE BERRE-L'ÉTANG. Or les membres de son

191) Bien entendu, le conseiller démissionné ira directement devant la cour administrative d'appel si le tribunal administratif n'avait pas été prompt à juger. Puis il lui restera encore la faculté d'un pourvoi en cassation devant le Conseil d'État.

192) Au niveau national, le député est assuré d'au moins une année de mandat après une dissolution. L'année constitue en effet le délai de carence que le Président de la République doit observer avant de se lancer dans une nouvelle dissolution de l'Assemblée Nationale.

groupe politique (et lui-même) avaient décidé de ne pas y prendre part (193).

C'est dans ce contexte que le maire élu porta le cas devant le tribunal administratif de Marseille. Il souhaitait qu'en application de la loi le conseiller municipal en question cessât de l'être (194). Justement, tant le tribunal (21 juillet 2020) que la cour administrative d'appel de Marseille (16 novembre 2020) auront penché pour la démission d'office de ce conseiller partisan de la chaise vide. Son pourvoi en cassation n'aura pas davantage prospéré devant le Conseil d'État (16 décembre 2022) (195).

À l'inverse, le MAIRE DE VIRY-CHÂTILLON aura échoué à faire annuler le jugement par lequel le tribunal administratif de Versailles (2 mai 1985) avait rejeté sa demande tendant à voir déclaré l'un des conseillers municipaux comme étant démissionnaire d'office. À le croire, le conseiller en cause pouvait l'être *« en raison de ses absences répétées aux séances*

---

193) Il est habituel (légal) que des parlementaires quittent bruyamment et momentanément leur hémicycle en signe de protestation contre le Gouvernement ou contre des collègues. Mais au niveau local, il est arrivé que des enseignants élus soient condamnés (amende contraventionnelle) pour avoir humilié des représentants politiques à cette réunion. L'idée étant le refus de siéger avec des racistes ou des fascistes. Cf. CASS. CRIM., 19 juin 2018, N° de pourvoi : 17-84153.

194) Il faut en l'occurrence songer aux articles L2121-5 et R2121-5 du code général des collectivités territoriales,

195) Conseil d'État, 16 décembre 2022, n° 447094. Quand l'absentéiste est le maire lui-même, la procédure revient alors au Gouvernement. Il faut en effet un décret pris en Conseil des ministres.

du conseil ». Aussi ce maire aura-t-il saisi le Conseil d'État (06 novembre 1985 ; mais vainement (196).

77. - La démission d'office dans un établissement du réseau des CC.

Le Code de commerce envisage le cas du membre d'un ÉTABLISSEMENT DU RÉSEAU DES CCI qui refuserait d'exercer au moins une partie des obligations inhérentes à sa qualité. Même attention à propos de celui qui se garderait *« sans motif légitime, d'assister aux assemblées de l'établissement pendant douze mois consécutifs »* (197).

La première réaction à l'absentéisme est une mise en demeure qui alors exigera une meilleure assiduité. Le délai en l'occurrence imparti par l'autorité de tutelle est généralement de deux mois. Après une telle période, l'autorité en question suspendra ou démettra d'office l'intéressé. Cependant (droits de la défense obligent), *« après l'avoir mis à même de faire valoir ses observations »* (198).

Précisons que *« la décision de suspension ou de démission d'un membre d'un établissement du réseau [des CCI] pour faute grave est prononcée, [...], par l'autorité de tutelle après que celle-ci a avisé l'intéressé de la possibilité de se faire assister d'un conseil et l'a mis à même de faire valoir ses observations dans le délai d'un mois »*.

---

196) Conseil d'État, 06 novembre 1985, n° 688, Commune de Viry-Châtillon. Autrefois, jusqu'à l'institution des cours administratives d'appel, le contentieux passait directement du tribunal administratif au Conseil d'État.

197) Code de commerce, Article R712-4 ; Modifié par Décret n°2007-574 du 19 avril 2007 - art. 3 JORF 20 avril 2007 en vigueur le 1er juillet 2007

198) Code de commerce, Article R712-4.

Un raisonnement a contrario permet de conclure que la présence d'un avocat n'est pas envisagée lorsque l'exclusion s'explique par un absentéisme récurrent. Car l'absentéisme ne semble pas mériter la qualification de faute grave. Du reste, l'absentéisme et la faute grave sont envisagés dans deux alinéas distincts de l'article (applicable) du Code de commerce.

78. - La démission d'office dans la commission nationale d'aménagement commercial.

Le même Code prévoit des dispositions comparables à propos des membres de la COMMISSION NATIONALE D'AMÉNAGEMENT COMMERCIAL. On y lit que : *« en cas d'absence ou d'empêchement à six réunions successives sans motifs d'un membre, le président peut mettre fin au mandat de ce membre. Dans ce cas, l'autorité de nomination désigne un nouveau membre titulaire et un nouveau membre suppléant pour la durée du mandat restant à courir »* (199).

Tout le monde s'accordera sur le fait que l'on confine à l'oxymore en joignant les termes démission et d'office. Effectivement, et sauf hypothèses marginales, l'on démissionne par choix personnel, mais non pas en application de la volonté d'autrui. En d'autres termes, hormis la proximité sonore, *« il ne semble pas exister une quelconque analogie entre la procédure classique de démission et la démission d'office »* (200).

Cela étant, le membre à qui l'on reproche ses absences doit être entendu. Il se pourrait alors que son absentéisme

---

199) Code de commerce, Article R751-9.

200) Emmanuel ROUX, La démission d'office en droit de la fonction publique : une pratique sans fondements ?, – AJFP 2001. 41.

soit regardé comme étant excusable. D'ailleurs, lit-on dans le Code de commerce (à propos DE L'AUTORITÉ DES MARCHÉS FINANCIERS), la démission d'office ne s'envisage pas si le défaut d'assiduité ne porte pas sur trois séances consécutives, ou si existe un cas de force majeure (201).

79. - La démission d'office de membres du CESER.

Le Code général des collectivités territoriales s'intéresse par ailleurs à l'absentéisme des membres du conseil économique, social et environnemental régional (202). La tolérance envers leurs absences frise certainement le laxisme.

Car la règle est que : *« Tout membre du conseil économique, social et environnemental régional dont l'absence non motivée à la moitié des séances au moins aura été constatée au cours d'une période d'un an par le bureau du conseil pourra être déclaré, sur proposition du bureau, démissionnaire d'office par le préfet de région »* (203).

L'accusation de laxisme législatif sera peut-être parfois injuste en pratique ; car s'il y a eu quatre séances, la moitié n'est que de deux. Autrement dit, deux absences suffiraient pour être démis. Or le mandat des membres du CESER est de six ans.

Ainsi des absences dans les deux premières années privent de la possibilité de siéger pour les quatre années suivantes. Certes, peut-être ne vaut-il pas mieux laisser s'aggraver une situation avant de s'en émouvoir énergiquement. Quel que soit d'ailleurs le domaine.

---

201) Code de commerce, art. R. 621-1, III ; Yann Paclot, Autorité des marchés financiers, Répertoire de droit des sociétés, n° 21.

202) CGCT, article R4134-7.

203) Idem.

80. – La démission d'office dans l'aéronautique, dans l'artisanat et dans le sport.

Il existe un conseil du personnel navigant professionnel de l'aéronautique civile (204). Son rôle est de suggérer au gouvernement des mesures d'amélioration des programmes d'instruction, des examens, ou des entraînements, ou encore de contrôle des brevets, licences et qualifications des personnels navigants. D'un autre côté, ce conseil fait ressortir les enseignements qu'implique l'évolution des techniques aéronautiques.

Les membres de ce conseil sont nommés par le ministre chargé de l'aviation civile ; pour une durée de trois ans renouvelables. Quid de leur absentéisme ? Il est simplement prévu que le ministre pourrait les déclarer démissionnaires *« pour défaut d'assiduité »* (205). Dans ce secteur, l'approximation de l'absentéisme maximal est sans doute susceptible de constituer un point de contentieux.

Cela étant, dans d'autres structures collégiales, le nombre d'absences devient insupportable déjà à partir de deux. Ainsi, s'agissant des CHAMBRES DE MÉTIERS DE L'ARTISANAT, on lit que *« les membres qui se sont abstenus de se rendre à deux assemblées générales successives sans motif légitime sont déclarés démissionnaires par «le préfet de région», après délibération de l'assemblée générale de la chambre »* (206).

---

204) Code de l'aviation civile, article R421-7.

205) Code de l'aviation civile, art. R421-13.

206) Code de l'artisanat – Art. 20, alinéa 8. Il est ici question des chambres de métier et de l'artisanat, au niveau régional.

Le Code du sport se montre presque aussi rigoureux à l'encontre des membres absentéistes de L'AGENCE FRANÇAISE DE LUTTE CONTRE LE DOPAGE (207). En effet, *« tout membre du collège qui, sans justification, n'a pas assisté à trois séances consécutives peut être déclaré démissionnaire d'office, après avoir été mis en demeure de présenter ses observations »*. Cette fois-ci, ce n'est pas le président qui décide ; c'est le collège, à la majorité des trois quarts ; la participation de l'intéressé étant naturellement exclue pour le vote.

81. – Le défaut de formation du conseiller prud'homme.

Dans le Code du travail l'on découvre que : « *Tout conseiller prud'homme qui n'a pas satisfait à l'obligation de formation initiale dans un délai fixé par décret est réputé démissionnaire* » (208). Le texte n'envisage pas l'inutilité d'une pareille formation pour le juriste chevronné finalement devenu juge dans cette juridiction des travailleurs du secteur privé.

Plus logiquement, l'apathie ou l'inassiduité du juge prud'homme est également envisagée ailleurs dans ce Code. En voici les termes : « *Tout conseiller prud'homme qui, sans motif légitime et après mise en demeure, refuse de remplir le service auquel il est appelé peut être déclaré démissionnaire* » (209).

Le livre d'un certain Clotaire Mouloungui offre de cas nombreux de décideurs absentéistes (210). D'autres de ses

207) Code du sport, Article R232-12.
208) Code du travail, article L1442-1, alinéa 3.
209) Idem, article L1442-12.
210) Clotaire MOULOUNGUI, Absentéisme des Décideurs, Hic pour Quorums et Majorités, Didactijuris, 2024, 283 pages.

livres exposent les enjeux du défaut d'assiduité de travailleurs (211). La solution radicale alors généralement retenue est le licenciement.

211) Clotaire MOULOUNGUI, Absentéisme et Climat social, Didactijuris, 2024, 413 pages ; Méfaits et Bienfaits de l'Absentéisme, Didactijuris, 2024, 233 pages.

Section 2. – La sanction des absentéistes dans le privé

82. – L'anticipation patronale de l'absentéisme et de ses sanctions.

Dans les entreprises qui ont un effectif important, un règlement intérieur définit les sanctions disciplinaires applicables aux salariés ; et d'abord les fautes susceptibles d'être reprochées à ces derniers (212). De la plus faible des sanctions à la plus sévère il y a souvent : l'avertissement ; le blâme ; la mise à pied ; la rétrogradation ; la mutation ; le licenciement. Chacune d'entre elles est applicable au salarié coupable d'inassiduité au travail (213).

De nombreuses décisions de justice paraissent exiger une gradation de la réponse coercitive de l'employeur. Il ne devrait pas (forcément) commencer (et finir) par un licenciement du travailleur absentéiste (214). Dans ce livre, nous insistons surtout sur le licenciement ; parce ce que celui-ci constitue une sanction emblématique.

C'est en effet le licenciement qui pénalise le plus le travailleur coupable d'inassiduité. À la vérité, peut-être l'employeur lui-même en souffre-t-il aussi. Comment ? Réponse : En s'étant amputé d'une partie de sa force de travail.

---

212) Toute entreprise qui pendant 12 mois consécutif emploie au moins 50 salariés doit se doter d'un règlement intérieur. Cf. Code du travail : articles L1311-1 et L1311-2 (effectif), L1321-1 à L1321-6 (contenu).

213) Selon le Code du travail : « *Lorsque l'employeur envisage de prendre une sanction, il convoque le salarié en lui précisant l'objet de la convocation, sauf si la sanction envisagée est un avertissement ou une sanction de même nature n'ayant pas d'incidence, immédiate ou non, sur la présence dans l'entreprise, la fonction, la carrière ou la rémunération du salarié* » (article L1332-2, alinéa 1).

214) Voir le chapitre de ce livre sur les "*sanctions morales*".

83. – Les travailleurs comme absentéistes protégés et parfois surprotégés.

Vu que le droit français consacre la dignité de la personne humaine, l'employeur doit manifester un minimum de considération envers son personnel. De toute façon, presque tous les salariés bénéficient de réglementations destinées à les protéger de la légèreté blâmable de l'employeur, ou bien de sa rigueur excessive. Il y existe à cet égard un licenciement de droit commun (§ 1.)

Une plus forte protection bénéficie à quelques salariés. Sur quelle base ? Sur la base de leur situation de fait (maladie, grossesse), ou bien en considération de leur statut juridique (syndicaliste, membre du CSE, etc.). En caricaturant à peine, l'on parlera ici de salariés surprotégés (§ 2.).

§ 1. – Le licenciement du salarié de droit commun.

84. – La preuve de l'absentéisme fautif et de la licéité de sa sanction.

En France, aucune sanction disciplinaire n'est regardée comme licite du moment que l'employeur échoue à rapporter la preuve d'une action ou d'une omission fautive du salarié ainsi puni. Les faits sanctionnés doivent réellement exister. Mieux, la situation d'absentéisme ne doit pas seulement être réelle ; il faut en outre qu'elle soit fautive ; c'est-à-dire sans excuse légitime (215).

D'un autre côté, l'employeur doit respecter des principes de fond et de forme. Il doit se garder de tout abus. Sinon, et

215) Clotaire MOULOUNGUI, La question de la légitimité des absences au travail et ailleurs, Didactijuris, 2024, 301 pages.

selon le cas, le licenciement qu'il aura prononcé sera nul (annulable), ou bien injustifié (sans cause réelle et sérieuse), ou bien irrégulier (procédure négligée). Si dans les deux dernières hypothèses l'employeur n'encoure qu'une dette de dommages-intérêts, dans la première, il pourrait en outre avoir à réintégrer le salarié dans l'entreprise.

Bref, pour infliger licitement une sanction à son travailleur pour défaut d'assiduité, deux éléments sont indispensables. D'abord, la preuve des absences fautives (A.). Ensuite, le respect de la procédure et de la proportionnalité de la sanction finalement retenue contre l'absentéiste (B.).

A. – L'exigence d'absences fautives et préjudiciables de droit commun.

85. – Un absentéisme fautif revendiqué ou regretté par le travailleur.

Un licenciement qui n'a pas de motif économique a forcément un motif personnel. Celui-ci prend alors l'une des trois variantes suivantes : le licenciement pour faute ; le licenciement pour insuffisance professionnelle ; le licenciement pour inaptitude (physique ou psychologique).

L'étude du licenciement du salarié de droit commun (c'est-à-dire sans protection juridique spécifique), invite à une répartition binaire des développements prévus. Eu égard aux décisions de justice correspondantes, il y aura tout d'abord le travailleur absentéiste effronté ou insouciant qui, peut-être, revendiquerait plus ou moins sa défaillance (1.).

Puis il y aura le travailleur absentéiste apparemment étourdi ; il se sera absenté en pensant en avoir le droit (2.).

1. – Le licenciement de l'absentéiste insouciant ou effronté

86. – L'absentéisme récurrent du footballeur Diégo Maradona.

Très souvent, outre que la personne qui n'est pas à son poste de travail ne dispose d'aucune excuse à faire valoir auprès de son employeur, elle semble en plus ne pas mesurer la gravité (pour autrui) de son absentéisme. Par exemple, DIEGO ARMANDO MARADONA aura été l'un des meilleurs joueurs de football des années 1980-1990. Mais son génie sur le terrain le disputait à son indiscipline en dehors.

D'où des fins prématurées de ses contrats avec divers clubs en Argentine, en Italie et en Espagne. À cet égard, ce footballeur avait été licencié du club espagnol FC Séville *« pour manque d'assiduité à l'entraînement »* (216). Naturellement, il ne s'agissait en l'occurrence que de *''courir en short derrière un ballon''*. Autrement dit, l'absentéisme des sportifs pourrait prêter à faire sourire (217). Mais pas celui d'autres travailleurs, dont le personnel médical.

87. – La gravité même de l'absentéisme de simples soignants de base.

Des absences injustifiées peuvent aussi être reprochées à des personnes telles que les soignants (218). L'on se figure pourtant que leur vocation (d'altruisme ou de serviabilité) les

---

216) Pierre LAGRUE, Maradona Diego, Encyclopædia Universalis [en ligne], http://www.universalis-edu.com/encyclopedie/diego-maradona/.

217) Clotaire MOULOUNGUI, L'absentéisme dans le sport, Didactijuris, 2024, 120 pages.

218) Clotaire MOULOUNGUI, L'absentéisme dans les métiers du care et du soin, Didactijuris, 2024, 121 pages.

oblige à toujours se rendre disponibles au profit d'autrui. Or les inconvénients à craindre de leur défaillance apparaissent immédiats et graves ; car en rapport avec la santé et la vie de concitoyens.

En tous cas, la cour d'appel de Riom (23 novembre 2010) a jugé une absence unique comme étant fautive et suffisante pour rendre licite un licenciement. En l'espèce, une salariée avait mis un bloc opératoire dans l'embarras en indiquant au dernier moment son absence du lendemain. Curieusement, l'intéressée estimait être irréprochable puisqu'elle aurait même pu choisir de se contenter de transmettre un certificat médical après coup. Elle l'aura précisément remis un jour après son absence litigieuse.

À croire cette soignante, la cour d'appel se serait trompée en lui reprochant un manquement à l'obligation d'exécution de bonne foi du contrat (de travail). Soulignons que sa future intervention chirurgicale, cause de l'absentéisme litigieux, n'était pas urgente. C'est d'ailleurs deux mois auparavant que celle-ci avait été programmée. Notre soignante avait dès lors disposé de suffisamment de temps pour prévenir de son absence.

La Cour de cassation (21 novembre 2012) aura approuvé l'arrêt condamnateur riomois en commençant par rappeler que *« le contrat de travail doit être exécuté de bonne foi »*. Puis, la cour suprême avait compris que les juges du fond de se soient fondés sur divers éléments constatés à l'encontre de la salariée.

En particulier le fait qu'il s'agissait d'une opération « *devant entraîner un arrêt de travail prévisible de plusieurs semaines, alors qu'elle savait pertinemment qu'une telle absence était susceptible de perturber le fonctionnement du service de chirurgie orthopédique dans lequel elle était assistante opératoire* » (219). Sans compter, que d'après un témoignage défavorable, cette soignante aurait « *agi dans l'intention de nuire à ses employeurs* ».

Dans une affaire comparable, la sévérité juridictionnelle aura pareillement frappé une professionnelle de santé moins qualifiée que l'infirmière spécialisée (ci-dessus). À savoir une (simple) aide-soignante. Un arrêt confirmatif de la cour d'appel de Besançon (13 février 2007) le montre bien.

Son motif principal aura été que « *ces faits [deux absences injustifiées] qui sont à resituer dans le contexte d'absences répétées évoquées par les autres salariés [...], sont à eux seuls suffisants pour établir la cause réelle et sérieuse fondant le licenciement* » (220).

Dans ces deux cas de soignantes absentéistes, parfaitement légal aura été le licenciement à cause de deux absences pour celle-ci ; et le licenciement pour une absence unique pour celle-là. Encore que d'autres travailleurs du secteur tertiaire semblent être traités de la même façon. Ainsi donc, peu importe que la présence assidue de l'intéressé ne renferme aucun enjeu vital pour autrui. C'est le cas des enseignants (221).

88. – L'absentéisme de la professeure d'élèves absentéistes.

Pour illustrer l'absentéisme punissable des professeurs, prenons le cas de madame NICOLE X. Il se trouve qu'elle était professionnellement démotivée, parce que sa présence en classe ne semblait pas être appréciée à sa juste valeur par

---

219) Cass. Soc., 21 novembre 2012, n° de pourvoi : 11-18686, non Bulletin.

220) CA Besançon, 13 février 2007 N° 06/00048.

221) Clotaire MOULOUNGUI, L'absentéisme dans les formations, Didactijuris, 2024, 347 pages.

ses élèves. Aussi venait-elle de plus en plus souvent en retard et, même parfois, ne venait-elle pas du tout dans sa classe.

Le directeur de son établissement de formation l'aura alors licenciée pour ces motifs. Or l'enseignante n'aura pas stoïquement admis cette sanction. Elle a en effet saisi la juridiction prud'homale. Hélas pour elle, les juges se seront rangés à l'idée de l'existence d'un comportement fautif de sa part. Mieux, et même si leur rôle n'est pas de faire de la morale, les conseillers de la cour d'appel (Paris, du 04 juin 2009) n'ont pu se retenir contre elle.

D'après eux, « *le fait que les étudiants puissent également se voir reprocher absentéisme et fréquents retards, pour regrettable qu'il soit, excuse d'autant moins les retards de l'enseignante que celle-ci était en tout état de cause rémunérée pour être présente, et que son propre laxisme sur la question des horaires n'était bien évidemment pas de nature à encourager la ponctualité des étudiants* » (222).

Il s'agissait en l'occurrence d'une faute réelle et sérieuse. Cependant, la défaillance ainsi constatée n'était pas du tout « *constitutive d'une faute grave contraignant à une interruption immédiate des relations entre les parties* ». Dès lors, la mise à pied conservatoire qui aura trop vite éloigné la professeure de la structure d'enseignement était injustifiée.

D'où l'obligation patronale de lui verser les salaires qu'elle aurait perçu pendant la période avortée du préavis. Pour la même raison, la cour de cassation (01 mars 2011) aura rejeté le pourvoi de l'employeur apparemment surpris de sa condamnation pécuniaire. Or des arrêts et jugements

---

222) Cass. Soc., 1 mars 2011, Nicole X / société CFE, n° de pourvoi : 09-42909.

proches sont rendus à propos de l'absentéisme d'autres salariés de bureaux.

89. – La lenteur dans la justification de ses absences par une secrétaire.

Dans une affaire impliquant la SOCIÉTÉ AGENCE FRANCE PRESSE (L'AFP), il se trouve que le règlement intérieur prévoyait un délai spécifique pour transmettre le certificat médical prescrivant l'arrêt initial de travail, de même que son éventuelle prorogation.

Or l'une des salariées de l'agence (recrutée pour un métier aujourd'hui disparu : dactylostencileuse), n'était pas allée au travail le 17 janvier 1966. La raison est que son médecin lui avait permis de rester plus longtemps en convalescence.

En l'espèce, malgré son métier (son domaine d'activité), de chercheur de l'information à travers le monde entier (l'AFP), cet employeur se sera complu dans l'ignorance et l'agacement. D'où le licenciement de la salariée mutique dès le lendemain du jour où elle avait raté le travail.

La cour de Paris (5 janvier 1968), tout en admettant le principe du licenciement et de la perte consécutive du préavis, n'aura toutefois pas trouvé la faute de la salariée comme étant « *de nature à entraîner la suppression de l'indemnité de licenciement* ».

Il n'empêche que l'arrêt parisien succomba à la censure. Car d'après la Cour de cassation (16 avril 1969), les « *faits dont la gravité était suffisante* » aurait dû conduire à la privation tant de l'indemnité de préavis que de l'indemnité de licenciement (223). C'est vrai que le retard de la salariée (dans la justification de ses absences) lui avait déjà valu des observations, à six reprises. Pire, le licenciement lui avait été promis en cas de persistance dans la récidive de l'absentéisme.

En ce sens, l'on notera que la cour d'appel de Chambéry (1er mars 2001) avait répondu à un salarié que son « *absence injustifiée du 11 avril et le refus de se conformer aux consignes données le 22 avril par l'employeur, alors surtout que son attention avait été particulièrement attirée sur l'importance de sa présence le samedi, [constituaient] une faute grave justifiant la rupture anticipée de son contrat de travail à durée déterminée* ».

90. – L'absentéisme récurrent du tisserand indifférent aux avertissements.

Il y a une soixantaine d'années, un ouvrier tisseur absentéiste n'aura pas eu gain de cause en justice. Dans cette affaire, un dénommé SCIANNA était habituellement absent des locaux de la SOCIÉTÉ BERNY son employeur, plutôt compréhensif.

En tous cas, prétendant avoir été victime d'un accident de la circulation (le 13 mai 1965), il « *s'était absenté sans autorisation [...] pour aller solliciter un emploi dans une autre société* ». Pire, à partir de là, il ne s'était plus présenté

223) Cass Soc., 16 avril 1969, Société Agence France Presse. Les documentalistes de la Cour de cassation invitent à se reporter aussi à l'arrêt du 24 novembre 1965, ainsi qu'aux arrêts auxquels celui-ci renvoie au Bulletin de 1965 (partie IV, n° 818, p. 696). https://www.legifrance.gouv.fr/affichJuriJudi.do?oldAction=rechExpJuriJudi&idTexte=JURITEXT000006980191&fastReqId=1877829755&fastPos=1.

à son poste de travail ; jusqu'à son licenciement le 18 novembre 1965 (224).

En l'espèce, la lettre de licenciement invoquait l'avertissement (du 3 avril 1965) qui lui avait déjà été donné « *pour absences injustifiées et répétées* ». Or sa défaillance ne résultait pas forcément de l'accident subi, puisque le médecin compétent l'avait déclaré apte à reprendre le travail. Certes, « *seulement à un poste à mi-temps que la société ne pût lui offrir faute d'en disposer* » (225).

En tous cas, les juges du fond lui reconnurent une indemnité compensatrice de préavis. Car aura pensé la cour d'appel de Grenoble (24 février 1970), l'employeur « *avait attendu sept mois pour invoquer des absences irrégulières, ce qui indiquait le peu de gravité desdites absences* ». Mais la Cour de cassation (7 juillet 1971) aura censuré l'arrêt grenoblois. Car il résultait des faits de la cause que le salarié qui « *avait commis une faute grave en s'absentant de nouveau sans autorisation [...] aurait été incapable d'exécuter normalement son travail pendant le préavis légal* » (226).

---

224) Le lecteur songera probablement ici à la notion d'abandon de poste. Néanmoins, la longue durée d'absence doit toujours être complétée par un rappel solennel à revenir au travail, dans un délai donné (raisonnable). Sauf à vouloir être licencié en cas de persistance dans l'absentéisme.

225) Mais alors, pourquoi l'ouvrier se serait-il régulièrement rendu au travail si ce n'est pour utiliser sa force de travail au profit de l'employeur ? Peut-être pour mériter sa rémunération. Il n'empêche que sa souffrance morale était patente ; qu'il fut tenu ou non de venir "*pointer*".

226) Cass. Soc., 7 juillet 1971, SOCIÉTÉ BERNY, n° de pourvoi : 70-40514, Bulletin, n° 518, p. 435.

On voit que la protection du salarié malade n'en était qu'à ses balbutiements. En tous cas, présent ou non, il ne présentait pas d'intérêt pour l'employeur.

91. – L'agent de fabrication désorganisatrice de l'entreprise par son absentéisme.

Un agent de fabrication avait été licencié à cause (disait sa lettre de licenciement) d'un « *absentéisme trop fréquent qui occasionnait une désorganisation de la ligne d'assemblage à laquelle vous étiez affecté* ». Ce salarié avait néanmoins réussi à faire admettre par la cour d'appel de Nancy (8 janvier 1991) que le licenciement était sans cause réelle et sérieuse.

Le pourvoi en cassation de l'employeur (la SOCIÉTÉ GARRETT) pointa le fait que les conseillers nancéens aient cru pouvoir juger que, comme ce salarié-là était tout à fait remplaçable, ses absences n'avaient pu désorganiser le travail.

Ce pourvoi aura néanmoins été rejeté. Car, aura jugé la Cour de cassation (19 décembre 1991), « *c'est sans encourir le grief du moyen que la cour d'appel, ayant relevé que le licenciement avait été prononcé en raison de l'absentéisme fréquent du salarié, a refusé de rechercher si cet absentéisme constituait une faute disciplinaire, celle-ci n'ayant pas été invoquée dans la lettre de licenciement* » (227).

À l'époque, et contrairement au droit positif d'aujourd'hui, les motifs de licenciement ne pouvaient être détaillés après coup (228).

227) Cass. Soc., 19 décembre 1991, SOCIÉTÉ GARRETT, N° de pourvoi : 91-40966, Publié au bulletin.

228) Les précisions sur les motifs du licenciement sont fournies par l'employeur, dans les 15 jours de la notification de cette sanction.

92. – La faute grave du plombier transmetteur tardif de ses nombreux justificatifs.

Un plombier recruté depuis quelques mois seulement avait été victime d'un accident le 22 décembre 1977. Ce qui, sans faute de sa part, pouvait l'éloigner de son poste de travail.

Mais il négligea de signaler l'accident, et donc d'indiquer sa nécessité d'arrêter de venir au travail. Or avant ce triste évènement, il avait déjà fait l'objet de deux avertissements «*pour absences et retards injustifiés*» ; par lettres recommandées des 17 août et 12 septembre 1977.

D'où deux nouvelles lettres d'avertissement, le 27 décembre 1977 et le 7 février 1978. Ces lettres lui reprochaient de se trouver en absence irrégulière. D'ailleurs, même en ayant possédé un arrêt de travail en bonne et due forme, il aurait quand même dû revenir à son poste le 29 mars 1978. Ce qu'il n'avait pas daigné faire.

Aussi l'employeur avait-il dû lui écrire à nouveau (10 avril) pour lui reprocher la continuation de l'absentéisme litigieux. Mais le 18 mai enfin, c'est-à-dire avec six semaines de retard (en partant du 29 mars), notre plombier se décida de transmettre ses justificatifs (229).

Toutefois, l'employeur (la S.A. FRAIKIN LOCATION DE VÉHICULES INDUSTRIELS) préféra alors le licencier ; et sans

---

Une communication spontanée ou bien à la demande du salarié. Cf. Code du travail, art. R1232-13.

229) Le délai de droit commun c'est 48 heures (Code de la sécurité sociale, articles L323-1 à L323-7). Mais la convention collective applicable est susceptible de prévoir un délai plus long en faveur du malade. Mais plus il s'y prendra tard, plus il repoussera la mise en place de son revenu de remplacement, les IJSS.

indemnité compensatrice de préavis. C'est une mesure logiquement regardée comme injuste par ce salarié, lequel alla l'indiquer à la juridiction prud'homale.

Malheureusement pour lui, la cour d'appel de Chambéry (5 avril 1979) jugea qu'il avait commis « *une faute suffisamment grave pour justifier son licenciement sans que l'indemnité compensatrice de préavis lui soit versée* ». Une sévérité similaire est venue de la Cour de cassation (25 juin 1981) d'après qui la cour chambérienne avait légalement justifié sa décision (230).

93. – L'absentéisme d'une chargée d'affaires peut-être harcelée.

Malgré les apparences, une sanction pour défaut d'assiduité peut finalement être regardée comme étant illicite. Dans une affaire, il se trouve que (le 9 octobre 2007) la SOCIÉTÉ ARVATO COMMUNICATION SERVICES FRANCE avait licencié une chargée de clientèle pour des absences répétées désorganisant le fonctionnement de l'entreprise (231).

Mais, en vue d'obtenir l'annulation de cette sanction (et conséquemment d'obtenir sa réintégration dans l'emploi perdu), cette salariée aura prétendue que ses absences

---

230) Cass. Soc., 25 juin 1981, S.A. FRAIKIN LOCATION DE VÉHICULES INDUSTRIELS, N° de pourvoi : 79-42001.

231) « *Le salarié n'est pas licencié parce qu'il est malade, mais le licenciement trouve sa cause justificative dans la désorganisation qu'engendre l'absence du salarié et dans la nécessité où se trouve l'employeur de devoir remplacer définitivement le salarié* » (Jean-Marc Miglietti, L'État de santé et le licenciement du salarié - 1re partie : maladie et licenciement, Juris associations 1999, n°209, p.17). Deux preuves sont alors à la charge de l'employeur : d'une part, la perturbation consécutive à l'absentéisme ; d'autre part, l'insuffisance d'un remplacement seulement temporaire du malade.

provenaient d'un harcèlement moral qu'elle subissait. Cependant, pour la cour d'appel de Metz (26 septembre 2011) elle avait tort.

Le motif est que l'intéressée ne rapportait « *aucun élément, tel qu'un certificat médical ou même des attestations, susceptible de prouver que le harcèlement moral dont elle a été l'objet était la cause de ses absences répétées ou participait au processus qui les avait générées* ». Autrement dit, la réalité du harcèlement ne suffisait pas à ces juges du fond (232).

En revanche, selon la Cour de cassation (15 janvier 2014), « *il revenait à l'employeur d'établir que le licenciement était justifié par des éléments objectifs étrangers à tout harcèlement* ». Or il avait été constaté des « *agissements susceptibles d'altérer la santé physique ou mentale de la salariée et permettant de présumer l'existence d'un harcèlement* » (233). En l'occurrence, pas moins de quatre articles du Code du travail avaient été convoqués pour servir de visas à la cassation de l'arrêt messin (234).

94. – L'impossibilité du licenciement préventif du vendeur en outillage.

Dans une espèce, un employeur (la SOCIÉTÉ LA BOÎTE À OUTILS) avait demandé à un salarié de venir occuper son poste de travail le 9 mai. Or une semaine avant cette date (28 avril), le salarié répondit (par écrit) qu'il n'y serait pas.

---

232) Clotaire MOULOUNGUI, La question de la légitimité des absences au travail et ailleurs, Didactijuris, 2024, 301 pages.

233) Cass. Soc., 15 janvier 2014, n° de pourvoi : 12-20688, Bulletin 2014, V, n° 16.

234) Articles L1152-1, L1152-2, L1152-3 et L1154-1 du code du travail.

Dès lors, sachant que le salarié averti et programmé ne viendrait nullement le jour dit, l'employeur le licencia le lendemain (soit le 29 avril). Les motifs principaux auront été : *« absence non autorisée réitérée, refus d'exécuter les consignes strictes et perte totale et définitive de toute confiance ».*

Et pourtant, la Cour de cassation (18 février 2004) considéra comme illicite cette sanction anticipée d'un absentéisme futur. Car, rappelle la Haute Cour, à *« la date à laquelle la rupture du contrat de travail a été prononcée par l'employeur aucune absence non autorisée n'avait été réitérée par le salarié et [...] aucune sanction disciplinaire ne peut être infligée au salariée à titre préventif »* (235).

C'est la réitération des absences qui, ensuite, aurait pu fournir au licenciement sa (nécessaire) cause réelle et sérieuse. En définitive, l'employeur (à qui le recours à des sanctions financières se trouve déjà prohibé) n'a pas en contrepartie une entière liberté dans l'appel aux sanctions disciplinaires.

Or les salariés absentéistes ne sont pas toujours excusables. D'ailleurs, même si tel était le cas, ils ne provoqueraient pas moins des suites négatives : sous-effectif préjudiciable ; diminution de la production ; recours à l'intérim ; etc. En fait, le motif de l'absentéisme n'est pas toujours clairement fautif ou excusable. Sans doute

---

235) Cass. Soc., 18 février 2004, n° de pourvoi : 02-41622, Bulletin 2004 V N° 54 p. 51. Le lecteur notera toutefois que des mesures administratives privatives de libertés existent. Et le droit pénal connaît même des peines de sûretés à l'encontre de personnes potentiellement dangereuses. Cf. par exemple : Pierre COUVRAT, De la période de sûreté à la peine incompressible, RSC 1994. 356. Voir aussi un célèbre film hollywoodien (*Minority Report*) qui en représente une inquiétante illustration.

l'illustration de cette affirmation est-elle donnée par l'erreur commise par le travail sur son droit de s'absenter de la structure du travail.

2. – L'erreur de l'absentéiste sur son droit à absence

95. – La faute simple surtout pour un absentéisme imputable à l'employeur.

L'erreur n'est pas une source de droit. Encore qu'une certaine indulgence se comprenne envers la personne qui se serait trompée dans son droit à bénéficier d'une absence. Elle n'aura donc pas forcément agi au mépris de la hiérarchie et des règles en vigueur (236).

En gros, le travailleur absentéiste ne saurait systématiquement échapper au risque d'une mesure de rétorsion en prétendant s'être imaginé être dans son bon droit en désertant la structure de travail.

Bien entendu, l'erreur provoquée par l'employeur lui-même ne sera pas assumée par le seul salarié, voire pas du tout par lui. Quatre décisions de justice (ci-dessous) aideront à se former une opinion sur cette question.

96. – Le silence trompeur de l'employeur face à l'instituteur syndicaliste.

Malgré la renonciation (par l'employeur) à sa possibilité de procéder à une retenue de rémunération pour absence au

236) Méryl RECOTILLET, Aucune valeur justificative pour la tolérance administrative, D.A., 30 novembre 2018 : « *La tolérance administrative contraire à des textes instituant des infractions à la police de la chasse est insusceptible de faire disparaître ces infractions* ».

travail, quelques travailleurs agissent quand même en justice ; pour le principe donc. On citera à cet égard un professeur des écoles (237). Au titre de membre du bureau départemental du Syndicat national unifié des directeurs, instituteurs et professeurs des écoles de l'enseignement public SNUDI-FO, cet enseignant avait souhaité obtenir une autorisation spéciale d'absence (pour le 16 novembre 2015).

Faute de réponse de sa hiérarchie (ni pour, ni contre), il se figura qu'il avait bénéficié d'une autorisation implicite (238). Aussi fut-il étonné que (le 1er décembre 2015) le recteur de l'académie de Lille lui reprochât l'irrégularité de son absence et, par conséquent, une situation de service non fait. Un constat qui ensuite devait normalement conduire à une retenue d'un trentième de son traitement mensuel.

En dépit de sa démarche en vue d'une conciliation, la mesure fut maintenue ; mais sans pour autant être mise en œuvre. Voila pourquoi ce professeur aura sollicité une annulation par le juge administratif. Ce qu'il obtint du tribunal administratif de Lille (5 septembre 2018). Mais le ministère (et non pas le rectorat) forma appel devant la cour administrative d'appel de Douai (29 mai 2019).

L'arrêt défavorable de cette juridiction porte que le professeur « *ne disposait pas d'une autorisation implicite*

---

237) Il était en fonction dans une école maternelle du département du Nord, La Fontaine de Loos-les-Lille. Cet instituteur aurait pu travailler dans un établissement privé sous contrat. Dans les deux cas, ils sont payés par le Trésor public. Ce cas est donc mixte (privé et public à la fois).

238) L'idée selon laquelle « *silence vaut acceptation* » fait son chemin en droit. Cf. Charles FROGER, Le cantonnement des dérogations au principe du « silence vaut acceptation », AJDA 2016. 1986 ; Code civil, article 1120 : « *Le silence ne vaut pas acceptation, à moins qu'il n'en résulte autrement de la loi, des usages, des relations d'affaires ou de circonstances particulières* ».

d'absence pour participer à une réunion syndicale le 16 novembre 2015. Il était, dès lors, ce jour là, en absence irrégulière ». Apparemment, la cour aura ici commis une erreur de plume en utilisant l'adjectif « *implicite* » plutôt que l'adjectif « *expresse* ». De plus, l'autorisation n'étant pas forcément écrite, l'erreur du professeur était compréhensible (239).

En tous cas, les conseillers douaisiens auront poursuivi en ces termes : « *La circonstance que cette retenue n'ait finalement pas été opérée est sans effet sur la légalité de cette décision. Par suite, le moyen tiré de son illégalité, ainsi que les conclusions indemnitaires présentées en première instance, tirées de l'illégalité de cette retenue, doivent être écartés* » (240).

En l'espèce, il ne s'agissait pas d'une sanction disciplinaire. Son prononcé est de toute façon plutôt difficile à l'encontre d'un agent public ; de plus contre un agent représentant de ses collègues. Des illustrations en sont proposées plus loin dans cette subdivision. Pour l'heure, poursuivons avec les malentendus sur le droit de s'absenter. Mais en examinant des décisions de juges judiciaires.

97. – La qualification de faute simple de l'absentéisme de la secrétaire indisposée.

Une dactylographe avait été autorisée par son employeur à s'absenter la matinée du 27 mars 1971 (241). Or cette

---

239) Sans compter que d'autres décisions jurisprudentielles avaient déjà dit que la seule information donnée à la hiérarchie pouvait suffire.

240) CAA Douai, 29 mai 2019, Académie de Lille, N° 18DA02222.

241) Jusqu'aux années 1990, dans le privé et le public, les chefs avaient besoin d'une secrétaire transformant leurs documents manuscrits

employée de bureau ne revint pas l'après-midi non plus. Son licenciement fut alors prononcé le lendemain. Pour sa défense, l'intéressée invoqua l'urgence des démarches qu'elle devait accomplir en vue de son mariage prochain (prise de sang, certificat prénuptial). De plus, son fiancé n'était libre que ce jour-là. Enfin, elle avait pris des dispositions pour que son travail ne souffrît point de son absence. Ces diverses contraintes personnelles justifiaient à ses yeux sa malheureuse défaillance professionnelle.

Le tribunal d'instance de Grasse (13 juillet 1971) trouva la sanction bien sévère, vu « *qu'une telle absence sans autorisation, portant seulement sur une demi-journée et restée sans incidence sur la bonne marche du service, était la première en plus de deux ans de fonctions* ». La sanction semblait d'autant pus sévère qu'elle s'accompagnait de l'impossibilité du préavis, et donc des salaires correspondants (242).

En vérité, il fallait tenir compte d'autres éléments. D'une part, peu avant (9 mars 1971) la salariée avait interrompu son travail « *en raison d'une indisposition* », pour rentrer chez elle. Puis, trois jours après (12 mars), elle avait annoncé qu'elle ne reviendrait qu'à l'issue d'une semaine d'arrêt maladie (16 mars). Or elle n'aura jamais justifié médicalement cet arrêt. Il est vrai que l'employeur ne lui

---

en documents imprimables. Cette transformation était opérée (sur des machines à écrire) par des dactylographes (généralement des femmes). Parfois les textes leur étaient dictés de vive voix. Pour une prise de notes rapide et fidèle, les secrétaires en question recouraient à un système d'écriture particulière : la sténographie. Les intéressées étaient conséquemment des secrétaires sténodactylographes.

242) Jean-Marc MIGLIETTI, Faute grave ou lourde du salarié : des conséquences d'exception, Tourisme et Droit 2000, n°14, p.23.

avait pas non plus réclamé de certificat médical. Au demeurant, il « *n'avait pas contesté la cause de l'absence et ne lui avait adressé ni remarque, ni avertissement écrit* ».

La Cour de cassation (6 juin 1972) approuva le jugement en rejetant le pourvoi de l'employeur (243). Selon elle, le tribunal aura ainsi pu estimer que, « *même si l'employeur considérait son comportement comme de nature à rendre inopportun le maintien du contrat de travail, que cette faute n'avait pas rendu impossible la continuation de l'exécution du contrat pendant la durée du délai-congé et n'était pas de nature à justifier son renvoi sans préavis* ».

98. - Le salarié parti en congé annuel contre l'avis nouveau de l'employeur.

Après une dizaine d'années de bons et loyaux services au sein de la SOCIÉTÉ MAYER, un surveillant de travaux avait été licencié (le 19 mars 1984). Or l'employeur (un peu farceur) lui avait préalablement donné son accord pour un congé ce jour-là. Du moins semblait-il.

Dès lors, le salarié décida de saisir la justice en vue de dommages-intérêts pour rupture abusive du contrat de travail, ainsi que pour irrespect du délai de préavis. La cour d'appel de Metz (27 janvier 1987) le débouta ; et la Cour de cassation aussi.

Il se trouve que se retranchant derrière le pouvoir souverain des juges du fond, les juges du droit (24 janvier 1990) auront sobrement affirmé que : « *c'est par une appréciation des éléments de preuve dont elle disposait que la*

---

243) Cass. Soc., 6 juillet 1972, N° de pourvoi : 71-40758, sociale N. 500 P. 455.

cour d'appel a estimé que le salarié avait pris un congé au mépris du refus que lui avait opposé son employeur » (244).

99. – L'erreur d'appréciation du pompier volontaire absentéiste.

En France, les pompiers sont de deux sortes : les professionnels (fonctionnaires) et les volontaires (intermittents). Les professionnels se subdivisent par ailleurs entre ceux qui sont des militaires (à Paris et à Marseille) et les autres (les plus nombreux), lesquels sont donc des civils.

Pour se préparer à leurs bienfaitrices missions, les uns et les autres doivent durement et longuement s'entrainer en amont. Puis, une fois arrivés sur le terrain, ils doivent appliquer les stratégies apprises, tout en veillant à ne point inutilement exposer leurs collègues ou eux-mêmes à des dangers évitables. Aussi doivent-ils agir conformément aux ordres et aux procédures. En outre, un devoir d'obéissance et de disponibilité pèse indiscutablement sur les pompiers professionnels.

Cela dit, qu'en est-il des pompiers volontaires ? Normalement, et malgré leur bonne volonté, ils ne doivent répondre à l'appel qui leur est lancé (pour une intervention) que si leur employeur peut se passer d'eux durant le temps nécessaire (245). Ce qui suppose que l'absentéisme consécutif ne soit nullement de nature à perturber la marche de la structure de travail.

---

244) Cass. Soc., 24 janvier 1990, société Mayer, N° de pourvoi : 87-40953, Bulletin 1990 V N° 28 p. 18 ; rejet en faveur de Cour d'appel de Metz, du 27 janvier 1987.

245) Romain MARIÉ, Fasc. 28-15 : Suspension du contrat de travail. – Applications, JurisClasseur Travail Traité, 28 Mars 2018

La mésaventure d'ANDRÉ F. donne l'occasion d'apporter des précisions sur ces divers points. Il s'agit d'un homme qui avait le service à autrui *"dans la peau"* ; particulièrement en cas d'accident ou d'incendie. En effet, il était membre du corps des sapeurs-pompiers de TOURNON SAINT-MARTIN depuis une trentaine d'années (1953-1986). Mais son emploi habituel était celui de chauffeur-livreur d'un commerce de vente de fuel et de gaz. Le propriétaire (son patron) y travaillait avec sa femme et un second salarié.

Le principal titre de gloire de ce pompier (lequel est le prétexte de cette narration) aura été de s'être rendu dans le Sud de la France pour lutter contre les gigantesques incendies qui (à l'époque déjà, en 1986) dévoraient les forêts pendant l'été. Concrètement, sa bourgade d'un millier d'habitants avait alors envoyé son chef et lui dans le Var (du 24 au 30 août 1986) en vue d'appuyer leurs collègues désemparés (246).

Mais hélas, à l'issue de cette contribution citoyenne, c'est-à-dire de retour à TOURNON, le pompier se vit notifier son licenciement. Car non seulement l'employeur s'était retrouvé devant le fait accompli, de plus l'autre salarié bénéficiait d'une période de congés payés. Pire, la conjointe collaboratrice *"avait le pied dans le plâtre"*. À ce niveau, peut-être le lecteur s'étonnera-t-il de ce qu'un employeur, désespéré d'être esseulé, ait néanmoins évincé la personne susceptible de le soulager quelque peu (247).

---

246) Les mauvaises langues pourraient prétendre qu'il brûlait de partir, non seulement pour rendre service, mais également pour vivre une aventure dans son camion de pompier, tout en bénéficiant du paiement des vacations.

247) En vérité, l'employeur lui avait fait une offre de réintégration. Mais notre pompier entendait voir la justice condamner son employeur. Car cette offre ne rendait pas rétroactivement légal le

Cela étant, en dépit de son esprit présumé d'abnégation, le pompier volontaire n'aura pas stoïquement accepté son licenciement sans préavis ni indemnité. Il aura en effet saisi la justice prud'homale dont toutefois les deux instances lui auront été défavorables.

Pour sa défense, le pompier avait tenté de faire valoir que « *tout sapeur-pompier, qu'il soit professionnel ou bénévole, doit obéissance à ses supérieurs* » ; d'autant plus qu'une désobéissance « *le rendait passible de sanctions disciplinaires* ». Par ailleurs, le chef de corps de Tournon Saint-Martin avait été sommé de fournir sans délai deux sapeurs-pompiers et un véhicule poids lourds de lutte contre l'incendie ; un véhicule dont il était le conducteur qualifié disponible (248).

Toutefois, la Cour de cassation (03 juillet 1991) rejeta le pourvoi en cassation de ce pompier. Le motif est que : « *la cour d'appel (Bourges, 14 octobre 1988) a relevé que M. F..., contacté par son chef de corps, devait, selon le colonel directeur du service de secours et d'incendie de l'Indre, répondre dans la mesure du possible, et qu'il pouvait, sans encourir de sanction, faire valoir auprès de son supérieur la nécessité d'apporter sa collaboration à son employeur* » (249).

---

licenciement intervenu sans cause réelle et sérieuse. À l'évidence, il s'agit-là d'une attitude procédurière agaçante et de nature à encombrer inutilement les juridictions déjà encombrées.

248) En l'occurrence, le pénaliste invoquerait prestement les notions d'état de nécessité, d'ordre de la loi et commandement de l'autorité légitime, de force majeure. C'est cette dernière qui a vocation à s'appliquer en droit du travail. En tout cas, l'affaire concernaient des obligations civiles à prendre en compte par le droit du travail, en revenant au droit commun, et donc aux causes d'exonération du droit civil.

249) Cass. Soc., 3 juillet 1991, n° de pourvoi : 88-45577, non Bulletin.

Selon toutes apparences, ce dernier aurait préféré son intérêt personnel à la lutte commune contre les incendies en question. Cela dit, l'avocat général près la Cour de cassation (qui n'aura pas été suivi par celle-ci) avait trouvé les juges du fond bien sévère à l'encontre du pompier volontaire (250). Néanmoins, c'est vainement qu'il aura alors plaidé le dilemme de l'intéressé.

Effectivement, « *pris entre deux feux, au propre, au figuré* », « *en se précipitant pour en éteindre un, il en allumait un autre derrière lui !* ». Au fond, le pompier avait certainement entendu transcender la devise de sa caserne : « *sauver ou périr* ».

Sans doute une telle jurisprudence est-elle de nature à repousser les personnes qui, parallèlement à leur activité professionnelle, voudraient se mettre (plus ou moins bénévolement) à la disposition de la collectivité. Une démarche pour porter secours et/ou éteindre des incendies.

En l'espèce, si le licenciement fut validé, c'était non seulement que l'attitude fautive était prouvée, mais aussi que cette sanction était proportionnée et infligée dans les règles.

B. – La réussite variable de la procédure de licenciement

100. – Le rappel des principes applicables à l'occasion d'un licenciement.

Aux termes du code du travail (article 1232-2), « *l'employeur qui envisage de licencier un salarié le convoque, avant toute décision, à un entretien préalable* ».

---

250) Yves CHAUVY, Un dilemme : le licenciement d'un pompier volontaire, travailleur salariée, RFDA 1992. 310.

Deux principes transparaissent de cette possibilité pour les parties de se parler. D'une part, le principe du droit de la défense : le travailleur doit pouvoir donner des explications qui, peut-être, aplaniront le différend constaté. D'autre part, le principe (de tentative) de règlement amiable des conflits. Sachant que, « *un mauvais arrangement vaut mieux qu'un bon procès* ».

Dans le service public aussi, un plus grand effort est déployé en ce sens (251). Même s'il existait déjà les deux recours administratifs préalables à la saisine du juge administratif. Ce qui a toujours consisté à rechercher un arrangement (forcément amiable) auprès de l'auteur même de la décision contesté ; ou bien auprès du chef de celui-ci. Le premier de ces recours administratifs est le recours gracieux, tandis que le second est le recours hiérarchique.

En vertu du même code (du travail), cet entretien doit précéder l'éventuelle demande d'autorisation de licenciement (de syndicalistes et autres) à l'inspecteur du travail (252). Jusqu'à son licenciement, le salarié représentant de ses collègues continuera de percevoir sa rémunération. Son licenciement illicite ferait l'objet d'une annulation (prud'homale) puis aussitôt d'une réintégration dans l'emploi.

---

251) « *L'introduction de cette nouvelle procédure amiable fait la promotion d'une certaine ambition de dialogue renoué, d'égal à égal - au contraire d'un recours hiérarchique notamment -, où chacun peut s'exprimer librement, en bénéficiant au mieux des atouts de cette procédure* » (Marine PÉTRAUD, Ines BELLADONNA et Piotr ROUSSEL, La « déprocéduralisation » en droit des fonctions publiques : une mutation du rapport de force entre une administration employeuse et ses agents ? AJFP 2025. 8).

252) Code du travail, article R2421-8.

Les autres salariés licenciés sans le respect des formes (licenciement irrégulier) sont indemnisés à hauteur d'un mois de salaire. Ainsi donc, leur départ définitif de la structure de travail subsistera. Solution identique en cas de licenciement sans cause réelle et sérieuse. Tout au plus l'employeur devra-t-il assumer la charge de dommages-intérêts envers le salarié objet du licenciement injustifié ou abusif (253).

Quelques cas particuliers de défaut d'assiduité défient cette mécanique du licenciement. Pour illustrer cette affirmation, nous présentons le cas de salariés peu communs : un footballeur et celui un dirigeant social. Malgré plusieurs absences, le premier aura échappé au licenciement (1.). En revanche, le second aura perdu sa place à l'occasion d'une seule absence (2.).

---

253) En droit du travail (comme en droit administratif d'ailleurs), la tentative de conciliation avant d'en arriver au procès est un principe cardinal. Il ne revient pas seulement au juge d'amener les parties à s'entendre à l'amiable ; eux-mêmes peuvent par exemple s'accorder sur une indemnité forfaitaire indépendante des indemnités prévues par la loi ou la convention au profit des personnes licenciées. S'agissant de la loi, songeons au barème MACRON (Emmanuel). Cf. Konstantina CHATZILAOU et Carole NIVARD, Controverse : La condamnation de la France par le Comité européen des droits sociaux : un coup d'épée dans l'eau ? Rev. trav. 2022. 483).

1. – L'échec du licenciement du footballeur absentéiste

101. – Le défaut d'assiduité (à l'entraînement) d'un footballeur amiénois.

À l'occasion d'un stage au Touquet (le 4 juillet 2008), l'un des joueurs professionnels du club sera reparti sans explication, et donc sans autorisation. Vu que depuis lors il ne sera plus revenu aux entraînements, le club lui demanda solennellement des explications en lui envoyant une lettre en ce sens (254).

Notons que l'intéressé n'était ni blessé, ni malade : son retrait traduisait manifestement une volonté de s'éloigner pour toujours d'Amiens. Dans ces conditions, le club aura saisi la commission nationale compétente ; afin qu'elle prononçât la suspension du contrat les liant.

Cela fut fait ; avec un effet rétroactif au 03 juillet 2008 (255). Puis, comme les tentatives de conciliation avaient échoué, un licenciement pour faute s'ensuivit. Or notre footballeur s'éleva contre la sanction disciplinaire subie de la sorte (256). Curieusement, la cour d'appel d'Amiens (30 mai

---

254) Pour être certain que le salarié aura reçu la demande, l'employeur pourrait remettre à l'intéressé la lettre en main propre, mais contre décharge, contre signature. Il pourrait aussi recourir à la notification par l'intermédiaire d'un commissaire de justice (exploit d'huissier). En l'espèce, le choix se sera porté sur la Lettre Recommandée avec Avis de Réception (LRAR).

255) En général, les actes juridiques (défavorables), y compris les jugements et arrêts ou les lois et règlements ne disposent que pour l'avenir. C'est par souci de sécurité juridique pour les administrés et les justiciables. Ils risqueraient d'être surpris dans leur vie familiale, économique et sociale.

256) Cass. Soc., 5 novembre 2014, n° de pourvoi : 12-23.135, société Amiens sporting club football.

2012) lui donna raison, et la Cour de cassation aussi (5 novembre 2014).

102. - L'illicéité du choix d'une sanction oubliée par le règlement intérieur.

Pour mieux suivre le raisonnement des juges, il faut savoir que les règles relatives à l'organisation et au fonctionnement du football professionnel se trouvent dans un document baptisé Charte.

Cette charte est assimilable à une convention collective de travail (aura d'ailleurs dit la Cour de cassation en l'espèce). Le problème est que la sanction prononcée par l'employeur n'existait pas dans cette source du droit.

Or la Cour suprême (26 octobre 2010) avait déjà précisément précisé à la cour d'appel de Rennes (12 mai 2009) que : « *dès lors que le règlement intérieur fixe les règles générales et permanentes relatives à la discipline, notamment la nature et l'échelle des sanctions que peut prendre l'employeur, une sanction ne peut être prononcée contre un salarié que si elle est prévue par ce règlement intérieur* » (257).

Dans l'affaire en question, les conseillers rennais avaient cru pouvoir décider que : « *l'employeur pouvait, eu égard à la faute commise, prononcer une mise à pied de cinq jours, même si le règlement intérieur de LA SOCIÉTÉ JABIL CIRCUIT ne comportait pas de dispositions limitant dans le temps une telle sanction* ».

---

257) Cass. Soc., 26 octobre 2010, société Jabil Circuit, 09-42.740, Bulletin 2010, V, n° 243. Cassation sans renvoi au visa des articles L1321-1 et L1331-1 du code du travail.

Mieux, poursuivait leur arrêt, « *une telle sanction est inhérente au pouvoir disciplinaire de l'employeur, lequel a la faculté, en l'absence de dispositions restrictives d'un règlement intérieur ou d'une convention collective, d'en faire usage sous la seule réserve du contrôle de l'autorité judiciaire* ». Le raisonnement semble particulièrement convaincant.

103. - Le vide juridique surtout dans les structures sans règlement intérieur.

Le raisonnement des juges du fond (ci-dessus condamné) devrait logiquement s'imposer dans les entreprises sur qui ne pèse pas l'obligation de rédiger et publier un règlement intérieur. Cette dispense autrefois accordée en dessous de 20 salariés aura été remontée à l'effectif de 50, à partir de 2019. Or, dans les petits collectifs de travail aussi, il survient des manquements professionnels qui appellent sanction. Bizarrement, l'employeur ne peut prononcer que le licenciement ; et pas moins (258).

Dans notre cas amiénois, le silence de la convention collective applicable favorisait le maintien du footballeur dans le club amiénois. Problème : son licenciement raté aura rendu caduque la décision de suspension de son contrat. Du reste, un contrat suspendu cesse de procurer au travailleur une rémunération. Mais les avantages sociaux et l'ancienneté subsistent (259).

---

258) On se demandera logiquement comment appliquer la proportionnalité dans ces conditions. Et dire que, selon l'adage, « *Qui peut le plus peut le moins* » !

259) Gilles AUZERO, Dirk BAUGARD et Emmanuel DOCKÈS, Droit du travail, Précis Dalloz, 2018, n° 1518.

Néanmoins, pour continuer avec la sanction initiale (celle avant le licenciement avorté), le club se devait de solliciter une nouvelle suspension auprès de l'organe compétent (260). Sauf si le joueur (redevenu sociable malgré son succès dans les prétoires) ait voulu jouer à nouveau dans le club.

104. – La critique doctrinale de l'arrêt favorable au footballeur amiénois.

Dans son commentaire critique de cet arrêt SOCIÉTÉ AMIENS SPORTING CLUB FOOTBALL, un professeur de droit aura trouvé que la grève de l'entraînement était « *un refus délibéré d'exécuter le contrat, voire un véritable abandon de poste. [Or] si un tel manquement ne peut plus être sanctionné par une rupture anticipée du contrat, quelle faute pourra bien justifier encore cette sanction ?* » (261).

Cela ressemble manifestement, de la part du joueur, à une combinaison de mauvaise volonté et de mauvaise foi. Au fond, un moyen terme entre les deux situations devrait être recherché. Sans doute le rigorisme serait-il à son comble si le licenciement du joueur s'envisageait pour la moindre absence à un entraînement.

À l'inverse, le laxisme l'emporterait dans un système où le licenciement serait interdit à l'employeur même confronté

---

260) L'annulation d'un premier acte juridique entraîne normalement l'annulation en cascade des suivants qui auront été adoptés sur son fondement. Cf. Loïc MALFETTES, Licenciement de salarié protégé et exigence de maintien de salaire, A.D. 11 juin 2020

261) Jean MOULY, Charte du football professionnel : pas de rupture anticipée du contrat de travail pour le joueur absent aux entraînements, Droit social 2015 p.88.

à un long absentéisme sans excuse (262). Certes le footballeur est un travailleur bien particulier, comme d'ailleurs le dirigeant social.

2. - La réussite de l'exclusion de dirigeants absentéistes

105. - Le besoin de dirigeant pour toute personne morale.

Pour leur fonctionnement, les personnes morales ont besoin d'individus en leur sein. Certains de ceux-ci en deviennent les dirigeants ; ils sont alors des mandataires sociaux. En gros (et malgré l'écran social) les mandants sont les fondateurs de l'organisme, lesquels sont des associés, ou bien des sociétaires.

Le terme sociétaire est désormais un faux-amis ; car il renvoie à l'entreprise et à la société. Or le sociétaire est plutôt le membre d'une association. Cette appellation est une survivance de l'époque où (avant la loi de 1901 sur les associations) les groupements philanthropiques ou savants étaient appelés sociétés (263).

---

262) La convention collective des jockeys prévoit « *que sauf faute grave, il ne pourra y avoir de mesure de licenciement à l'égard d'un salarié si ce dernier n'a pas fait l'objet précédemment d'au moins deux sanctions telles qu'une observation, un avertissement ou une mise à pied* » (Cass. Soc., 12 mars 1991, 88-42.461, Centre médico-chirurgical des jockeys de Chantilly, Bulletin 1991, V, n° 121 p. 77).

263) Par exemple : la Société Protectrice des Animaux (SPA) ; la Société de Médecine et de Santé au Travail (SMST) ; etc. En revanche, le titulaire (le propriétaire) d'actions d'une société et le porteur de parts sociales d'une entreprise sont des associés. Les uns et les autres rêvent de s'enrichir. À cet égard, les mutualistes et les coopérateurs, sont aussi parfois appelés sociétaires pour marquer leur moindre âpreté au gain.

106. – La démission implicite des dirigeants absentéistes.

Aussi bien dans les sociétés que dans les associations, l'on déplore un absentéisme des dirigeants et des simples membres (264). Des réunions sont donc reportées dans ces dernières aussi, sans savoir quand le quorum sera un jour satisfait ; sans devoir s'en passer lors d'une réunion de rattrapage (265).

Pour cette raison, la technique de la démission implicite trône quelquefois en bonne place dans les statuts de diverses personnes morales. Cela signifie que « *le membre de l'organe de gestion manifestant un absentéisme récurrent pourra être considéré comme démissionnaire par les autres membres de l'organe de gestion* » (266).

107. – La cooptation d'un administrateur de remplacement en cas de démission implicite.

Afin que l'instance (en particulier une société anonyme) dispose à nouveau du nombre nécessaire de membres, il y a alors cooptation d'un nouveau dirigeant. Une cooptation dans l'espoir que l'assemblée générale (prochaine) ratifie ce

---

264) Pareillement écrit un auteur : « *L'absentéisme des membres des organes de gestion n'est pas propre aux sociétés. Les associations rencontrent également cette difficulté* » (Benoît LE BARS, Les remèdes partiels aux insuffisances de la démocratie dans les associations, L'exemple de quelques associations à statuts spéciaux, Revue des sociétés 2001 p.741).

265) Clotaire MOULOUNGUI, Absentéisme des décideurs, hic pour quorums et majorités, Didactijuris, 2024.

266) Benoît LE BARS, précité.

recrutement salvateur (267). D'où d'éventuelles interrogations.

Premièrement, celle sur le nombre d'absences fatidiques ; apparemment, trois constitueraient le plafond maximal (268). Un second souci concerne la dimension démocratique insuffisante de la technique de la cooptation même conditionnelle. Tout au moins, aussi longtemps que l'assemblée générale ne l'aura pas validée.

Car le pouvoir de désignation appartient normalement à cette dernière. Or le dirigeant coopté l'aura été sans son accord. Il est vrai que le juge saisi ne manquera pas de sanctionner l'abus peut-être commis par les dirigeants coauteurs de la cooptation.

108. – Les règles de licenciement du dirigeant d'entreprise.

C'est sous le contrôle juridictionnel qu'a également lieu l'éviction d'un dirigeant ou d'un associé. « *Si la révocation d'un dirigeant est un événement fréquent dans la vie des sociétés, elle génère un contentieux important dont témoigne le nombre fort élevé de décisions s'y rapportant* » (269).

Concernant leur défaut d'assiduité (ou un autre reproche), le juge vérifiera notamment le respect des droits de la défense. C'est-à-dire la possibilité laissée au dirigeant dont l'exclusion serait pressentie de s'expliquer sur ses absences.

---

267) Clotaire MOULOUNGUI, L'absentéisme des décideurs, Hic pour Quorums et Majorités, Didactijuris, 2024, n° 35. – La nomination des dirigeants sociaux par l'assemblée générale ordinaire ; Code de commerce, article L225-18 ; article L225-24, alinéa 4.

268) Idem.

269) Simon FARGES, La révocation ad nutum des dirigeants de SAS : une règle supplétive de volonté, D. 2022. 1195.

Cela suppose en particulier qu'il lui soit indiqué le jour et l'heure de son procès interne, ainsi que les griefs précis pesant sur lui. En droit (et en pratique), l'idéal serait une convocation de l'intéressé par un moyen offrant date certaine. Même si existent des révocations ad nutum ; c'est-à-dire dans l'immédiat (270).

De plus, il faudrait lui reconnaître un délai suffisant pour la préparation de sa défense. À ce propos, les statuts se calqueront de préférence sur la procédure de licenciement pour motif personnel. En revanche, le prononcé de la sanction pourra être plus rapide (271). Mais pas trop non plus, c'est-à-dire nullement dans la foulée de l'entretien préalable au licenciement.

À priori, c'est à l'issue d'un certain délai de décence que le remplacement du dirigeant absentéiste devrait se faire. Sinon le procès interne semblerait n'avoir été qu'une mascarade. En effet, le remplaçant serait déjà dans le couloir, voire dans la salle même des délibérations.

En tous cas, si un remplacement est déjà opéré, ou s'il a lieu dans la foulée de la révocation, cela voudra dire que la présentation de sa défense par l'intéressé l'aura été d'emblée

---

270) « *Faut-il abandonner le principe de la révocation ad nutum des dirigeants sociaux ? Certains le souhaitent, arguant notamment de la professionnalisation des fonctions managériales et du nécessaire rapprochement des statuts de dirigeant et de salarié. Au regard de certaines révocations abusives, notamment...* » (Claude CHAMPAUD et Didier DANET Révocation abusive du président d'un directoire, RTD com. 2000. 112).

271) En matière de procédure, il est de règle de donner rapidement l'information nécessaire à ses adversaires. En droit du travail (Code du travail, art. L1232-6), l'annonce du licenciement ne vient que deux jours ouvrables après l'entretien préalable à ce licenciement. Néanmoins, l'employeur ne doit pas non plus procrastiner pendant plus d'un mois.

en pure perte. Car les détenteurs du pouvoir de désignation et de révocation n'auront même pas cherché à donner l'impression de soupeser les arguments reçus de lui. Bref, l'entretien organisé correspondrait au seul respect d'un formalisme.

Dans un domaine plus ou moins voisin, il se trouve que les titulaires (les propriétaires) de certains titres patrimoniaux sont regroupés (par la loi) dans des structures de défense de leurs droits. En clair, c'est leur argent qui aura justifié leur entrée et leur maintien dans de pareilles structures. Or aucune conséquence particulière n'est tirée de leur possible absentéisme ; il est difficile, voire impossible de les évincer.

Plus précisément, faute de disposition législative autorisant l'éviction, c'est-à-dire leur *''démission d'office''*, celle-ci ne saurait être prononcée. À la vérité, la participation aux assemblées est un droit, et non pas un devoir pesant sur eux. Dans ces conditions, enseignait un vieux professeur, « *les statuts ne sauraient donc stipuler que l'absentéisme sera sanctionné par une exclusion* » (272).

Il est néanmoins arrivé (dans l'affaire SCP BIOLAB) qu'une exclusion d'associés se produise à la faveur de la désertion de ceux mêmes dont l'ordre du jour (de l'assemblée générale) prévoyait l'exclusion. On lit à cet égard dans une thèse récente l'éventualité de « *l'exclusion d'associés professionnels à la faveur de leur absence à l'assemblée* » (273).

S'agissant précisément de cette SCP, les deux associés professionnels (Mme MIZRAHI et M. SEBBAN) ne se rendirent

---

272) Yves GUYON, Répertoire de droit des sociétés, Assemblées d'actionnaires, septembre 2002, n° 91.

273) Clotaire MOULOUNGUI, L'absentéisme et ses inconvénients prétendus, Th. Nantes, 2023, n° 2298.

pas à une assemblée à laquelle ils avaient pourtant été régulièrement conviés (274). Par conséquent, leurs adversaires, les trois apporteurs de capitaux (Mme SITBON et MM. MARREK et SAADA), s'y retrouvèrent sans eux. C'est dès lors à l'unanimité que les trois derniers exclurent les deux premiers.

Ces victimes de leur propre absentéisme invoquèrent vainement la violation du quorum. Toutefois, ni la cour d'appel de Paris (18 juin 2008), ni la Cour de cassation (5 mai 2009), ne leur auront donné gain de cause. Ils auront été déboutés car *« il n'était pas contesté que Mme Sitbon et MM. Marrek et Saada disposaient ensemble de 960 actions sur 1200, ce qui constituait les trois quarts des actions ayant droit de vote exigés par les statuts »* (275).

Encore une fois, si les deux absentéistes avaient daigné participer à la réunion, leur exclusion n'aurait jamais pu advenir. La raison est qu'ils avaient un droit de véto, une minorité de blocage. Étant absents, ces associés n'auront pu en faire usage. Néanmoins, ils se sont par la suite montrés mauvais perdants, aura fait observer un annotateur de l'arrêt (276). La leçon à tirer est qu'une protection ne remplit son office que si elle est mise en œuvre. Cela vaut même lorsqu'il est plutôt question de surprotection.

---

274) Caroline TABOUROT-HYEST, Révocation des dirigeants : les absents ont toujours torts ! Rev. sociétés 2013. 294.

275) *CASS. COM.*, 5 mai 2009, pourvoi n° 08-17831, Bulletin 2009, IV, n° 65 ; Pan. 288, obs. Rabreau ; *RTD com.* 2010. 153, obs. Dondero ; *Rev. sociétés* 2009. 613, note Le Cannu ; JCP E 2009, no 1881, note Pasqualini ; RJDA 2009, no 758 ; *Dr. sociétés* 2009, no 138, obs. Gallois-Cochet.

276) François PASQUALINI, Liberté statutaire et désillusion des associés, La Semaine Juridique Entreprise et Affaires n° 38, 17 septembre 2009, 1881).

§ 2. – L'apparente immunité de quelques absentéistes

109. – La protection même des absentéistes contre des sanctions faciles.

Les managers d'équipes de travailleurs regrettent souvent la difficulté qu'ils éprouvent à sanctionner un salarié absentéiste ou fautif. Car il leur faut notamment tenir compte du règlement intérieur de l'entreprise et des règles du Code du travail. Les décideurs publics sont même davantage contraints. Car un conseil de discipline doit préalablement se réunir pour lui-même prononcer la sanction, ou bien pour recommander celle qui lui semblera appropriée, proportionnée.

Problème alors : tous les membres d'une telle instance collégiale ne sont pas libres simultanément. Pire, un imprévu de dernière minute de l'un d'entre eux va contrarier la marche de la procédure. D'un autre côté, l'agent public dispose de divers recours ; administratifs (recours gracieux ou recours hiérarchique), puis juridictionnels (tribunal administration, cour administrative d'appel, Conseil d'État).

Et encore ne s'agit-il là que de la protection de droit commun. Car une plus grande protection échoit à certains fonctionnaires et contractuels (277). Une telle surprotection profite notamment aux travailleurs élus qui se révéleraient absentéistes (A.). Il en va pareillement pour les absentéistes se réclamant de la maladie ou d'autres situations dignes de la sollicitude du législateur et de juge (B.).

---

277) Dans le secteur privé aussi, l'on rencontre une surprotection comparable au profit de quelques salariés spécifiques (syndicalistes, malades, harcelés, etc.).

A. – La protection privilégiée des titulaires d'un mandat

110. – Des élus bénévoles en principe bénéficiaires d'une surprotection fonctionnelle.

En France, beaucoup de personnes se font élire en vue de représenter bénévolement leurs concitoyens ou leurs collègues. Tel est le cas des conseillers municipaux, des syndicalistes, des conseillers prud'hommes, etc. La loi leur offre néanmoins un arsenal juridique qui les protège des pressions diverses qui risqueraient de les gêner dans leur mission collective. Dans ce cadre, un éventuel absentéisme échappera probablement aux velléités patronales de sanction. Des cas survenus en pratique permettront d'illustrer la surprotection des élus (1.), de même que ses limites (2.).

1. – Les illustrations de la surprotection des élus coupables d'absentéisme.

111. – La précision sur les principes protecteurs applicables.

Le Conseil d'État proclame invariablement que « *les salariés légalement investis de fonctions représentatives bénéficient, dans l'intérêt de l'ensemble des travailleurs qu'ils représentent, d'une protection exceptionnelle* » (278). Cette exceptionnelle protection consiste souvent en un rejet de certains faits (même établis) comme des motifs suffisants de sanction. Cela consiste également en une minimisation de

278) Conseil d'État, 19 septembre 2014, N° 362660, société Amadeus, Mentionné dans les tables du recueil Lebon.

fautes graves des salariés élus en fautes légères (279). Cela vaut particulièrement en matière d'absentéisme ou d'indisponibilité.

Tout d'abord, le licenciement d'un travailleur élu ne saurait découler de l'exercice normal de ses fonctions représentatives ; ou bien s'expliquer par son appartenance syndicale. D'un autre côté, en cas de comportement fautif, l'employeur doit solliciter une autorisation de licenciement auprès de l'administration.

Il s'agit alors de l'inspecteur du travail et, peut-être ensuite, le ministre du travail. Et ces autorités administratives sont tenues de rechercher si les faits reprochés au salarié élus sont d'une gravité suffisante pour justifier son licenciement (280).

Concrètement, l'examen se fondera sur l'ensemble des règles applicables au contrat de travail de l'intéressé et sur les exigences propres à l'exécution normale du mandat dont il est investi.

Mais par la suite, l'employeur et le salarié sont recevables à contester (respectivement) le refus ou l'octroi de l'autorisation devant le juge administratif. Celui-ci annule la

---

279) Dominique ASQUINAZI-BAILLEUX, Exercice du mandat de représentation pendant un arrêt maladie, La Semaine Juridique Social n° 25, 24 Juin 2014, 1269 ; Cass. Soc., 21 mars 2014, n° 12-20002 et 12-20003, Société ISS propreté.

280) Les syndicats et les partis politiques de gauche militent pour l'existence d'une autorisation administrative de licenciement au profit de tous. Instaurée au milieu des années 70 pour limiter le nombre de salariés allant (finalement) au chômage, la mesure aura été abandonnée au milieu des années 80. Elle aura paru contreproductive. L'on notera la participation de Jacques CHIRAC dans ces deux phases de l'histoire du droit du travail (institution et abandon).

décision d'octroi ou de refus. Il y a plusieurs cas jurisprudentiels susceptibles d'illustrer ces concepts.

112. – La subordination de la surprotection d'élu à sa révélation à l'employeur.

La protection des salariés élus présente quelques limites. Trois affaires exposées ci-dessous le prouvent. Pour commencer, l'employeur a l'obligation de se montrer indifférent et discret à l'égard des appartenances politiques, syndicales, religieuses, et autres de ses salariés. Dans ces conditions, c'est peut-être sincèrement qu'il dira ignorer que le salarié visé par le licenciement était en réalité un salarié protégé par un mandat. Surtout lorsqu'un tel mandat est exercé à l'extérieur de l'entreprise.

Le licenciement alors effectué dans ce cadre (de l'erreur) doit-il être jugé nul ? Ou bien, à l'inverse, conviendra-t-il de valider la procédure de droit commun quand même observée par l'employeur ? Il est vrai qu'il aura manqué de prescience et n'aura pas deviné le statut protecteur de son salarié. Néanmoins, il est encore plus vrai que le salarié lui-même aura fait preuve de malice ou d'insouciance en taisant son protecteur statut finalement révélé une fois arrivé devant les tribunaux.

En bonne logique, il s'agit-là (pour le travailleur fautif) d'une exception (procédurale) à opposer in limine litis lors de la procédure disciplinaire. Justement, un(e) conseiller référendaire à la chambre sociale de la Cour de cassation croit pouvoir soutenir que : « *pour pouvoir invoquer le statut protecteur, le salarié doit avoir informé l'employeur de l'existence de son mandat au plus tard lors de l'entretien préalable au licenciement*» (281). Et encore faut-il que l'information sur la qualité d'élu corresponde à la réalité. Ce ne fut pas le cas dans l'affaire suivante d'absentéisme.

113. - L'interminable contentieux d'une surprotection à l'encontre de la société Amadeus.

Dans cette espèce, le salarié avait pu conserver son emploi durant une douzaine d'années ; jusqu'à la bonne fin de la procédure. En voici le rappel, avec ses 12 étapes en va-et-vient, ici numérotés en partant de a) jusqu'à l).

Ainsi : a) le 30 octobre 2000, autorisation du licenciement par l'inspecteur du travail ; b) le 13 novembre 2000, prononcé du licenciement par l'employeur ; c) le 19 mars 2002, annulation de l'autorisation par le tribunal administratif de Nice.

d) le 24 mai 2002, réintégration de l'intéressée dans les effectifs de la SOCIÉTÉ AMADEUS ; e) le 12 juin 2002, nouvelle demande d'autorisation du licenciement ; f) le 8 août 2002, délivrance de l'autorisation par l'inspecteur du travail ; g) le 7 février 2003, confirmation de l'autorisation par le ministre du travail.

h) le 10 février 2006, annulation des deux autorisations par le tribunal administratif de Nice ; i) le 22 mai 2008, confirmation des annulations par la cour administrative d'appel de Marseille ; j) le 15 décembre 2010, annulation de l'arrêt marseillais par le Conseil d'État, et renvoi à cette même juridiction.

k) le 10 juillet 2012, annulation par la cour Marseillaise du jugement du tribunal niçois (de février 2006) ; l) le 19 septembre 2014, dernier arrêt du Conseil d'État sur

---

281) Laurence Pécaut-Rivolier, Donner l'information : les obligations du salarié, Droit social 2013 p.103.

l'autorisation et licenciement effectif (282). Sans doute un pareil marathon administrativo-juridictionnel donne-t-il raison aux DRH détracteurs de la surprotection des salariés élus. Surtout que le choix d'être représentant pourrait être dicté par la recherche de cette protection. Ce fut le cas dans l'affaire société STEIN FASEL.

114. – La surprotection de l'absentéiste même seulement élu en cours de procédure.

Dans une affaire, Monsieur PIGLIALEPRE était délégué syndical et représentant syndical auprès du comité d'entreprise de cette société. Celle-ci demanda à l'inspecteur du travail de Mulhouse que « *soit autorisé le licenciement pour absentéisme abusif* » de ce salarié protégé.

Une autorisation refusée par l'administration (8 août 1983), au motif que « *l'absentéisme dont il s'agit, imputable à une maladie handicapante de longue durée, ne présentait pas de caractère fautif* ». Toutefois, ce refus d'autorisation aura été annulé par le tribunal administratif de Strasbourg (21 février 1985).

L'employeur avait dès lors présenté à l'administration une nouvelle demande d'autorisation de licenciement ; sur le même fondement que la première fois. Cependant, du réexamen (7 mai 1985), il était cependant difficile d'espérer une autorisation de la part de l'inspecteur du travail. La raison est que d'autres données de fait et de droit (défavorables à l'employeur) étaient survenus dans l'intervalle.

282) Conseil d'État, 19 septembre 2014, N°362660, Mentionné dans les tables du recueil Lebon.

À leur lumière, dit le Conseil d'État, l'inspecteur « *a pu à bon droit, sans méconnaître l'autorité de la chose jugée par le tribunal administratif, tenir compte [...] de ce que, postérieurement à la date de la première demande, d'une part, M. Piglialepre avait acquis la qualité de délégué du personnel, et d'autre part, avait substantiellement diminué son absentéisme* » (283).

Du reste, l'absentéisme antérieur (60 jours d'arrêts de travail) était dûment justifié par des certificats médicaux. Or, outre que cet absentéisme-là ne présentait aucun caractère fautif, il n'était pas non plus de nature à causer au fonctionnement de l'entreprise des perturbations suffisamment graves pour justifier une autorisation de licenciement. Ainsi donc l'absentéisme du salarié élu aura semblé neutre. Tout au plus la rétorsion financière pour service non fait aurait-elle pu survenir ; comme dans le cas suivant.

115. - Le maintien d'avantages au syndicaliste devenu permanent et donc indisponible.

L'absentéisme permanent du travailleur élu se révèle neutre (pour lui) quant aux obligations rémunératoires de l'employeur (à son égard). Par exemple, un informaticien spécialiste du chiffrage des transmissions (au Quai d'Orsay) percevait, depuis une dizaine d'années, une prime spécifique. Puis, il avait cessé les fonctions inhérentes à son emploi pour se consacrer à un mandat syndical ; à compter du 15 novembre 1999. Ensuite, pendant quasiment dix ans encore, il aura conservé cette prime.

283) Conseil d'État, 21 septembre 1990, N° 95026 et 96496, société STEIN FASEL.

Mais par décision du 31 octobre 2008, son ministre lui fit comprendre que celle-ci ne lui serait plus versée (à partir de l'année suivante). Le fonctionnaire mécontent s'en ouvrit alors au tribunal administratif de Paris, lequel cependant ne lui aura pas donné gain de cause.

La raison aura été qu'une prime liée à l'exercice effectif des fonctions de traitement de l'information ne saurait être servie à un agent qui n'effectuait plus cette mission de traitement. Pour sa part, le Conseil d'État (27 juillet 2012) se sera montré absolument plus généreux envers le syndicaliste. Sur quelle base juridique ?

Le principe dégagé des textes est que « *le fonctionnaire qui bénéficie d'une décharge totale de service pour l'exercice d'un mandat syndical a droit que lui soit maintenu le bénéfice de l'équivalent des montants et droits de l'ensemble des primes et indemnités légalement attachées à l'emploi qu'il occupait avant d'en être déchargé pour exercer son mandat* » (284).

En d'autres termes, l'absentéisme continu mais autorisé ne compromet pas le revenu de l'intéressé ; ou presque pas (285). Le droit applicable est quasiment le même dans le secteur privé aussi.

116. – La discrimination syndicale pour considération de l'impact du mandat sur le travail.

En pratique, l'employeur est tellement désireux d'avoir un personnel disponible (en permanence) qu'il considère

---

284) Conseil d'État, Section du contentieux, 27 juillet 2012.

285) Dans son arrêt, la Haute Cour indique « *l'exception des indemnités représentatives de frais et de celles qui sont destinées à compenser des charges et contraintes particulières auxquelles il n'est plus exposé* ». Celles-là sont donc perdues…

parfois l'engagement syndical comme une dispersion mal venue des salariés concernés.

Ce cas-ci, parvenu dans nos prétoires, permet d'illustrer la situation. En l'espèce, un agent administratif s'était lancé dans des fonctions de représentation de ses camarades (année 1987). Depuis lors, et sur une douzaine d'années, il n'avait plus bénéficié de promotion de la part de son employeur, la caisse régionale de crédit agricole mutuel du Gers.

Or il avait constaté que dans les dossiers relatifs à ses entretiens individuels d'évaluation (il) était mentionné ses activités prud'homales et syndicales, de même que les absences qu'elles engendraient. L'apparente prise en compte défavorable de ces deux éléments (par l'employeur) lui est alors apparue comme de la discrimination syndicale.

Par conséquent, il en demanda réparation devant la juridiction prud'homale. Toutefois, la cour d'appel de Pau (21 janvier 2008) l'aura débouté. Car pour cette juridiction le syndicaliste aurait dû rapporter la preuve (pendant le procès) de « *sa volonté d'une promotion professionnelle* ».

Au fond, il est difficile de se consacrer à son prochain et se construire néanmoins en même temps sa propre carrière. Car il faut servir et non pas se servir (ainsi que l'on dit dans les milieux encartés). Encore que la personne qui, pour éclairer le groupe porte le flambeau, finit par s'illuminer elle aussi, sans forcément le rechercher (286).

La Cour de cassation a annulé l'arrêt de la cour paloise. Pourquoi ? Parce que les fiches « *au vu desquelles la direction*

---

286) En revanche, celui qui se servirait de ses mandats pour progresser serait moralement et juridiquement en faute : détournement de fonctions, abus de biens sociaux. Dans un pareil contexte, des dirigeants gabonais convaincus de détournements de fonds publique ont pu dire que : "*le mouton broute là où il est attaché*".

arrêtait ses choix de promotions, faisaient référence à ses activités prud'homales et syndicales et aux perturbations qu'elles entraînaient dans la gestion de son emploi du temps, ce dont il se déduisait que ces éléments laissaient supposer l'existence d'une discrimination syndicale » (287).

Peut-être le doute est permis dans cette affaire. Néanmoins les éléments litigieux semblaient pertinents à l'employeur, au point qu'il les aura consignés. Était-ce pour le profit ultérieur du syndicaliste indisponible ? Certainement pas. La même discrimination syndicale appert conséquemment du cas ci-dessous.

117. – La présomption de prise en compte de l'indisponibilité du travailleur élu.

Dans l'affaire ci-dessus, le point juridique essentiel aura été que « *les fiches d'évaluation du salarié pour les années 1991 et 2002 faisaient mention d'une disponibilité réduite du fait de ses fonctions syndicales* » (288). Deux fois seulement sur plus de 10 ans !

Mais pour la Cour de cassation c'était-là le ferment d'une discrimination syndicale illicite ayant peut-être freiné la progression professionnelle de l'intéressé. Pour sa part, la cour d'appel de Bordeaux (25 février 2010) avait jugé qu'il n'y avait pas de preuve d'une discrimination syndicale.

On lit effectivement dans son arrêt que « *la référence à ses activités syndicales constitue un simple constat dépourvu de jugement de valeur ne remettant pas en cause la qualité du*

---

287) Cass. Soc., 01 juillet 2009, n° de pourvoi : 08-40988, Bulletin. Cassation au visa de l'article L. 1134-1 du code du travail.

288) Cass. Soc., 11 janvier 2012, n° de pourvoi : 10-16655, Bulletin.

travail de l'intéressé soulignée dans d'autres rubriques d'évaluation » (289).

Il n'en demeure pas moins que les travailleurs parfois absents, ou bien souvent en retard, ou encore prématurément repartis chez eux, ne sont point regardés comme disponibles. Or pour l'employeur, le défaut de disponibilité constitue précisément un défaut (290).

La sanction alors éventuellement endurée par le travailleur élu est insidieuse : la stagnation professionnelle. Il est en effet rare que la rétorsion patronale prenne la forme d'un licenciement ; car celui-ci apparaît risqué (juridiquement). À savoir, son annulation, une réintégration dans l'emploi, des dommages-intérêts, etc.

118. - La réintégration et des indemnités pour le salarié en cas d'autorisation annulée.

Lorsqu'à la suite de l'inspecteur du travail ou du ministre du travail le juge administratif estime que le licenciement voulu par un employeur est justifié, son collègue de l'ordre judiciaire ne peut le contredire en jugeant que le licenciement intervenu serait sans cause réelle et sérieuse. Comme dit la Cour de cassation (03 mai 2011), « *les mêmes faits ne peuvent être appréciés différemment par le juge judiciaire* » (291).

En revanche, la juridiction prud'homale demeurera fondée à apprécier la gravité de la faute en cause. Car des

---

289) La cassation a été encourue sur la base des articles L1132-1, L1134-1 du code du travail et L412-2 de ce même code alors applicable au litige, aujourd'hui article L2141-5.

290) Dans l'espèce ci-dessus, c'est bien une indisponibilité pour cause d'activités syndicales qui était déplorée.

291) Cass. Soc., 3 mai 2011, n° de pourvoi : 09-71950, Bulletin.

conséquences financières différentes y sont attachées ; notamment quand la faute n'est pas seulement grave, mais aussi lourde. Sachant que la faute lourde s'analyse comme une faute grave commise exprès ; directement pour porter préjudice à autrui ; particulièrement pour nuire à son employeur.

Deux principes juridiques se dégagent donc : éviter la contrariété de jugements entre les deux ordres de juridiction ; mais pouvoir apprécier la faute dans chacune des deux. Ces principes ont par exemple été soulignés par la Cour de cassation (03 mai 2011) dans un arrêt qu'elle aura même publié dans son bulletin (292).

En l'espèce, « *la cour d'appel [...] a exactement décidé que [...] l'employeur devait être condamné à payer au salarié l'indemnisation du préjudice subi du fait de son exclusion de l'entreprise à compter de son licenciement jusqu'à l'expiration du délai de deux mois prévu par l'article L. 2422-4 du code du travail* » (293).

La justesse de la décision de la cour d'appel venait de ce qu'elle avait constaté une annulation par le tribunal administratif (08 décembre 2005) de l'autorisation administrative de licencier (délivrée le 6 octobre 2003). Dès lors que cette annulation était devenue définitive (pas ou plus du tout de recours), il n'en subsistait alors certainement rien.

L'on pouvait dire rétrospectivement que l'employeur avait procédé au licenciement sans l'indispensable autorisation. De sa part, il s'agit de la commission au minimum d'une faute civile indemnisable.

---

292) Bulletin 2011, V, n° 106.

293) Cass. Soc., 3 mai 2011, n° de pourvoi : 09-71950, Bulletin.

Encore une fois, une fois le licenciement annulé, le salarié pourrait reprendre son emploi (réintégration). De plus, un rappel de salaires lui sera reconnu, « *peu important qu'il ait reçu des salaires ou revenus de remplacement pendant cette période* » (294). Malheureusement, il arrive que le licenciement ne soit pas nul, et présente même une cause réelle et sérieuse. La surprotection du salarié pourrait alors avoir du plomb dans l'aile.

2. – La neutralisation de la surprotection du salarié élu

119. – L'absentéiste devenu syndicaliste par peur du licenciement prochain.

En octobre 1976, le SIEUR BASANTA avait reçu « *des avertissements de l'employeur pour absences injustifiées et des retards dans l'exécution du travail* ». Peu de temps après, il avait été convoqué à un entretien préalable à son licenciement (295). Or dans l'intervalle (4 octobre 1976) le syndicat CGT l'avait désigné comme délégué syndical dans la SOCIÉTÉ BUHLER-MIAG, son employeur. Ce qui pouvait compromettre le prononcé d'une sanction.

En réaction, cet employeur aura plaidé (vainement) devant le tribunal d'instance de Courbevoie (13 janvier 1977) que cette nomination était une manœuvre faite pour contrecarrer le licenciement projeté. Heureusement pour lui, la Cour de cassation (05 juin 1977) aura annulé le jugement.

---

294) Gilles AUZERO, Dirk BAUGARD et Emmanuel DOCKÈS, Droit du travail, Précis Dalloz, 2018, n° 360.

295) La rédaction de l'arrêt ne permet pas de s'indigner de la volonté d'aller au licenciement après avoir initialement des agissements au moyen d'un avertissement. Sans doute, le salarié avait-il commis des faits répréhensibles supplémentaires…

La cassation est survenue au regard de deux éléments (manquants) qui auraient dû alerter les juges du fond. D'une part, « *le tribunal n'a relevé aucune activité syndicale de Basanta* » ; d'autre part, il n'a décelé « *aucune manifestation de la part de la CGT d'une intention de le désigner avant sa convocation en vue du licenciement* » (296). Le licenciement aura été possible ; de la même façon que dans ce troisième cas.

120. – Le licenciement du syndicaliste pour trop d'absences injustifiées.

Dans une affaire, la cour administrative d'appel de Marseille (10 juillet 2012), avait rejeté la demande d'une salariée protégée. Une demande qui tendait à l'annulation de l'autorisation de licenciement délivrée à son encontre. Car sa sanction avait été approuvée pour « *un important absentéisme non-justifié* ».

Dès lors, la cour marseillaise, « *qui ne s'est pas fondée sur les absences justifiées de la salariée, n'a pas commis d'erreur de qualification juridique en estimant que les faits reprochés à l'intéressée constituaient une faute de nature à justifier une mesure de licenciement* » (297). Autrement dit, l'absentéisme excessif, même d'un salarié élu, est punissable au moyen de la sanction la plus sévère, c'est-à-dire le licenciement. La surprotection offerte au salarié malade appelle la même observation.

---

296) Cass. Soc., 5 juin 1977, M. Basanta, N° de pourvoi : 77-60122.
297) Conseil d'État, 19 septembre 2014, N° 362660, SOCIÉTÉ AMADEUS.

B. – La surprotection du malade contre le licenciement

121. – L'abandon de principes généraux du contrat pour la protection des salariés.

Dans un contrat synallagmatique ou bilatéral, chacune des parties s'oblige à quelque chose au profit de son cocontractant. Dans le contrat de travail, le travailleur s'oblige à mettre sa force de travail à la disposition de l'employeur, tandis que celui-ci s'oblige à verser en contrepartie un salaire à celui-là. Ne pas fournir la prestation promise est normalement une faute contractuelle susceptible de compromettre la survie du contrat et, plus encore, d'appeler le versement de dommages-intérêts contractuels au partenaire déçu.

Bien sûr, « *à l'impossible nul n'est tenu* ». Ainsi, quels motifs, en particulier les cas de force majeure, conduisent à l'exonération du débiteur. Mieux, le contrat de délégation de service public fait une place au cas de bouleversement économique rendant excessivement onéreux la continuité du service public promis à l'autorité administrative délégante. Cette dernière soutiendra l'association ou l'entreprise délégataire en lui versant une subvention.

Une aussi favorable exception à l'obligation d'assumer son engagement contractuel se retrouve dans le contrat de travail. Car l'absentéisme du travailleur, même préjudiciable à l'activité de son employeur, n'est point une faute, si c'est une maladie qui justifie la regrettable indisponibilité. Cette façon de pensée, qui préserve le salarié malade des conséquences douloureuses que devrait emporter sa défaillance, constitue l'aboutissement d'une évolution récente (1.). Encore que des failles subsistent dans cette protection du malade absentéiste contre une rétorsion de l'employeur (2.).

1. – L'évolution de la société vers l'indifférence de l'absentéisme dû à la maladie.

122. – Le compromis social relatif à l'absentéisme pour maladie. La maladie est un motif courant d'absentéisme et donc d'indisponibilité du travailleur. Autrement dit, dans l'intervalle, sa force de travail ne pourra profiter aux activités programmées par son employeur. Celui-ci a-t-il dès lors le droit de se débarrasser du malade devenu inutile économiquement parlant ? Non. Mais au lieu d'être rompu, son contrat de travail sera (seulement) suspendu (298).

Selon trois auteurs d'un célèbre manuel de droit du travail, « *jusqu'à la fin des années 1980, les juges décidaient que la rupture du contrat de travail d'un salarié en raison de son absence prolongée n'était pas imputable à l'employeur ; il ne s'agissait pas d'un licenciement ; en particulier, le salarié n'avait pas droit à une indemnité de licenciement, légale ou conventionnelle* » (299).

Le Code du travail (article L1132-1) considère comme une discrimination illicite le licenciement d'un salarié malade. Depuis une loi du 12 juillet 1990, licencier son salarié parce qu'il serait maladif (chronique) constitue une discrimination pénalement poursuivie. Au total, la question du licenciement du salarié sur la base de son état de santé (source d'absentéisme) concerne à la fois le droit des discriminations et les droits fondamentaux.

---

298) Emeric JEANSEN, Fasc. 28-20 : Maladie, JurisClasseur Travail Traité, 15 Janvier 2018, n° 60.

299) Gilles AUZERO, Dirk BAUGARD et Emmanuel DOCKÈS, Droit du travail, Précis Dalloz, 2018, n° 360.

123. – Le licenciement envisageable de l'absentéiste à la base d'une désorganisation.

La jurisprudence valide le licenciement de blessés ou de malades longuement ou régulièrement absent de leur poste de travail (300). Des conditions sont posées à cette possibilité : d'une part, la désorganisation de l'entreprise par l'absence ; d'autre part, la nécessité du remplacement pur et simple de l'intéressé (301).

Toutefois, quand la maladie s'allonge, ou bien lorsqu'elle dégénère en une inaptitude particulière, elle deviendra vraisemblablement une cause réelle et sérieuse de licenciement. Le droit positif distingue les conséquences négatives entraînées par la maladie longue et/ou grave, laquelle désorganise la structure de travail, et les conséquences (supposée moins nuisibles) de la maladie brève et/ou bénigne (302).

Le sort fait à l'absentéiste malade (en sanctionnant) apparaîtra d'autant plus fautif qu'il violera le droit fondamental à la protection de la santé. Car c'est (finalement) un droit garanti ; notamment par la Constitution de 1946 (alinéa 11 de son préambule) ; et par des textes postérieurs. Un tel licenciement attentatoire aux libertés sera nul. Ou tout au moins annulable, si le salarié portait l'affaire en justice.

Sans doute que si le contrat de travail du malade n'en était encore qu'à sa période d'essai, l'employeur pourra-t-il le rompre sans la moindre explication (de sa part). En vérité,

---

300) Idem.

301) Fanny DUMAYROU, Le reflux de la protection de l'emploi du salarié malade, Revue de droit du travail 2016 p.678.

302) Catherine PUIGELIER, La maladie et le contrat de travail, La Semaine Juridique Entreprise et Affaires n° 43, 25 Octobre 1990, 15890.

dans ce laps de temps-là, les deux cocontractants (du contrat de travail) sont libres de prématurément mettre fin à leur relation économique.

Même après cette période, mais sous réserve du préavis à exécuter, le salarié dispose du droit de démissionner (303). L'employeur se trouve en revanche plus contraint que le salarié dès lors que la période d'essai s'est bien passée. Il semble devoir le conserver aussi longtemps qu'il n'aura pas démissionné. L'employeur devra d'autant plus se montrer patient que le salarié aura été pendant longtemps à son service. L'ancienneté confère des droits que le nouveau salarié aura lui aussi progressivement (304).

124. - Le licenciement du malade en incapacité en cas de reclassement impossible.

La résiliation unilatérale par l'employeur n'est possible que lorsque le médecin du travail conclut à une inaptitude absolue. Ce qui parfois arrive. Car se révèleront parfois comme insuffisantes les tentatives de maintien de l'intéressé au travail. Les mesures adoptées consistent notamment en des contre-indications dans les missions confiées, et/ou en la mise en place d'aménagements pour une meilleure ergonomie du poste de travail (305).

---

303) Thibault LAHALLE, Conditions d'attribution d'indemnités complémentaires, La Semaine Juridique Social n° 23, 2 Juin 2009, 1238.

304) Code du travail, article L1233-5 ; Conseil d'État, Ordre des licenciements dans un plan de sauvegarde de l'emploi (n° 456091), AJDA 2024. 885

305) Pierre-Yves VERKINDT, Licenciement en raison de l'état de santé : importance de l'avis médical d'inaptitude, Note sous Cass. soc., 14 juin 2007, n° 06-43.443, F-D, Hansali c/ SA Sylvania Lighting

Selon la convention collective applicable, l'attente peut s'étaler sur une durée de six mois. En l'occurrence, peu importe donc la désorganisation de la structure de travail et la nécessité d'un remplacement définitif du salarié malade.

Le sort de l'ex-salarié ne quittera pas pour autant définitivement l'esprit de l'employeur. Car il pourra prétendre en priorité au poste (adéquat pour lui) qui serait libéré ou créé chez cet employeur.

125. - La spécificité des absences pour accident du travail, maladie professionnelle et grossesse.

Une fois licencié, peut-être le salarié pourra-t-il quand même trouver un emploi ailleurs. Sinon, il relèvera dorénavant des aides sociales pour survivre. Ce qui parait révoltant lorsque l'inaptitude (voire l'incapacité professionnelle) est imputable à l'employeur (306).

Voilà pourquoi, pendant la suspension du contrat de travail, pour accident du travail (AT) ou pour maladie professionnelle (MP), une notification de licenciement est impossible. Tout au moins sur le fondement du problème de santé et de ses conséquences

L'évolution remonte au milieu des années 1970. Puis cette législation bienveillante aura été étendue même aux malades et accidenté sans lien avec le travail. Il y a même,

---

Internationa, La Semaine Juridique Social n° 37, 11 Septembre 2007, 1670.

306) Notons toutefois que l'employeur aura préalablement cotisé pour une socialisation de la prise en charge des ATMP.

pour tous, un droit au reclassement à un poste conforme à la nouvelle situation de santé (307).

La protection se prolonge durant la période de rééducation, ou de réadaptation, ou de formation professionnelle du salarié victime d'un accident du travail (AT) ou d'une maladie professionnelle (MP) (308). Néanmoins, une procédure de licenciement est susceptible d'être engagé (dans les délais légaux) par l'employeur qui aura découvert une faute grave du salarié actuellement en mauvaise santé.

À cet égard, la femme enceinte (laquelle n'est pas forcément une malade) risque pareillement une procédure disciplinaire pour ses fautes indépendantes de son état de future mère (309). La grossesse et la maladie ne constituent donc pas des totems d'immunité pour l'absentéisme indépendant de la grossesse (310). La jurisprudence le rappelle volontiers à l'occasion de divers litiges dans lesquels l'employeur entend licencier un(e) salarie(e) malade.

---

307) Code du travail, article L1226-9. Cf. Fanny DUMAYROU, Le reflux de la protection de l'emploi du salarié malade, Revue de droit du travail 2016 p.678.

308) Code du travail, article L1226-7.

309) Catherine PUIGELIER, Une faute grave non liée à l'état de grossesse justifie le licenciement d'une femme enceinte, La Semaine Juridique Social n° 25, 17 juin 2008, 1354.

310) Gilles AUZERO, Dirk BAUGARD et Emmanuel DOCKÈS, Droit du travail, Précis Dalloz, 2018, n° 361.

2. – Les velléités de licenciement d'absentéistes pour maladie

126. – La neutralité de l'absentéisme désorganisateur.

Selon un arrêt de rejet (22 juin 2017), lequel aura approuvé un arrêt confirmatif de la cour d'appel de Douai (26 février 2016), une ouvrière avait été licenciée par la SOCIÉTÉ MACO PRODUCTIONS. Une violente séparation après 13 années de collaboration. L'employeur avait pensé que « *ses absences prolongées et répétées désorganisaient l'entreprise et nécessitaient son remplacement définitif* » (311).

C'est vrai que la salariée était régulièrement absente ; à cause de ses problèmes de santé. Ainsi, durant les années 2012 et 2013, elle avait très peu travaillé. Mais c'est d'une maladie professionnelle qu'elle souffrait (312). En fait, dans cette structure de travail, les agents de maîtrise signalaient inlassablement un absentéisme récurrent, surtout dans l'équipe de nuit (de 38 salariées).

Or selon le responsable de production, l'absentéisme inopiné du personnel engendrait une chute des quantités prévues. D'un autre côté, cet absentéisme stressait les collègues (de l'absentéiste) inquiets du ratage probable de leurs objectifs collectifs. Sachant que certaines primes dépendent de l'atteinte collective d'objectifs.

De plus, se trouvait compromise la rotation efficace sur les postes de travail. D'où la tentation de l'employeur de se débarrasser du "*poids mort*". Ce qu'il amorça le 25 juillet 2013 au moyen d'une convocation à un entretien préalable au licenciement.

---

311) Cass. Soc., 22 juin 2017, N° de pourvoi : 16-16.036, SOCIÉTÉ MACO PRODUCTIONS.

312) C'était une affection périarticulaire (du poignet et de la main gauche) suite à des gestes répétitifs.

Problème : le 07 juillet déjà, l'intéressé avait repris le travail et n'avait plus manqué depuis. Trop tard donc ; oui, il était certainement trop tard pour concrétiser le projet de remplacement définitif de la malade chronique. Certes, lors de ses absences, l'employeur recrutait provisoirement de nouveaux salariés (CDD, intérim).

En tous cas, le licenciement voulu devenait sans cause réelle et sérieuse. Pire, celui-ci pouvait paraître inspiré par la crainte de futures absences pour maladie. Or sauf exception, aucun licenciement ne peut reposer sur la seule maladie du salarié. Et, moins encore, sur une maladie et un absentéisme corrélatif ayant apparemment pris fin. Du reste, l'échec d'une telle mesure managériale se profile lorsque, comme dans l'arrêt prochain, l'entreprise n'aura point subi de dysfonctionnement.

127. – L'impuissance en cas d'irrespect des heures de sortie.

Un agent d'entretien avait souvent été en arrêt de travail pour maladie. C'est pourquoi son employeur le licencia en avançant deux explications. D'une part, la pluralité des absences pour maladie. D'autre part, l'irrespect (par le convalescent) des créneaux horaires de sortie impartis par le médecin traitant (313).

En réaction, le salarié aura saisi la juridiction prud'homale. Il contestait naturellement le bien-fondé du licenciement, et espérait en conséquence des dommages-intérêts, pour licenciement sans cause réelle et sérieuse.

---

313) Effectivement, ce salarié s'était trouvé à l'extérieur de chez lui à deux reprises au moins, en violation des plages horaires pour d'éventuelles sorties.

Les sommes en question n'avaient pas encore à être calculées en application du *barème Macron*, lequel sera apparu une vingtaine d'années plus tard. Ce barème comporte une fourchette de mois de salaires (un minimum et un maximum) au profit du salarié victime d'un licenciement abusif. Cette délimitation financière offre une sécurité juridique aux acteurs.

Il apparaît toutefois un risque marginal d'iniquité à l'égard de quelques salariés (314). Justement, la cour d'appel de Douai (30 avril 1997) aura admis que l'agent d'entretien ne pouvait être licencié sur la seule base du nombre de ses absences.

Et la Cour de cassation (27 juin 2000) aura pareillement approuvé ces juges du fond d'avoir « *écarté à juste titre le grief tiré des absences pour maladie dont l'employeur ne prétendait pas qu'elles aient désorganisé l'entreprise* ».

Néanmoins, la cassation sera quand même advenue. La raison est que les conseillers douaisiens avaient admis le licenciement au motif que le salarié aura eu le tort de se « *trouver absent de son domicile sans circonstances exceptionnelles* ». En vérité, proclama (à l'époque) la Cour : « *les obligations du salarié à l'égard de la sécurité sociale et*

---

314) « *L'encadrement des indemnités de licenciement sans cause réelle et sérieuse a fait l'objet ces dernières années de nombreuses controverses portant sur son éventuelle inconventionnalité. Sous l'impulsion de la pratique, la réflexion s'est aujourd'hui déportée sur les moyens de contourner le barème, sans toutefois éteindre définitivement tout questionnement relatif à sa validité* » (Amélie ALBY BONARDI, L'indemnisation de la rupture depuis l'entrée en vigueur du barème Macron : entre contournement et inconventionnalité, La Semaine Juridique Social n° 17, 30 avril 2024, 1141).

tenant aux heures de sortie autorisées ne peuvent justifier son licenciement » (315).

Encore que le déficit continuel de la Sécurité sociale (ou de ses composantes) conduise à une officielle collaboration contre l'absentéisme entre les employeurs et la CPAM ; tous suspicieux en cas d'arrêt maladie. Un auteur indique en ce sens que : « *Le déficit de l'assurance maladie étant ce qu'il est, il est compréhensible que les efforts se portent d'abord sur les arrêts pris en charge par ce régime. Il ne faut cependant pas oublier que le régime « accidents de travail » est lui aussi en déficit ; le renforcement des contrôles se justifie donc pleinement tant de la part des caisses que de la part des employeurs qui sont les financeurs quasi exclusifs du régime* » (316).

128. – L'impuissance au cas de contrat de travail suspendu.

Comme déjà dit, le licenciement du salarié malade se conçoit dans le cas où l'absentéisme aurait désorganisé la structure de travail. Dans l'espèce ci-dessus, la réaction patronale ne pouvait être disciplinaire, mais plutôt financière (suspension du complément patronal aux IJSS, voire remboursement). D'autant plus que la convention collective applicable prévoyait seulement la suppression (partielle ou totale) de cette indemnisation complémentaire versée par l'employeur.

Mieux, le licenciement était injustifié (ou abusif) parce que tout arrêt maladie conduit à une suspension du contrat

315) Cass. Soc., 27 juin 2000, n° de pourvoi : 98-40952, Bulletin 2000 V N° 249 p. 194.

316) Marcel VOXEUR, Durée des arrêts en accident de travail : les CPAM sont protégées du contrôle des employeurs, La Semaine Juridique Social n° 6, 7 février 2012, 1051.

de travail. Dans une telle occurrence, le salarié n'a presque plus d'obligations envers son employeur. Il n'existe conséquemment plus de possibilité d'une faute disciplinaire à sanctionner.

Il est vrai qu'une hypothèse est mise de côté par la Cour de cassation (27 mai 2000) ; c'est l'hypothèse où (il) serait soutenu « *que le salarié avait commis un acte de déloyauté* » (317).

129. – L'efficacité moindre du VRP malade.

Un employeur n'a pas compris pourquoi la cour d'appel de Paris (18 décembre 1990) avait pu juger sans cause réelle et sérieuse le licenciement qu'il avait décidé contre l'un de ses salariés. Surtout que dans leur propre arrêt, ces conseillers parisiens avaient bel et bien constaté que le salarié avait souvent été absent ; et longtemps au surplus.

Certes, la cause des interruptions litigieuses du contrat de travail était la maladie. Des interruptions plutôt longues : neuf mois en 1987 ; six mois en 1988 ; et déjà tout le mois de janvier 1989. Il faut savoir que le licenciement aura eu lieu le 27 février 1989.

D'où la pétition de principe de l'employeur, selon laquelle il « *n'était pas tenu de conserver un représentant [de commerce] dont l'absentéisme était répété et prolongé, quelle qu'en soit la cause, et dont le chiffre d'affaires était en baisse*

---

317) Encore que « *l'exercice d'une activité pendant un arrêt de travail provoqué par la maladie ne constitue pas en lui-même un manquement à l'obligation de loyauté qui subsiste pendant la durée de cet arrêt* » (Christophe VIGNEAU, Obligation de loyauté du salarié en arrêt maladie, La Semaine Juridique Entreprise et Affaires n° 20, 15 Mai 2003, 764).

constante ». Le pourvoi formé contre l'arrêt n'aura pas cependant prospéré.

Plus précisément, la Cour de cassation (15 juin 1995) se sera abritée derrière l'appréciation souveraine des juges du fond. Il n'empêche que cette appréciation a semblé correcte (réalité de l'absentéisme). Mais ses conséquences juridiques n'auront pas été tirées (validation du licenciement).

En tous cas, la Haute juridiction énonça que : « *par une appréciation souveraine des éléments de fait et de preuve qui lui étaient soumis* », les juges du fond ont pu valablement décider « *que le licenciement, fondé sur un motif inexact, était dépourvu de cause réelle et sérieuse* » (318). Des faits inexacts (relativement au caractère fautif) concernent aussi l'arrêt suivant.

130. – La prescription et la maladie comme échappatoires.

Un certain monsieur DURANDO avait été licencié par la SOCIÉTÉ D'INTERVENTION TECHNIQUE, « *pour faute professionnelle due à un absentéisme trop fréquent* ». La cour d'appel d'Aix-en-Provence (23 janvier 1980) invalida ce licenciement ; et la Cour de cassation (6 mai 1982) l'en aura approuvé. Pourtant, l'intéressé avait déjà reçu un avertissement (23 février 1977) pour des absences répétées.

Néanmoins, son inassiduité postérieure s'expliquait par une maladie. Le rejet du pourvoi de l'employeur ne pouvait que s'ensuivre subséquemment. Il se trouve que les absences « *antérieures au 23 février 1977 n'avaient pas entraîné son*

---

318) Cass. Soc., 15 juin 1995, société Euro Publi "Marcel Z...", n° de pourvoi : 91-40837.

licenciement, et que celles postérieures à cette date n'avaient pas été fautives » (319).

L'intéressé aura bénéficié d'une sorte de prescription des poursuites disciplinaires. Le délai pour sanctionner est de trois mois à l'encontre des salariés, mais de trois années pour les agents publics. Les travailleurs des services publiques industriels et commerciaux (ou sociétés d'État) relèvent presque tous de la première catégorie. Néanmoins, des juges n'auront pas songé à la prescription dans une affaire.

131. - La rigueur d'antan d'Air France contre le malade.

Le règlement du personnel d'AIR-FRANCE résultant d'un arrêté prévoyait que « *l'agent dont les absences pour raisons de santé prennent du fait de leur fréquence un caractère habituel et apportent au fonctionnement du service une gêne indiscutable peut être licencié* » (320).

La cour d'appel de Paris (6 juin 1964) avait dès lors maintenu le licenciement d'un agent malade. Même s'il avait en réalité été victime d'un accident du travail, lequel l'avait immobilisé du 16 octobre 1962 au 18 janvier 1963.

La raison est que « *cette absence avait été précédée de plusieurs autres, soit pour maladie, soit pour un accident sans relation avec l'exécution du travail* ». Concrètement, l'intéressé avait été absent de cette façon : 93 jours en 1959 ; 150 jours en 1960 ; 116 jours en 1961 ; 171 jours en 1962.

---

319) Cass. Soc., 6 mai 1982, n° de pourvoi : 80-40784, Société d'Intervention Technique, Bulletin des arrêts, n° 282.

320) A cette époque-là Air-France n'était pas encore une société anonyme à dominante privée. Or, dans une telle société publique, le règlement intérieur était un arrêté ; un arrêté susceptible d'être contesté devant le tribunal administratif, et non pas devant le conseil de prud'hommes.

Saisie à son tour, la Cour de cassation (19 juillet 1965) avait rétorqué au salarié (ARTERO) que « *l'absentéisme habituel pour raison de santé pouvait, comme l'insuffisance professionnel, être une cause de rupture de contrat lorsqu'il apportait une gêne indiscutable au fonctionnement du service* » (321). Cette jurisprudence ancienne est constamment réaffirmée.

C'est le moment de rappeler que le droit du travail a commencé par protéger la santé du salarié avant de s'intéresser à la protection de son emploi (322). Aujourd'hui, il convient par ailleurs pour les employeurs d'inclure les personnes en situation de handicap dans leurs effectifs (323). Ensuite, une protection privilégiée leur est assurée. La jurisprudence ci-dessous illustre ce propos.

132. – L'avis pour un licenciement du handicapé.

À l'issue d'un arrêt de travail pour maladie, un salarié avait été déclaré par le médecin du travail (15 décembre 2009) comme étant apte à reprendre son emploi. Une reprise toutefois dans le cadre d'un "*mi-temps*" thérapeutique ; et sans aucun port de charge.

---

321) Cass. Soc., 19 juillet 1965, Publié au bulletin, N° 593.

322) C'est la jurisprudence qui a ouvert ce second front protecteur à partir de 1934. Il s'est agi d'affirmer que le contrat de travail du malade ne devenait pas caduc, mais qu'il était simplement suspendu pour reprendre à la guérison.

323) Laure LAVOREL, Matthieu JUGLAR et Philippe TROTIN, Les juristes et les directions juridiques au cœur de l'inclusion et de l'employabilité des personnes en situation de handicap, La Semaine Juridique Entreprise et Affaires n° 17-18, 28 avril 2022, 1171.

Six mois plus tard (juillet 2010), ce salarié fut néanmoins reconnu comme travailleur handicapé. Encore six mois plus tard, l'employeur l'informa (9 décembre 2010) d'une modification de ses horaires à compter du 13 décembre 2010.

Puis, près d'un mois après (5 janvier 2011), le handicapé fut licencié pour faute grave. Cette faute consistait en l'inobservation des horaires de travail et des consignes, ainsi qu'en un comportement cavalier à l'égard du supérieur hiérarchique.

Alors l'intéressé entendit faire condamner la SOCIÉTÉ ND LOGISTICS, son employeur. La cour d'appel d'Orléans (3 avril 2014) lui donna gain de cause en se fondant sur le statut (nouveau) de handicapé dont il pouvait dorénavant se prévaloir (324). C'est vrai que le licenciement d'une personne en situation de handicap devait recevoir l'avis d'une commission spécialement réunie.

En cas de désaccord lors d'une telle réunion extraordinaire, l'arbitrage de l'inspecteur du travail devait être sollicité. À cette occasion, la Cour de cassation (02 décembre 2015) jugea qu'il s'agissait d'une « *garantie de fond* » (325). Or le licenciement du salarié avait été prononcé sans saisine préalable de cette commission.

---

324) « *Les préjugés entourant le handicap ont la vie dure, en particulier dans le cadre professionnel. L'inclusion professionnelle des personnes porteuses de handicap serait d'autant plus aisée que les responsables de l'organisation du travail seraient formés à l'accueil de ces travailleurs singuliers dans leurs services* » (Laëtitia DRIGUEZ, Discrimination en raison du handicap, Europe n° 12, Décembre 2021, comm. 455).

325) Cass. Soc., 2 décembre 2015, n° de pourvoi : 14-18534, ECLI : FR : CCASS : 2015 :SO02078, Bulletin 2016, n° 841, Soc., n° 598.

Chapitre 2. - Les *''sanctions morales''* pour absentéisme

200. – L'appel étonnant au concept de sanctions morales.

Le travailleur absentéiste (par malice ou paresse) ne saurait attendre de sa hiérarchie félicitations et encouragements. Bien au contraire, il encourra des sanctions. Pour le juriste, celles-ci sont logiquement juridiques (emprisonnements, amendes, etc.) et non pas morales (remords, honte, réprobation populaire, etc.). Précisément, le lecteur peu averti s'étonnera de ce qu'un chapitre entier soit consacré à des sanctions prétendument morales que l'on appliquerait aux travailleurs pour défaut d'assiduité.

Il n'empêche que la doctrine universitaire ainsi que les praticiens du droit invoquent souvent des sanctions morales en matière disciplinaire. Celles-ci en constitueraient les strates les moins rigoureuses à l'encontre de la mauvaise volonté dans l'occupation de son poste de travail.

De fait, elles s'inscrivent dans une sorte de tête-à-tête entre l'employeur et son travailleur défaillant (Section 1). Il peut toutefois arriver que ces sanctions morales soient externalisées et prennent la forme d'une exposition de l'individu absentéiste à la réprobation populaire (Section 2).

Section 1. – La discrétion classique de la sanction morale.

201. – La volonté unilatérale de l'employeur et du salairé.

Un dialogue énergique s'engage généralement entre l'employeur mécontent et le travailleur absentéiste. Il s'agit de l'amener à une autocorrection rapide (§ 1.). Avant ou après l'entrevue, l'employeur se livre souvent à un dialogue avec lui-même (un soliloque) sur l'absentéisme et son anéantissement. De sa réflexion découle alors parfois des mesures proches de l'illégalité (§ 2.).

§ 1. – L'exigence d'une autocorrection à l'absentéiste

202. – L'hostilité aux sanctions morales même neutres.

Compte tenu de son pouvoir de direction du collectif de travail, l'employeur semble légitime à pouvoir souhaiter ou même à exiger l'autocorrection de ses personnels défaillants. Il ne sévira donc pas toujours immédiatement, préférant le dialogue. L'échange aura néanmoins un caractère officiel ; au point d'être considéré comme une sanction, une sanction morale (A.). Quelquefois, la démarche pourtant conciliante de l'employeur ne reçoit pas un accueil favorable de la part des intéressés. Il arrive ainsi que des absentéistes vivent mal le discoure correctif délivré par l'employeur (B.).

A. - Le doute entre sanction disciplinaire et sanction morale

203. - Le contours des sanctions applicables au travailleur.

Le droit est une série de notions et de concepts que les justiciables et leurs juges doivent comprendre. Alors, la notion de sanction a besoin d'explications ; même s'il est courant de parler de sanctions disciplinaires dans le monde du travail. D'ailleurs, celles-ci ne se confondent pas forcément avec les sanctions morales. En tous cas, les unes et les autres ne sauraient être infligées à la légère et n'importe comment. Des procédures existent en effet ; et leurs acteurs sont prédéterminés.

Cela étant, chacun peut logiquement se dire que les sanctions morales viennent avant d'éventuelles sanctions disciplinaires. En revanche, il est beaucoup moins intuitif de savoir si les sanctions morales sont (en tous les cas) un passage obligé préalablement à des mesures disciplinaires fortes.

204. - La sanction d'après le Code du travail.

C'est en creux que la législation laisse entrevoir ce qu'est une sanction morale. En caricaturant, il s'agit d'une non-sanction. Aux termes du Code du travail (art. L1331-1), le législateur dispose que : « *Constitue une sanction toute mesure, autre que les observations verbales, prise par l'employeur à la suite d'un agissement du salarié considéré par l'employeur comme fautif, que cette mesure soit de nature à affecter immédiatement ou non la présence du salarié dans l'entreprise, sa fonction, sa carrière ou sa rémunération* ».

Il ajoute dans une autre subdivision de ce Code (art. L1332-2) que : « *Lorsque l'employeur envisage de prendre une sanction, il convoque le salarié en lui précisant l'objet de la convocation, sauf si la sanction envisagée est un avertissement ou une sanction de même nature n'ayant pas d'incidence, immédiate ou non, sur la présence dans l'entreprise, la fonction, la carrière ou la rémunération du salarié* ».

Une place à part est ainsi donc faite par le législateur aux observations verbales, à l'avertissement et aux sanctions de même nature. L'explication est que de telles mesures patronales ne font pas grief (un peu comme le dirait le juge administratif). Peut-être sont-elles alors des sanctions morales !

205. – La rareté de la définition des notions dans les codes.

Ni le Code du travail, ni la jurisprudence correspondante, ne semblent se préoccuper de la définition à donner aux sanctions morales. Au fond, le faut-il vraiment de la part des autorités (326) ? Certes, le Code civil de 1804, lui, renferme la définition des mécanismes qu'il réglemente. En l'occurrence, le fait de s'être appuyé sur les manuels de Pothier et d'autres jurisconsultes aura beaucoup aidé ses rédacteurs.

Néanmoins, dans le Code de commerce, ils auront échoué à définir le commerçant. Effectivement, ils renvoyèrent au fait d'accomplir des actes de commerce. Or ces actes eux-mêmes n'étaient nul part résumés par une formule générique. De tels renvois et imprécisions fourmillent dans la législation ; y compris le Code du travail.

---

326) Cédric HÉLAINE, L'appellation de « steak végétal » devant la Cour de justice, D.A. 8 octobre 2024 ; C.B., Une circulaire sur la définition des eaux closes, Tourisme et Droit 2008, n°98, p.11.

Au point que « *le conseil de prud'hommes donne son avis sur les questions que lui pose l'autorité administrative [inspection du travail notamment]* » (327). Il faut espérer qu'il s'agit simplement de s'enquérir des difficultés d'application de la législation sociale.

Grosso modo, c'est l'administration qui conçoit cette législation sociale ensuite offerte aux conseils de prud'hommes, lesquels sont composés d'employeurs et de salariés. Or, la principale légitimité de ce praticiens momentanément juges vient de leur élection par des pairs.

Concrètement, ils auront rarement fréquentés une faculté de droit. On finit par en conclure que, tant pour l'édiction des règles que pour leur mise en œuvre, avoir préalablement étudier le droit n'est pas du tout utile. Certes, quelques officines donnent aux intéressés les rudiments indispensables.

206. – L'identification des mesures qualifiables de sanctions.

Le silence du législateur et de la jurisprudence surprend à peine. Il est vrai que l'obligation de clarté des textes est devenue de valeur constitutionnelle ; tout au moins en matière pénale.

Selon le Professeur DUQUESNE (auquel il faut certainement se joindre), *« il est parfois difficile d'évaluer ce qu'est une sanction »* (328). Cette difficulté d'appréciation est concrètement advenue au conseil de prud'hommes

---

327) Code du travail, article L1411-5.

328) François DUQUESNE, Droit du travail 2019, Mémentos LMD, p. 102, Gualino Lextenso. Il professe aussi que : « En droit du travail, ni la faute du salarié, ni la sanction dont celui-ci se trouve menacé, ne font l'objet d'une définition légale ».

d'Abbeville (26 octobre 1987) à propos d'un licenciement à qualifier. L'alternative était : soit il s'agissait d'un licenciement pour faute ; soit c'était un licenciement pour exécution défectueuse du contrat de travail.

En droit, seul le premier cas est considéré comme une sanction. Les juges prud'hommes ont opté pour la seconde branche de l'alternative. Même si, selon l'employeur, le licenciement avait été *« motivé par l'avertissement précédent, par des retards réitérés et des absences non motivées [...] »*. La Cour de cassation a alors tranché que c'est à tort que ces juges du fond avaient cru pouvoir refuser *« d'admettre le caractère disciplinaire du licenciement prononcé »*. C'était donc plutôt une sanction.

L'hésitation s'amplifie sans doute lorsqu'il faut cette fois préciser si la mesure appliquée à une personne est (ou non) une sanction morale. D'autant plus que le Conseil constitutionnel proclame que les principes instituant l'obligation de *« peines strictement et évidemment nécessaires »* (DDHC de 1789, art. 8) *« ne concernent pas seulement les peines prononcées par les juridictions pénales mais s'étendent à toute sanction ayant le caractère d'une punition »* (329).

207. – Une différence entre punition et sanction.

De ce qui précède, il apparait que toutes les sanctions ne sont pas des punitions. Peut-être sont-elles alors des sanctions morales ! (330). C'est par tâtonnement, et donc

329) Décision n° 2016-556 QPC du 22 juillet 2016, point 10.

330) Le théoricien fonde les sanctions du règlement intérieur sur l'idée d'une libre adhésion à un acte, ou bien sur l'application d'un acte unilatéral privé. Le praticien rappelle qu'en tout état de cause,

avec le flou inhérent à une pareille (dé)marche, que nous devrions pouvoir mieux percevoir le sens et la portée de la sanction morale. L'hésitation sur ce qu'il faut considérer comme une sanction porte notamment sur les mutations, lesquelles n'en constitueraient nullement.

À propos de l'hésitation entre l'effet neutre et l'effet préjudiciable d'une mesure de l'employeur à l'égard du salarié, la Cour de cassation (16 décembre 1980) avait censuré un jugement du tribunal civil de Papeete (24 janvier 1979). Cette juridiction du fond avait annulé l'avertissement infligé (le 12 avril 1978) par la SOCIÉTÉ UNION DE TRANSPORTS AÉRIENS à GARCIA (un mécanicien et délégué du personnel) pour retard dans la reprise du travail ; après une pause.

Selon le jugement, *« la faute commise n'avait pas une gravité suffisante pour justifier un avertissement et méritait seulement un rappel à l'ordre »*. Mais, a dit la Cour de cassation, *« en statuant ainsi, le tribunal civil, qui a substitué son appréciation à celle de l'employeur sur la gravité de la sanction de la faute professionnelle dont il constatait la réalité, n'a pas légalement justifié sa décision de ce chef »* (331).

La censure avait été fondée sur l'article 1134 du Code civil, texte alors relatif à la force obligatoire des contrats ; ici le contrat de travail (332). Selon cette approche prétorienne,

---

ces sanctions doivent être connues d'avance par le salarié, et appliquées avec mesure par l'employeur.

331) Cass. Soc., 16 décembre 1980, n° de pourvoi : 79-40757, Bull. n° 901.

332) Cet article 1134 du Code civil y a été éclaté, par une ordonnance de février 2016, en trois nouveaux articles 1103, 1104 et 1193. À l'époque où l'arrêt a été rendu, il disposait : « *Les conventions légalement formées tiennent lieu de loi à ceux qui les ont faites. // Elles ne peuvent être révoquées que de leur consentement mutuel,*

l'avertissement et le rappel à l'ordre seraient des sanctions entre lesquelles l'employeur pouvait choisir. Certes, il se montrerait sévère en optant pour l'avertissement, plutôt que pour le rappel à l'ordre (333).

Quelques années plus tard, le conseil de prud'hommes de Saint-Etienne avait également vu son jugement subir l'annulation. Dans l'affaire, « *pour ramener la sanction de mise à pied prise au mois de février 1983 par la Société Via France à l'encontre de Moha Barri de trois jours à un jour et demi, le Conseil de prud'hommes a énoncé que l'employeur n'avait pas précisé les injures dont il avait fait l'objet de la part du salarié et qu'il n'avait proposé aucune tâche de remplacement à M. Barri, bien qu'il eût mis son personnel en chômage intempéries* ».

Or, a rappelé la Cour de cassation, « *si le Conseil de prud'hommes peut annuler une sanction irrégulière, en la forme ou injustifiée ou disproportionnée à la faute commise, il ne peut la modifier* » (334).

208. – Le statut des observations et autres avertissements.

Comme « *les observations verbales* » ne fragilisent pas le destin professionnel du salarié, elles se rapprochent de l'avertissement. C'est ainsi que la jurisprudence classe aussi le rappel à l'ordre dans les fameuses sanctions « *de même nature* » que l'avertissement.

---

ou pour les causes que la loi autorise. // Elles doivent être exécutées de bonne foi ».

333) Mathilde ICARD et Pauline DELENTAIGNE-LEROY, Le rappel à l'ordre, levier managérial, AJFP 2024. 451.

334) Cass. Soc., 23 avril 1986, n° de pourvoi : 84-40453, Bulletin 1986 V N° 161 p. 127.

Dans ces conditions, au moment de rejeter le pourvoi formulé contre un arrêt de la cour d'appel d'Aix-en-Provence (10 février 2009), la Cour de cassation (14 septembre 2010) avait jugé que : *« la cour d'appel a décidé à bon droit que les lettres de l'employeur qui se bornaient à demander au salarié de modifier son comportement ne constituaient pas une sanction disciplinaire mais un simple rappel à l'ordre »* (335).

C'est donc vainement que l'auteur du pourvoi avait soutenu que *« le simple avertissement, c'est-à-dire l'énoncé d'un ou de plusieurs manquements bien identifiés ainsi qu'une mise en demeure d'en cesser la pratique ou de rectifier la situation, constitue en soi une sanction disciplinaire ».* Cette jurisprudence contredit apparemment la loi considérant comme sanction *« toute mesure, autre que les observations verbales ».* Or, ici, les observations étaient écrites.

De même, le 21 juin 2012, une secrétaire dactylographe avait été passablement agacée de se retrouver devant un local de travail dont l'ouverture lui semblait difficile, sinon impossible. Alors, elle avait décidé *« d'en partir et de revenir deux jours plus tard ».* Cependant, comme de telles absences fantaisistes étaient fréquentes de sa part, l'employeur l'a licenciée. Ce dont elle s'est plaint, ajoutant par ailleurs qu'elle avait reçu des courriers intempestifs susceptibles de faire regarder son employeur comme un harceleur.

Mais elle a été déboutée. Car, peut-on lire dans l'arrêt des conseillers guadeloupéens : *« l'examen des divers courriers adressés à la salariée révèle que ceux-ci sont l'expression du pouvoir normal de direction de l'employeur, celui-ci interrogeant naturellement sa secrétaire sur ses*

335) Cass. Soc., 14 septembre 2010, n° de pourvoi : 09-66180.

absences répétées et injustifiées pour certaines d'entre elles » (336).

209. – La sanction morale dans l'administration.

C'est une jurisprudence à comparer avec la suivante, en matière administrative : Dans une affaire, un agent public, s'était rendu, à plusieurs reprises, dans les locaux du service informatique, pendant et en dehors des heures de travail. Il voulait discuter avec un collègue dès lors distrait de ses tâches administratives ; ce qui était de nature à perturber l'activité du service. Le maire lui avait alors envoyé une lettre par laquelle il lui reprochait ce comportement qu'il fallait en conséquence cesser.

Selon la cour administrative d'appel de Nancy, « *le courrier litigieux, fondé sur le reproche fait au requérant de perturber l'activité du service informatique, comporte une appréciation négative sur la manière de servir de M. A... et a été versé au dossier individuel de l'intéressé. Par suite, il s'analyse comme une mesure disciplinaire susceptible d'être déférée à la juridiction administrative par la voie du recours pour excès de pouvoir* » (337).

210. – Les sanctions morales presque disciplinaires.

Dire si une mesure est un avertissement, ou plutôt un rappel à l'ordre, revêt une importance ; au moins du point de

---

336) Cour d'appel de Basse-Terre, 6 février 2017, Cabinet d'avocat Jocelyn Z, N° de RG : 15/01077.

337) CAA de Nancy, 18 avril 2018, 16NC02021, Cne de La Chapelle Saint-Luc.

vue de la prescription des faits punissables. Car un évènement ayant déjà fait l'objet d'un avertissement ne saurait servir (à nouveau) de base à une sanction. En d'autres termes, et à l'inverse, une sanction patronale est envisageable contre les faits à l'endroit desquels un (simple) rappel à l'ordre aura été fait. Du moins, lorsque s'y rajoutent d'autres fautes, également non encore sanctionnées. Sinon il y a prescription.

La question peut alors ici se poser de savoir comment tirer le meilleur parti possible de l'affirmation selon laquelle une *« peine d'ordre moral […] s'exécute du seul fait de son prononcé »* (338). L'auteure citée songe notamment au rappel à l'ordre. Elle précise que celui-ci n'est pas synonyme de l'avertissement ou de la remontrance. Le problème cependant est que « *la décision figure au dossier du contrevenant* » (339).

Tel est d'ailleurs aussi le cas lorsqu'un notaire subit la censure simple. Elle indique par ailleurs que la censure est aussi « *une sanction purement morale* », voire un « *blâme moral* ». Dans cet esprit, le rappel à l'ordre apparaît comme une sanction déjà subie par le fautif.

211. – La variété des sanctions morales.

Les auteurs sont nombreux à invoquer le concept de sanctions morales. Ainsi, messieurs Jean MOULY et Jean SAVATIER professent-ils que certaines sanctions n'ont pas à suivre les formalités de la procédure disciplinaire. Cela, parce qu'elles n'emportent point de conséquence pour la

---

338) Jeanne DE POULPIQUET, Organisation professionnelle du notariat, Répertoire de droit immobilier janvier 2009, n° 546.

339) Idem.

rémunération ou la carrière du salarié. D'après eux, *« il s'agit donc de sanctions morales »* (340).

Ils songent plus précisément aux observations verbales, et non pas aux avertissements, degré selon eux déjà au-dessus (341). Par ailleurs, des auteurs qui, pourtant, travaillent sur les décisions d'organismes disciplinaires, leur emboîtent le pas ; ils parlent eux aussi de sanctions morales. Certains (qui ont écrit sur les sanctions disciplinaires applicables aux commissaires aux comptes) notent que ces professionnels du chiffre peuvent subir l'avertissement et le blâme, lesquels *« constituent des sanctions morales »* (342).

Pour un autre auteur, les trois catégories de sanctions disciplinaires encourues par les acteurs des marchés financiers sont *« des sanctions morales, professionnelle et pécuniaires »* (343). À cet égard, une annonce de la Commission des sanctions de l'ACPR (7 avril 2014) rappelle son pouvoir disciplinaire à l'égard des organismes

---

340) Jean MOULY et Jean SAVATIER, Droit disciplinaire, Sanctions disciplinaires, Répertoire de droit du travail, Février 2019, n° 147 ; selon ces auteurs, « *les observations se transforment en avertissement dès lors que l'employeur a souhaité formuler des griefs au salarié* » (n° 149).

341) Ils précisent que « *qu'au bas de l'échelle des sanctions disciplinaires se trouvent les sanctions morales, telles que l'avertissement ou le blâme, puis la mise à pied, qui n'a qu'une incidence temporaire* » (n° 146).

342) Didier PORACCHIA et Laure MERLAN, Responsabilité du commissaire aux comptes, Répertoire des sociétés, n° 900 ; Code de commerce, article L822-8.

343) Yann PACLOT, Autorité des marchés financiers, Attributions de l'Autorité des marchés financiers, Répertoire des sociétés, septembre 2014, actualisation juillet 2020, n° 132 ; Hélène AUBRY, Démarchage bancaire ou financier, Répertoire de droit commercial, septembre 2009, actualisation, juillet 2020, n° 175.

d'assurance. On y apprend qu'elle aussi *« peut prononcer trois types de sanction : morale, pécuniaire ou de publicité »* (344).

Une seconde autorité administrative indépendante, la CNIL, peut aider à cerner la notion de sanction morale. Il se trouve que depuis sa création, et jusqu'en 2004, elle se contentait de signaler au parquet compétent les infractions pénales éventuellement constatées. Désormais, a eu à préciser son secrétaire général, la CNIL disposera du pouvoir d'infliger des amendes administratives. Cela étant, rassurait-il, *« l'avertissement, sanction morale traditionnellement utilisée par la CNIL, demeure. Son impact est loin d'être négligeable et nous allons certainement continuer à l'utiliser »* (345).

De même, parlant de la gestion conforme des finances publiques, une auteure énonce que l'amende prononcée par la Cour de Discipline Budgétaire et Financière peut *« se doubler d'une sanction morale figurée par la publication au JO de l'arrêt rendu [...]. L'exemplarité est ici recherchée »* (346).

---

344) ACPR, Comm. sanctions, 7 avr. 2014, proc. n° 2013-03 bis, RGDA avril 2014, n° 110q7, p. 194. L'ACPR est une autorité administrative indépendante qui œuvre au sein de la Banque de France, laquelle est une personne privée chargée d'un service public. ACPR = Agence de Contrôle Prudentiel et de Résolution.

345) Olivia DUFOUR et Christophe PALLEZ, L'exercice du pouvoir de sanction est une révolution culturelle pour la CNIL, LPA 29 sept. 2004, n° PA200419501, p. 3.

346) Stéphanie DAMAREY, Cour de discipline budgétaire et financière, Répertoire du contentieux administratif, mars 2015, n° 483. Elle précise par ailleurs que depuis 1971, sur les 177 arrêts rendus par la CDBF, 121 ont fait l'objet d'une publication. Que cette juridiction ait rendu moins de 200 arrêts en une cinquantaine d'années démontre, soit sa paresse, soit plutôt le strict respect

Au total, selon la source consultée, la sanction morale sera un rappel à l'ordre, un avertissement, un blâme, voire la publicité d'une condamnation. Cela étant, on sait qu'une personne peut manquer à son devoir (par affront, par négligence ou par oubli). Il semble en conséquence logique de songer à réorienter sa volonté vers le respect de ce devoir. En cas d'échec, voire même dès le départ, il est envisageable d'expliquer à la personne le risque professionnel encouru du fait de son éloignement obstiné de la norme.

Le blâme marque la déception ressentie par la hiérarchie, laquelle aura en définitive vainement rappelé à l'ordre ; ou qui aura avertit sans résultat. Ces trois réactions (rappel, avertissement, blâme) constituent des gradations dont aucune n'est cependant un passage obligé. Oui, aucune n'est le préalable au prononcé de l'autre. En d'autres termes, il peut y avoir blâme sans que jamais un avertissement ou un rappel à l'ordre n'aient préexisté.

212. – La prescription des poursuites disciplinaires.

La prescription est un mécanisme juridique basé sur le temps qui se sera écoulé, et en application duquel l'on peut acquérir un bien ou un droit ou, au contraire, les perdre. S'agissant des poursuites et sanctions encourues, le coupable n'a plus à les craindre après l'écoulement d'une durée considérée par le législateur comme étant trop longue. Sous cette seconde acception (de l'éloignement de la sanction), les non-juristes connaissent quelque peu le mécanisme. Il arrive ainsi qu'une personne avoue un fait blâmable ancien en ces

---

des règles budgétaires par les ordonnateurs et par les comptables publics, soit encore les deux à la fois.

termes : « *je peux maintenant le dire, car il y a prescription* ». En droit du travail, « *aucune sanction antérieure de plus de trois ans à l'engagement des poursuites disciplinaires ne peut être invoquée à l'appui d'une nouvelle sanction* » (347). Mais que décider si aucune sanction n'était intervenue dans l'intervalle ? La possibilité d'une sanction aura également disparu ; ce sera donc également trop tard.

En effet, selon le Code du travail (art. L1332-4) : « *Aucun fait fautif ne peut donner lieu à lui seul à l'engagement de poursuites disciplinaires au-delà d'un délai de deux mois à compter du jour où l'employeur en a eu connaissance, à moins que ce fait ait donné lieu dans le même délai à l'exercice de poursuites pénales* ».

213. – La sanction morale comme préalable à la sévérité.

La lecture de la jurisprudence autorise à présenter les sanctions morales (contre l'absentéiste) comme un préalable nécessaire à une sanction plus rigoureuse. C'est-à-dire que la rétrogradation et le licenciement, par exemple, ne devraient pouvoir survenir qu'après un rappel à l'ordre, ou après un avertissement, ou après un blâme.

Les personnes contre lesquelles de semblables mesures sont prises les considèrent rarement avec stoïcisme. Elles s'en émeuvent fortement, malgré l'inexistence d'effet négatif immédiat. Certes, un inconvénient plus ou moins sérieux s'ensuivra éventuellement. En tous cas, des procès sont quelquefois initiés en vue de l'annulation d'un rappel à l'ordre, d'un avertissement ou d'une autre sanction morale.

---

347) Code du travail, article L1332-5.

214. – Le risque d'une tolérance initiale de l'absentéisme.

Le professeur Hugo BARBIER enseigne que « *l'employeur est quant à lui tenu de réagir face à certaines situations en raison de la titularité de son pouvoir de direction et de la protection des droits des salariés* » (348). Son inaction est susceptible de lui être reproché en justice, même lorsqu'enfin il entendrait sévir. La situation se présente parfois en matière d'absentéisme du personnel.

Dans ce cadre, le conseil de prud'hommes d'Oyonnax (18 Avril 2002) avait validé le licenciement d'un absentéiste impénitent. La raison avait été que ses absences, établies par divers témoins et, d'ailleurs reconnus par l'intéressé lui-même, avaient perduré pendant environ trois années. Pour bien se rendre compte de leur fréquence et de leur amplitude, il suffit de savoir que l'absentéiste en question ne daignait faire *« acte de présence qu'une heure par jour environ »* (indiquait le jugement).

Pourtant, l'employeur, qui ne pouvait ignorer cet état de fait, s'était montré *« d'une particulière tolérance, en ne lui adressant aucune mise en demeure ou avertissement »*. Puis, du jour au lendemain, l'employeur (la SARL Horiba France) finit par le sanctionner avec vigueur, au moyen d'un congédiement définitif. Cette réaction a été parfaitement comprise par les premiers juges (349).

Or, nonobstant la violation habituelle et certaine du temps de travail, la cour d'appel de Lyon (4 février 2005) a

---

348) Hugo BARBIER, Le devoir de réaction de l'employeur, Rev. trav. 2025. 102.

349) Sur cette question, Cf. Catherine PUIGELIER, Prescription des poursuites disciplinaires et connaissance des faits reprochés par un supérieur hiérarchique, D. 1998. 53.

réformé leur jugement. Car, y compris dans ce contexte, *« il ne pouvait être brutalement mis fin au contrat de travail pour faute grave, sans préavis ni indemnité de rupture, ni même pour motif réel et sérieux, après plus de vingt ans d'ancienneté à ce niveau élevé de collaboration »* (350). Ainsi, le manque de rappel à l'ordre, et surtout l'ancienneté dans l'emploi, auront joué en faveur de l'absentéiste.

Sans doute cet arrêt lyonnais n'avait-il finalement pas été attaqué par un pourvoi. En revanche, celui de la cour d'appel de Douai (6 octobre 1983), qui s'était déjà prononcé dans le même sens que le conseil de prud'hommes d'Oyonnax (18 Avril 2002), avait été cassé. En l'espèce, (affaire de Sousa), la Cour de cassation (6 juillet 1987) avait jugé que : *« l'employeur ne pouvait se prévaloir comme d'une faute grave, de la répétition de faits qu'il avait tolérés sans y puiser motif de licenciement »* (351).

Par ailleurs, en septembre 2012, la cour d'appel d'Angers avait rendu un arrêt confirmatif reprochant à l'employeur d'avoir procédé directement au licenciement (352). En effet, lit-on dans l'arrêt angevin : *« la société Claas France ne justifie d'aucun rappel à l'ordre personnalisé adressé à cette dernière ».*

215. – Le procès contre une vulgaire sanction morale.

Même si le rappel à l'ordre est à peine une sanction morale, certains justiciables mécontents vont néanmoins

350) C.A. Lyon, 4 février 2005, N° de RG : 02/04265, SARL HORIBA France.

351) Cass. Soc., 6 juillet 1987, n° de pourvoi : 84-44875, M. de Sousa, Bulletin 1987 V N° 487 p. 310.

352) Cour d'appel d'Angers, 11 septembre 2012, n° de RG : 10/02880, société Claas France.

jusqu'à la Cour de cassation pour en obtenir l'invalidation. Dans un cas traité par la chambre des notaires du département de l'Eure, laquelle siégeait en matière disciplinaire, maître Vauchelle avait subi cette peine du rappel à l'ordre.

Par délicatesse ou par paresse, ses confrères (réunis comme juges) s'étaient bornés à énoncer que les faits reprochés étaient établis, et qu'ils constituaient un manquement au devoir et à la dignité professionnelle. Mais concrètement, aucune indication, sur la nature et la matérialité de la faute disciplinaire qui lui était imputée, ne figurait dans la décision ordinale (353).

Appelée à se prononcer à l'occasion d'un pourvoi, la Cour de cassation (18 mai 1971) avait censuré la décision. Car l'obligation de motiver les sanctions prononcées exige implicitement de préciser les faits reprochés à la personne condamnée (354). Pour les mêmes motifs, maître Vaccharezza avait déjà réussi à faire annuler le rappel à l'ordre retenu contre lui par la chambre départementale des notaires de la Mayenne (355). Cela étant, des procès en contestation d'avertissements sont aussi intentés par d'autres individus que de tels professionnels du droit.

---

353) Alors que la plupart des procès ont lieu portes ouvertes, le huis clos semble être la règle en matière disciplinaire. Sans doute est-ce pour préserver les chances pour l'intéressé de continuer à espérer un avenir professionnel. Dans ces conditions, on peut comprendre que (par charité) la juridiction ordinale ne procède pas à une description détaillée des agissements du confrère. Il faut croire que le notaire considérait qu'il n'avait rien à cacher aux éventuels lecteurs de la sentence le concernant.

354) Cass. Civ. 1, 18 mai 1971, n° de pourvoi : 70-11284.

355) Cass. Civ. 1, 14 avril 1964, n° 190.

Ainsi, la Cour de cassation (24 juin 2009) avait annulé un arrêt de la cour d'appel de Paris (8 novembre 2007). Celle-ci avait débouté une salariée de la société Armatis de plusieurs de ses demandes. Par exemple, l'une recherchait l'annulation de l'avertissement prononcé à son encontre ; et une autre visait l'obtention de dommages intérêts en réparation du préjudice subi du fait de l'illicéité de cet avertissement.

L'arrêt confirmatif parisien avait trouvé légitime les « *remarques à propos de son absentéisme* » ; car « *la répétition de ce comportement à fréquence rapprochée était particulièrement pénalisante pour l'employeur dans une activité de service en contact téléphonique constant avec la clientèle* ». En conséquence de quoi « *la salariée ne pouvait raisonnablement soutenir que l'avertissement contesté constituait une mesure discriminante sanctionnant son état de santé* ».

C'est néanmoins ce que la Cour de cassation a reproché à la cour d'appel. Car « *il ressortait de ses [propres] constatations que l'avertissement prononcé reprochait à la salariée des absences pour raison de santé, médicalement justifiées* » (356).

L'annulation peut ainsi être obtenue sur la base de l'illégalité interne de la décision (ici la stigmatisation apparente d'un malade). Elle peut en outre être obtenue sur la base d'une illégalité externe (c'est-à-dire décelable même par un non-juriste averti). C'est le cas si la bonne procédure pour sanctionner n'a pas été suivie ; ou bien si, pire, une personne incompétente s'est arrogé le droit d'en prononcer (357).

---

356) Cass. Soc., 24 juin 2009, société Armatis, N° de pourvoi : 08-40056. Dans le même sens, et le même jour, 08-40055.

357) CONSEIL D'ÉTAT, 24 juillet 2019, Procédure préalable à un avertissement infligé à un magistrat, Lebon 2019.

216. – Les règles de mise en œuvre de la sanction morale.

Qui donc peut faire un rappel à l'ordre ou, plus généralement, infliger une sanction morale à un travailleur ? La réponse paraît évidente : c'est l'autorité qui aura donné initialement l'ordre qu'il faut ainsi rappeler. Un ordre donné peut-être depuis longtemps, par écrit, ou par oral. Dans une entreprise, c'est (grosso modo) le chef d'entreprise ; c'est lui qui détermine les objectifs de chacun et la conduite à tenir en matière de discipline.

En fait, les organisations (publiques ou privées) ont une structuration pyramidale ; entre le sommet de la hiérarchie et la base des personnels, s'échelonnent diverses strates intermédiaires (358). Les ordres se transmettent par cette voie descendante : du haut vers le bas. L'armée utilise ici l'expression de chaîne de commandement.

Dans les organismes civils, l'on parle simplement de pouvoir hiérarchique. Au fond, cette expression est susceptible de deux sens. D'une part, le pouvoir hiérarchique est le droit de commander à autrui des tâches à accomplir ; d'autre part, ce pouvoir s'assimile à la personne titulaire d'une telle faculté de commandement. En vérité, il ne s'agit pas d'une simple faculté (de commander) ; car il pèse sur son titulaire l'obligation de donner des directives, tout en veillant à ce que celles-ci soient claires et raisonnables.

---

358) Raphaël RENEAU, Des transformations managériales de l'exercice du pouvoir hiérarchique, AJFP 2025. 301.

En refusant d'exercer sa compétence, l'intéressé commettrait une faute personnelle (359). Dans le même temps il entraînerait d'ailleurs son institution dans une responsabilité juridique (360). Au sein d'une société, c'est le chef d'entreprise qui détient ce pouvoir hiérarchique fondamental (361). Mais comme il ne peut être partout à la fois, il en délègue des parcelles aux membres de l'encadrement (d'équipes).

845. – La délégation du pouvoir disciplinaire à des cadres.

---

359) Olivier DIDRICHE, Le bon et le mauvais manager… et les conséquences juridiques de l'exercice « anormal » du pouvoir hiérarchique, AJCT 2025. 163.

360) On sait que le refus, par le juge, d'exercer sa compétence s'appelle le déni de justice, prévu par l'article 4 du Code civil. Cf. Hélène GAUDEMET-TALLON, Les régimes relatifs au refus d'exercer la compétence juridictionnelle en matière civile et commerciale : forum non conveniens, lis pendens, Revue internationale de droit comparé Année 1994 46-2 pp. 423-435 ; Jean KERNINON, L'obligation pour l'autorité administrative de prendre réellement ses décisions, La Revue administrative, 34e Année, No. 203 (sept-oct. 1981), pp. 479-488 (10 pages), Published By : Presses Universitaires de France, DOI : 10.2307/40773268, https://www.jstor.org/stable/40773268.

361) S'il s'agit d'une société commerciale, celle-ci aura été créée par des fondateurs porteurs d'actions ou de parts. Ces propriétaires des titres représentatifs de la valeur de la société doivent laisser faire les organes de gestion qu'ils auront mis en place : conseil d'administration, gérant, etc. Prendre des décisions par-dessus l'épaule des administrateurs, directeurs et gérants, serait constitutif d'une gestion de fait. De même, ils n'ont pas le droit de venir se servir dans l'entreprise, au motif qu'elle serait leur création (leur créature). Sinon, ils risqueraient de commettre le délit d'abus sociaux.

Dans les entreprises, la faculté de procéder à des rappels à l'ordre est susceptible d'être conférée à des salariés. De tels délégués de l'employeur appartiendront forcément au groupe dont les éventuels litiges relèvent de la section de l'encadrement des conseils de prud'hommes. Comme dit le Code du travail, ils *« exercent un commandement par délégation de l'employeur »* (362).

Dans l'affaire société Lisieux distribution, une salariée avait reçu plusieurs avertissements par lettres recommandées. Mais d'après elle, ces mesure étaient nulles, pour avoir *« été prises par des personnes qui n'avaient pas qualité à cet effet »*. La cour d'appel de Caen (9 juillet 1985) l'a déboutée, car *« les auteurs des avertissements avaient "reçu délégation à cette fin", aux dires de la société »*.

Pourtant, la Cour de cassation (19 juillet 1988) a censuré l'arrêt caennais. Car, pour lui donner une base légale, cette cour d'appel aurait dû *« rechercher, en l'absence de mention sur ce point du règlement intérieur, si les sanctions critiquées [...] avaient toutes été prises par des personnes ayant qualité pour le faire, au nom de l'employeur, eu égard à leur compétence, à leur autorité et aux moyens dont elles disposaient »* (363). Encore que le règlement intérieur puisse sembler imprécis, même lorsqu'il est rédigé par de fins légistes.

---

362) Code du travail, article L1423-162. Même s'ils n'ont pas forcément de salariés en dessous d'eux, les ingénieurs et les VRP sont jugés par cette section de l'encadrement. Quant aux agents de maîtrise, cette compétence juridictionnelle est subordonnée à la détention d'une « *délégation écrite de commandement* ».

363) Cass. Soc., 19 juillet 1988, N° de pourvoi : 85-45111, Bulletin 1988 V N° 464 p. 297.

217. - La convocation de l'absentéiste à un entretien.

C'est le moment de préciser que sauf si la sanction envisagée est un avertissement ou une sanction de même nature, quant à l'incidence (négligeable), l'employeur doit entendre le salarié sur les faits. Le cas échéant, « *la sanction [...] est motivée et notifiée à l'intéressé* » (364).

D'un autre côté, tout supérieur hiérarchique devrait pouvoir procéder à un rappel à l'ordre, lequel n'est pas aussi grave qu'un licenciement, par exemple (365). Ce rappel étant relatif à la nécessaire exécution correcte des tâches et missions à accomplir, ou relatif à l'attitude digne et responsable à arborer dans une structure sérieuse.

De ce point de vue, les professeurs (et tous les adultes plus généralement) devraient pouvoir rappeler les élèves à l'ordre. Sans doute ces adultes redouteront-ils d'être accusés de faire de la morale. Vu qu'il apparaît infâmant (à beaucoup) de se laisser guider par des préceptes moraux. Le

---

364) Code du travail, article L1332-2.

365) On lit cependant dans un arrêt de rejet que : « *après avoir constaté qu'aux termes des statuts de l'AREPA, le président recrute, nomme, licencie et assure la gestion et le pouvoir disciplinaire du personnel salarié de l'association et peut déléguer ses pouvoirs à un administrateur ou à un directeur général avec l'accord du conseil d'administration et que la délégation de pouvoir consentie par le président de l'association le 16 décembre 2003, approuvée par son conseil d'administration, mentionnait exclusivement la possibilité de recruter et de signer les contrats de travail concernant les cadres et employés du siège comme des résidences, la cour d'appel [de Poitiers, 21 octobre 2008] qui a décidé que le licenciement de M. X... par une personne dépourvue de qualité à agir était sans cause réelle et sérieuse n'encourt pas les griefs du moyen* » (Cass. Soc., 2 mars 2011, n° de pourvoi : 08-45422, Bulletin 2011, V, n° 58).

risque est en l'occurrence de passer pour un conservateur (voire pour un réactionnaire).

À notre avis, l'autorité décline dans la famille et dans la société à cause du refus par chacun de l'exercer à son niveau. Certes, une démocratie participative est préférable à un régime autoritaire. Mais contre notre position, il y a le fait que la morale a toujours été variable d'un individu à l'autre ; même à l'époque où un socle commun était chaque jour écrit au tableau noir ; pour une morale républicaine commune (366).

B. – Le refus de simples sanctions morales par des absentéistes

218. – La liberté d'expression même au travail.

Le Code du travail (art. L1121-1) rappelle aux salariés leur droit à la parole tant à l'intérieur qu'à l'extérieur de l'entreprise. Et la jurisprudence correspondante semble de nature à susciter des vocations de pourfendeurs des décisions patronales. En vertu de ce texte, la Cour de cassation (23 septembre 2015) aura censuré un arrêt de la cour d'appel de Paris (16 janvier 2014).

---

366) À notre époque d'ensauvagement prétendu, il se révèle une crainte plus grande encore d'être accusé, soit d'une usurpation de rôle, soit d'une démission face à son devoir. Cette crainte provient de la réaction violente de la ''*chère tête blonde*'' à l'éventuel reproche. Surtout que ses frères aînés et leurs parents ne sont pas forcément plus raisonnables. À cet égard, l'on relève régulièrement des réactions inappropriées et/ou disproportionnées en cas de simples observations verbales.

Car, les juges du fond avaient oublié dans quelle mesure seulement ils peuvent sanctionner ou débouter un salarié tonitruant. La règle est précisément qu'ils doivent au préalable *« caractériser l'existence, par l'emploi de termes injurieux, diffamatoires ou excessifs, d'un abus dans l'exercice de la liberté d'expression dont jouit tout salarié »* (367).

Certes, il existe souvent une réelle marge. Par exemple, la Cour de cassation (27 mars 2013) n'avait rien vu de particulièrement blâmable dans une lettre adressée par un salarié aux dirigeants de la société mère (368). Pourtant, il y avait une dénonciation de *« décisions incohérentes et contradictoires qui compromettent la pérennité de l'entreprise »* ; ainsi que : *« désordre interne, détournement, abus d'autorité, conséquences financières et sociales désastreuses »*.

Pour sa part, la cour d'appel de Montpellier (20 avril 2011) y avait vu une violence inadaptée à la vie en communauté. L'arrêt de la Cour de cassation cite les reproches faits à la lettre litigeuse par des travailleurs dont l'employeur, « *la société Dyneff était en pleine réorganisation* ».

En l'espèce, la missive déplorée dépassait « *les standards habituels de communication au sein de l'entreprise* ». Car ses auteurs y décrivaient de façon tendancieuse un fonctionnement à la limite de légalité. Par ailleurs, le courrier aura fait une présentation catastrophiste de

---

367) Cass. Soc., 23 septembre 2015, n° de pourvoi : 14-14021, association Centre interservices de santé et de médecine du travail en entreprise (CISME), Bulletin 2016, n° 836, Soc., n° 206.

368) Cass. Soc., 27 mars 2013, n° de pourvoi : 11-19734, Bulletin 2013, V, n° 95.

l'avenir, tant pour l'entreprise elle-même que pour les salariés bientôt dans la précarité économique.

Les juges du fond y ont également vu « *l'intention de ses auteurs de mettre en cause et de déstabiliser son président* ». Cette démarche était d'autant plus fautive (ont dit les juges) qu'elle était « *le fait de cadres supérieurs disposant d'une large autonomie et d'une autorité non négligeable dans l'entreprise* ». Surtout qu'ils s'adressaient « *directement et collectivement aux nouveaux actionnaires du groupe* ».

219. – Le devoir de subordination ou d'obéissance au travail.

Nul ne devrait se croire autoriser à se livrer au malin plaisir d'humilier autrui ou de le fâcher. Mais sans doute est-il malaisé pour certains de tenir scrupuleusement compte de ce principe juridique. Par conséquent, leur entourage n'en jouit pas toujours paisiblement.

De plus, les organisations sont structurées de façon hiérarchique ; c'est-à-dire qu'elles renferment des individus appelés à diriger. Cela implique pour eux d'ordonner diverses choses à des certes personnes payées pour obéir et exécuter (369).

Les exécutants doivent même plutôt savoir faire profil bas en permanence. À cet égard, ils éviteront en particulier de tabler sur le sens de l'humour de leurs chefs, des clients

369) Yves ABRAM, Le conflit de devoirs : le fonctionnaire territorial entre les obligations d'obéissance et de résistance, AJFP 1996. 39 ; Françoise FAVENNEC-HÉRY, Les relations professionnelles entre époux ou le travail sans la subordination, Droit social 2002. 403.

ou des usagers (370). En clair, c'est toujours avec prudence qu'ils se hasarderont à émettre (spontanément ou en réponse) des réflexions critiques.

Pourtant, leurs propos pourraient contribuer à améliorer la gestion de la structure, ainsi que leurs conditions de travail (371). Une pareille autolimitation de leur liberté d'expression évite probablement que se dégrade davantage leur situation professionnelle. Mais vivre dans la lâcheté ne convient guère à tous.

220. – L'irruption de l'absentéiste chez le directeur.

Dans une affaire, pour s'être absentée sans autorisation pendant une matinée, DAME LEDUC avait fait l'objet d'un avertissement (le 3 janvier 1977). Quoique se sachant en faute, lorsqu'elle a reçu la lettre corrélative, *« elle avait brusquement fait irruption dans le bureau du directeur, et avait tenu à son égard des propos injurieux en déchirant la lettre d'avertissement »*.

Du coup, s'en était suivi son licenciement pour faute grave. Naturellement, elle tentât de faire invalider cette sanction disciplinaire. Mais la cour d'appel de Riom (2 janvier 1978) jugea que *« dame Leduc avait commis une faute grave de nature à justifier son renvoi sans indemnité »*.

---

370) Patrice ADAM, Le bouffon du (d)Roi(t), Droit social 2022. 512 ; Frédéric GRAS, Licenciement de l'animateur Tex : le droit à l'humour, Kelsen et la morale dominante, Légipresse 2022. 363.

371) Morgane TIREL, Salariés et gouvernance durable : des résolutions climatiques aux « résolutions sociales » ? Droit social 2024. 950 ; Valentino ARMILLEI, La consultation du comité social et économique sur les orientations stratégiques : un régime à parfaire ? Droit social 2021. 47.

Notre intrépide procédurière s'est alors adressée à la juridiction supérieure. Mais son pourvoi aura été rejeté ; parce que les conseillers riomois avaient légalement justifié leur décision, à croire la Cour de cassation (6 février 1980) (372).

Au sein de la RÉGIE RENAULT, la cour d'appel de Douai (6 octobre 1983) aura vu des symptômes de la faute grave dans des *« menaces de coups envers la hiérarchie »*. Des menaces proférées par un salarié (DE SOUSA) mécontent que l'on parlât de ses absences. Il en avait subi un avertissement le 13 juillet 1979. Le fondement de cette sanction morale aura été des absences au travail les 22, 28 et 29 juin 1979 (373).

221. – Le mutisme méprisant du salarié sur ses absences.

Mais dans un contexte proche, et une semaine avant la fin de sa période de préavis (de deux mois), un pilote professionnel (M. ACROUTE) avait finalement été licencié par la SOCIÉTÉ CRÉATIONS ARTISTIQUES (le 19 novembre 1962). Il faut noter que c'est seulement le 11 septembre 1962 qu'il avait été recruté, mais qu'il avait déjà notifié sa démission à compter du 25 septembre de la même année.

En définitive, la constatation d'un certain nombre de ses manquements précipita son départ (licenciement). En bref, il

---

372) Cass. Soc., 6 février 1980, dame Leduc, N° de pourvoi : 78-41497, Bulletin, n° 111.

373) Il a sans doute définitivement mis à bout sa hiérarchie (de la Régie nationale des usines Renault, usines de Douai) en rajoutant quatre journées d'absence (1er et 22 février, 9 et 13 octobre 1980). Toutefois, le salarié (de Sousa) a réussi à faire annuler cet arrêt douaisien.

s'agissait de cinq absences sans excuse valable, ainsi que de trois retards au travail.

Selon la cour d'appel de Rennes (17 juin 1964), l'intéressé avait lancé à son employeur *« qu'il n'avait ni excuses, ni explication à fournir »* (374). Au demeurant, il avait trouvé ailleurs *« des emplois infiniment mieux rémunérés »*. Si bien qu'il s'était écrié lors de son renvoi *« qu'on lui rendait un service et qu'il avait tout fait depuis le 26 septembre pour retrouver sa liberté »*.

Curieusement, le salarié effronté avait quand même entendu bénéficier de diverses sommes, en forme de ''*parachute social*''. Mais, elles lui ont été refusées. La Cour de cassation a rejeté son pourvoi en disant que, *« quoique la société ne se soit pas prévalu de la faculté de rompre le contrat sans préavis après trois blâme, les juges du fond ont justement décidé que l'ensemble de ces faits constituait à la charge d'Acroute une faute grave rendant impossible la continuation des relations contractuelles et que Acroute ne pouvait prétendre qu'aux salaires de la période durant laquelle il avait travaillé jusque-là »* (375).

Dans une autre affaire, un salarié voulait ''*claquer la porte*'' ; mais, en la laissant quelque peu entrouverte. En effet, tout en claironnant que l'entreprise qui l'employait était minable, il n'y sollicitait pas moins la prolongation du préavis ; en vue d'une jonction financière optimale avec sa nouvelle vie professionnelle.

---

374) À rapprocher : Thomas BIGOT, Droit de se taire en matière disciplinaire : le Conseil d'État clarifie le champ d'application, D.A. 7 janvier 2025.

375) Cass. Soc., 13 janvier 1966, N 56, https://www.legifrance.gouv.fr/affichJuriJudi.do?idTexte=JURITEXT000006972281&fastReqId=2098253206&fastPos=4&oldAction=rechExpJuriJudi.

Toutefois, la cour d'appel de Nancy (9 juillet 1975) l'a débouté, donnant donc raison à l'employeur humilié. Et le pourvoi corrélatif a été rejeté par la Cour de cassation (8 juin 1977). Cela, *« en raison des termes désobligeants et volontairement critiques employés par CARLIEZ dans sa lettre de démission, et de l'état d'esprit qu'il manifestait ».*

222. – Le respect et la discrétion devant les clients.

Dans un autre contentieux, un salarié (M. Boudeau) bien mal situé dans la hiérarchie de son entreprise (un chauffeur-livreur) avait vécu un sort plutôt défavorable pour des mots énoncés à tort et à travers. Trouvant que l'entreprise destinataire des produits à livrer le faisait attendre trop longtemps, il décida de les décharger dans un coin, tout en maugréant son mécontentement sur la difficulté qu'il aurait ensuite à tenir son programme de livraison.

Alors la cour d'appel de Poitiers (7 janvier 1976) admit que son employeur ait décidé de le licencier. Curieusement, l'intéressé s'en sera étonné, introduisant par conséquent un pourvoi en cassation. Selon lui, la rupture de la relation de travail manquait de cause réelle et sérieuse.

Néanmoins, la Cour de cassation (18 mai 1977) aura ratifié la jurisprudence poitevine. Car la société cliente s'était plaint de l'incident, et avait souhaité qu'à l'avenir un autre chauffeur se chargeât des livraisons attendues. Voici le propos même de la Haute Cour : « *la faute commise [...] constituait, en raison de son incidence sur le fonctionnement de l'entreprise et ses relations avec la clientèle une cause réelle et sérieuse de licenciement* » (376).

D'abord, parce que les circonstances dans lesquelles ses injures avaient pu être prononcées, ainsi que la nature du langage habituellement employé sur les chantiers, leur enlevaient beaucoup de leur éventuel effet blessant. Ensuite, parce qu'il s'était obligé à aller présenter des excuses à son interlocuteur de l'entreprise cliente.

223. – Le choix des seules sanctions du règlement intérieur.

Pour sa part, le 20 avril 1988, la SOCIÉTÉ MARNIER LAPOSTOLLE aura licencié un employé de chai qu'elle avait à son service depuis presque une dizaine d'années. Ce travailleur du vin s'était absenté sans autorisation et, à son retour, n'avait pas admis le moindre reproche. La cour d'appel de Bordeaux (17 décembre 1991) a validé son licenciement.

Certainement à tort, d'après la Cour de cassation (13 octobre 1993). Car « *le règlement intérieur de l'entreprise prévoyait que les absences injustifiées ne donneraient lieu, pour la première fois, qu'à un avertissement sans sanction et que le "renvoi avec préavis" ne pourrait être décidé qu'au quatrième avertissement* » (377).

En l'espèce, l'employeur s'était lui-même lié les mains en proclamant de la sorte que, malgré trois absences injustifiées, un salarié demeurerait quand même dans

---

376) Cass. Soc., 18 mai 1977, M. Boudeau, n° de pourvoi : 76-40313, Bull., n° 329, p. 261.

377) Cass. Soc., 13 octobre 1993, société Marnier Lapostolle, n° de pourvoi : 92-40474, Bulletin 1993 V N° 231 p. 158.

l'entreprise (378). Cela étant, dans le cas de l'employé concerné, l'employeur ne sanctionnait pas seulement une absence, mais également une insolence. Néanmoins, comme une première absence était censée être indifférente, l'employeur n'avait pu valablement sanctionner que l'insolence, laquelle ne méritait apparemment pas du tout le renvoi définitif.

§ 2. – L'illicéité de certains échanges avec l'absentéiste potentiel

224. – L'assiduité et les erreurs ou les fautes de gestion RH.

L'employeur n'attend pas toujours d'avoir souffert de conséquences négatives de l'absentéisme de son personnel pour mener des actions à leur égard. Les résultats obtenus peuvent parfois apparaître dignes des efforts entrepris. Mais il arrive aussi que les mesures adoptées génèrent des procès. La raison étant que certaines des précautions alors prises confinent à une faute pénale, en particulier le harcèlement moral (A.). D'autres sont revanche des erreurs de gestion de ses ressources humaines, sinon des fautes de gestion RH (B.).

---

378) Delphine CASTEL, Transfert d'entreprise, Le règlement intérieur ne suit pas les contrats de travail, JA 2018, n°589, p.10.

A. – Les précautions proches du harcèlement moral

225. – L'idée du profil d'assiduité du candidat au poste.

La hantise des méfaits de l'absentéisme pousse l'employeur à se montrer suspicieux et précautionneux (379). Leur profil personnel, familial ou social permet de déceler un risque plus ou moins fort d'absentéisme.

L'arsenal de lutte auquel l'employeur fera alors préventivement appel comprendra par exemple des enquêtes sur la façon de servir des candidats à un recrutement (380). Mais pour être licites, les démarches envisagées doivent associer le candidat à l'emploi.

La discussion avec son ancien employeur semblera d'autant plus utile que le certificat de travail reçu de lui, par l'intermédiaire du salarié, sera (conformément à la loi) silencieux sur l'assiduité (l'inassiduité) de l'intéressé (381). Par ailleurs, se situeront aux limites de la légalité les questions sur la procréation d'enfants et sur leur difficulté de garde. Sachant que le parent risquera parfois de s'absenter pour s'occuper lui-même de sa progéniture (382).

Même une fois le nouveau salarié soigneusement sélectionné, l'employeur ne sera pas tout à fait tranquille et rassuré. Aussi sera-t-il parfois prolixe en conseils et

---

379) Clotaire MOULOUNGUI, L'absentéisme et ses inconvénients prétendus, Th. Nantes, 2023.

380) Clotaire MOULOUNGUI, Le sous-effectif dû au personnel, préf. Jean-Yves KERBOURC'H, Didactijuris, 2025.

381) Tribunal administratif de Rennes, 23 juillet 1997, Certificat de travail : un nouveau principe général du droit de la fonction publique, AJFP 1998. 49.

382) Françoise MONÉGER, Les places de crèche réservées aux fonctionnaires femmes et le principe de l'égalité de traitement, RDSS 2003. 132.

remarques à l'égard de son personnel, dont le sérieux et l'assiduité, contribuent aux succès de la structure. Le problème est que l'exercice de l'autorité est trop souvent accusée d'autoritarisme (383).

226. – Le lien de la quête d'assiduité avec le harcèlement.

Le personnel conteste les reproches et ne s'attend qu'à des félicitations de la part de ses chefs. Autrement dit, les avertissements, les observations, les rappels à l'ordre et les autres remontrances apparaissent comme des manifestations d'un affreux harcèlement moral (384).

Dans une affaire tranchée par la cour d'appel d'Aix-en-Provence (25 juin 2007) un responsable de magasin aura attendu de cette juridiction qu'elle analysât comme des sanctions disciplinaires des lettres reçues de l'employeur. Espoir vain ; et son pourvoi aura été rejeté.

Car, selon la Cour de cassation (3 février 2010), *« la cour d'appel a décidé à bon droit que les lettres de l'employeur qui se bornaient à demander au salarié de faire un effort pour se ressaisir ne constituaient pas une sanction disciplinaire, mais un simple rappel à l'ordre »* (385).

---

383) Or, dans une affaire, la femme du patron, « *n'avait semble-t-il aucun titre pour exercer son autorité, sinon son autoritarisme, sur la salariée de celui-ci* » (Bernard GAURIAU, L'employeur doit répondre des agissements des personnes qui exercent, de fait ou de droit, une autorité sur les salariés, Droit social 2001. 921).

384) Edwige ANTIER, La justice à la croisée des savoirs, Réflexion sur les châtiments corporels infligés aux enfants et leur interdiction par le droit, Les cahiers de la justice 2011. 107 ; David ALIS, Marc DUMAS et Gwénaëlle POILPOT-ROCABOY, *Risques et souffrance au travail,* Coll. Économie du travail, Dunod (2010).

385) Cass. Soc., 3 février 2010, n° de pourvoi : 07-44491.

En revanche, dans cette même espèce, les propres exhortations du chef de magasin (SANDRO X), seront apparues critiquables. À croire les témoignages, *« le personnel s'est plaint plusieurs fois de l'attitude particulièrement insistante de Monsieur Sandro X... ; il l'avait perpétuellement sur le dos pour faire et refaire des tâches mal accomplies ».*

Il était aussi prétendu que : *« il passait son temps à courir sur le dépôt en disant qu'il en avait marre de travailler avec des incompétents ».* Un autre témoignage soulignait le fait qu'il *« s'adressait à toute l'équipe de façon autoritaire, sans politesse ; à plusieurs reprises, il a menacé de rétrogradations, de mutations ».*

227. – La perplexité quant aux reproches admissibles.

Que peut-on dire à l'équipe que l'on doit encadrer ? Quels propos les personnels sont-ils prêts à entendre de leur hiérarchie désireuse de performance interne ? De fait, le sens à prêter à un discours sera parfois bien différent respectivement pour son émetteur et pour le destinataire.

La cour d'appel de Paris (10 mai 2007) aura par exemple eu à choisir entre deux attestations apparemment toutes deux crédibles. Celle en faveur du salarié soutenait que le chef hiérarchique *« était constamment sur le dos de M. X... et le harcelait continuellement pour des raisons injustifiées [...], contrôle permanent des heures d'arrêt et de reprise de travail, ne nous laissant même pas le temps pour se laver les mains ou aller aux toilettes [...] ».*

La deuxième attestation, au profit du chef cette fois, révélait au contraire que le salarié *« supportait mal les remarques de M. Y... qui semblaient justifiées et ne constituaient pas un harcèlement ».* Une troisième attestation, rédigée par le propriétaire de l'immeuble où travaillait l'équipe indiquait n'avoir rien vu qui s'apparentât à du harcèlement.

Mais deux certificats médicaux auront joué contre le chef de magasin. D'une part, le médecin traitant du salarié lui avait diagnostiqué un état dépressif ; d'autre part, le médecin du travail avait conclu à une inaptitude du salarié (386). Certes, aucun des deux médecins n'imputait l'état dépressif et l'inaptitude au harcèlement.

Il n'empêche que la Cour de cassation (30 avril 2009) aura en l'occurrence vu des indices pour la qualification de présomption (simple) de harcèlement (387). C'était dès lors à l'employeur de prouver qu'il n'y aura pas eu de harcèlement. Le Code du travail (article L1154-1) recommandait la solution (388).

228. – Le harcèlement comme cause et effet des absences.

Tout employeur doit se demander si l'absentéisme de son salarié ne serait pas imputable à la structure de travail. La cour d'appel de Versailles (23 mai 2012) aura à cet égard condamné un employeur resté aveugle à divers facteurs psychosociaux (389).

---

386) Ahmed SLIMANI, Le stress du fonctionnaire devant le juge : une imputabilité aléatoire, entre accident de service et maladie professionnelle, AJFP 2013. 343.

387) Cass. Soc., 30 avril 2009, n° de pourvoi : 07-43219, société MB Peinture ; cette décision rappelle ainsi que « *le salarié n'est tenu que d'apporter des éléments qui permettent de présumer l'existence d'un harcèlement moral* ».

388) Wolfgang FRAISSE, L'application du régime de la présomption légale en matière de harcèlement moral, D.A. 6 février 2014.

389) Cour d'appel de Versailles, 23 mai 2012, n° de RG : 10/05277.

D'une part, l'absentéisme même de la salariée était révélateur ; *« même si l'employeur pouvait ignorer les motifs des arrêts maladie pour état anxio-dépressif »*. D'autre part, l'exaspération de cette salariée. En effet, outre une demande de licenciement, elle avait sollicité un entretien avec le directeur. Mais en dépit de ces signaux d'alerte, aucune mesure utile n'aura été prise (390).

Par conséquent, les conseillers versaillais ont jugé que la *« souffrance au travail de Mme X... sur le site de Châtillon »* révélait un harcèlement moral, au sens de l'article L4121-2, 7o du Code du travail.

229. – L'analyse des réflexions du maire en harcèlement.

Une jurisprudence similaire existe à l'encontre du service public. Dans l'affaire, une employée de mairie aura réussi à faire condamner le maire pour harcèlement moral. En plus d'une amende (1000 euros) il aura dû payer des dommages-intérêts à la victime.

Elle avait manifestement souffert *« de réflexions répétitives et désobligeantes [...], de reproches injustifiés sur son travail [...] »* (391). Par la suite, la cour d'appel de Riom

---

390) Mathieu TOUZEIL-DIVINA, L'obligation procédurale d'enquête en cas de dénonciation d'un harcèlement moral, AJFP 2025. 23 ; Johanne SAISON, Rien ne sert d'enquêter avec partialité... AJFP 2025. 289.

391) En vérité onze autres reproches étaient faits au prévenu. Il avait ainsi était question : du refus d'harmoniser le traitement de Marie Y... sur la loi des 35 heures ; de son exclusion temporaire pour trois jours ; de la réduction du temps de travail de 7 heures à 3 heures hebdomadaires ; du changement unilatéral des horaires de travail de Marie Y... ; du refus de la laisser accéder sur son lieu de travail en changeant les serrures de la porte d'entrée de la mairie ; de la décision de l'isoler dans une salle de

(4 novembre 2004) aura été approuvée par la Cour de cassation (21 juin 2005). Effectivement, le pourvoi du maire aura été rejeté (392).

Il est aussi arrivé que les juges condamnent un employeur pour les mauvais traitements subis par une salariée. En effet, *« elle avait subi à plusieurs reprises des violences verbales de la part de sa supérieure hiérarchique »* (393).

230. – Le droit d'envoi de courriers neutres au travailleur.

D'un autre côté, le 21 juin 2012, une secrétaire de bureau s'était retrouvée devant un local professionnel qu'elle ne parvenait pas ouvrir afin d'accomplir son travail. En rétorsion, elle a décidé *« d'en partir et de revenir deux jours plus tard »*. Or si son absence actuelle pouvait peut-être se comprendre, elle en avait déjà bien d'autres à son débit. Aussi sont licenciement aura-t-il été prononcé.

---

mairie afin de contrôler étroitement l'accès aux documents ; du changement du mot de passe de son ordinateur ; de l'obligation devant laquelle elle fut mise de présenter des excuses au maire et à son adjoint ; du non paiement de ses salaires depuis le mois de juillet 2002 ; de sa mise en demeure en décembre 2002 pour abandon de poste et sa radiation des cadres. Ce nombre important d'agissements et leur objectif malveillant exposait forcément leur auteur aux dispositions de l'article 222-33-2 du Code pénal.

392) Cass. Crim., 21 juin 2005, maire de Laval-sur-Doulon, n° de pourvoi : 04-86936, Bull. n° 187, p. 661.

393) Cass. Soc., 28 octobre 2014, N° de pourvoi : 13-11855 ; rejet du pourvoi contre l'arrêt de la cour d'appel d'Aix-en-Provence (7 décembre 2012).

Outre ce licenciement lui-même, elle reprocha à l'employeur des courriers intempestifs de sa part, lesquels établirait un harcèlement. Mais elle aura été déboutée. Car, pour les conseillers guadeloupéens, « *l'examen des divers courriers adressés à la salariée [révélait] que ceux-ci sont l'expression du pouvoir normal de direction de l'employeur, celui-ci interrogeant naturellement sa secrétaire sur ses absences répétées et injustifiées pour certaines d'entre elles* » (394).

De même, devant la cour d'appel de Bordeaux (31 mai 2018), une salariée avait vainement présenté un échange épistolaire comme du harcèlement. Alors qu'elle indiquait que « *ce n'est pas en étant en permanence sur le dos de ses collaborateurs que l'on fait avancer les choses* », il lui était répondu qu'il s'agissait que du « *rythme nécessaire au fonctionnement de l'entreprise* ».

La Cour de cassation (1 juillet 2020) lui a donné tort cette fois, dans cette même affaire (395). Il faut savoir qu'en l'occurrence, la cour d'appel de Bordeaux aura été juridiction de renvoi après cassation (396).

231. – La sensibilisation choquante à l'assiduité.

Compte tenu de l'inassiduité patente du salarié, il est prévisible que la hiérarchie s'émeuve. Elle voudra probablement en discuter plus ou moins gentiment. L'absentéiste trop sensible en fera parfois un casus belli et saisira les cours et tribunaux.

---

394) Cour d'appel de Basse-Terre, 6 février 2017, Cabinet d'avocat Jocelyn Z, N° de RG : 15/01077.

395) Cass. Soc., 1 juillet 2020, n° de pourvoi : 18-20482.

396) Cass. Soc., 3 février 2017, pourvoi n° 15-16.340.

C'est dans un pareil contexte que la cour d'appel de Nancy (30 mai 2011) aura été confortée par la Cour de cassation (12 février 2013), dans sa décision d'enjoindre à un employeur « *de mettre fin au dispositif de sensibilisation à l'absentéisme destiné aux salariés revenant d'un arrêt pour maladie* » (397). L'employeur (la SOCIÉTÉ SOVAB) avait par ailleurs dû verser des dommages-intérêts au syndicat CGT de l'entreprise.

Concrètement, le dispositif consistait en des entretiens « *retour d'absence* ». Cela veut dire que chaque salarié auteur d'une absence (quelques heures, quelques jours ou quelques semaines) se voyait expliquer la « *désorganisation de la production* » due à ses absences. Après cette leçon, l'intéressé devait signer un document attestant de sa meilleure compréhension des enjeux en cause.

Selon toute vraisemblance, les absences à dénoncer devraient être seulement celles étrangères à la marche normale de l'entreprise. Précisément, les salariés de retour de formation y échappaient. Pourtant, ceux de retour d'un accident du travail subissaient également la séance de sensibilisation à l'assiduité à son poste de travail.

Il en allait pareillement, et à plus forte raison, pour les absences sans lien avec l'entreprise. Par exemple, la maladie ordinaire de soi-même ou d'un membre de la famille. Aussi les conseillers nancéens ont-ils vu en l'occurrence « *une discrimination indirecte* ». La Cour de cassation (12 février 2013) aura même précisé que cette juridiction d'appel « *a à bon droit ordonné qu'il y soit mis fin* ».

---

397) Cass. soc., 12 févr. 2013, n° 11-27. 689, FS-P+B, Syndicat CGT Sovab c/ SNC société Sovab.

232. – La duplicité de l'ANACT sur la leçon aux absentéistes.

L'ANACT semble tenir un discours autre dans le bréviaire établi au profit des employeurs relativement à l'absentéisme (398). Il recommande par exemple d'informer *« l'ensemble des acteurs de la situation et des conséquences économiques et organisationnelles liées à l'absentéisme »* (399). Or, c'est bien ce à quoi procédait les entreprises dont nous venons de voir qu'elles ont alors été condamnées par les juges. Il est vrai que l'ANACT ajoute aussitôt que *« cette communication doit cependant éviter d'être descendante et culpabilisante »*.

Cette précision (de l'ANACT) rassure à peine. Du moins lorsque l'on raisonne a contrario. En effet, il apparaît que les observations venant de collègues seraient préférées, voire encouragées. Or des règlements de comptes entre salariés ne seraient-ils pas alors à redouter ? Car quelques collègues croiront les absences en cause comme la traduction d'une paresse ou d'un mépris des exigences professionnelles.

Des réserves peuvent aussi être faites à l'égard de l'évitement de la culpabilisation. L'ANACT semble ici oublier que beaucoup de travailleurs sont allergiques aux leçons de

---

398) L'ANACT est l'Agence Nationale pour l'Amélioration des Conditions de Travail. Si elle a été mise en place depuis 1973 auprès du ministère du travail, ses règles actuelles de fonctionnement relèvent du décret n°2015-968 du 31 juillet 2015.

399) ANACT, 10 questions sur absentéisme, https://fr.calameo.com/read/000088155502cf32ed138: « Il peut aussi être utile de rappeler les règles d'usage en cas d'absentéisme : obligation sous 48 heures de transmettre la justification de l'arrêt, prévenance rapide des encadrants de proximité, etc. ».

morale. D'ailleurs, des collègues pointeront éventuellement leur surcharge de travail en conséquence des absences (400).

233. – La leçon de morale de Toyota à un absentéiste.

En tous cas, il y a quelques années, la cour d'appel de Douai (20 mars 2018) avait confirmé un jugement condamnant l'entreprise TOYOTA. Cet employeur avait agi contre un salarié de façon qu'il cessât son inassiduité (401). Il est vrai que celui-ci alternait maladie et travail dans la période de juin à septembre 2006.

Par la suite, ses visites médicales de reprise auront conduit à la nécessité d'adapter son poste de travail, au regard d'une pathologie dorsale (402). Ce qui fut fait. Il n'empêche qu'à d'avril 2007, il se sera rajouté un syndrome dépressif à ses affections physiques. D'après le salarié, ce syndrome provenait de son activité professionnelle. C'était donc un accident du travail ou une maladie professionnelle. Malgré ses doutes, l'employeur aura néanmoins procédé à la déclaration sociale nécessaire, dès le mois de mai.

L'entreprise TOYOTA aura-t-elle diligente et soucieuse de la santé du salarié ? L'on pouvait en douter, car un syndicat avait déjà attiré l'attention de l'employeur sur la fragilité (voire la fragilisation) du salarié en question. Or, il aura quand même reçu des courriers dits de *''présentéisme''*. L'un

---

400) Notre crainte est peut-être excessive. Car de nombreux salariés donnent volontiers leurs jours de congés aux dont les absences sont légitimes. Problème, comment juger sans risque de se tromper ?

401) Cour d'appel de Douai ch. sociale 30 mars 2018 N° 83/18.

402) Annie JOLIVET et Valérie PUEYO, La pénibilité du travail : de quoi parle-t-on ? Rev. trav. 2010. 686.

d'eux brandissait le risque de remplacement définitif faute d'amélioration notable. Pourtant, des certificats médicaux justifiaient toutes les absences de l'intéressé.

À croire la cour d'appel, *« l'employeur aurait dû, au regard des difficultés psychologiques précédemment rencontrées par le salarié du fait notamment de lettres dites de présentéisme rédigées en termes inappropriés, avoir conscience du danger auquel était exposé le salarié et qu'il n'a pas pris les mesures nécessaires pour l'en préserver, en n'invitant pas notamment ses supérieurs hiérarchiques à adopter un comportement et des termes adaptés à l'état psychique du salarié »*. Des lettres, pourtant déjà anciennes, ont ainsi joué contre l'employeur. Il aura commis une faute inexcusable envers son salarié fragile.

234. – L'existence d'entretiens bienveillants à l'absentéiste.

Les entretiens sauvages organisés par l'employeur en lutte contre le défaut d'assiduité doivent être distingués des entretiens que la loi prévoit au profit du salarié revenant d'une longue absence (403). L'objectif de cet entretien n'est nullement de stigmatiser ce revenant (404). L'objectif sera

---

403) Concernant l'accompagnement de la personne de retour de congé, plusieurs articles du Code du travail y renvoient. Ainsi, on lit qu'à l'expiration de son mandat politique, le salarié bénéficie, « *en tant que de besoin, d'une réadaptation professionnelle en cas de changement de techniques ou de méthodes de travail* » (Code du travail, Article L3142-84, alinéa 3).

404) Après son congé d'entrepreneur « *Le salarié qui reprend son activité dans l'entreprise à l'issue de son congé bénéficie en tant que de besoin d'une réadaptation professionnelle, notamment en cas de changement de techniques ou de méthodes de travail* » (Code du travail, Article L3142-110).

d'examiner avec lui les aménagements les plus appropriés à sa situation. L'on songera ici à l'ergonomie, aux horaires, à la formation (interne ou externe), etc.

B. – Les mesures constitutives de fautes de gestion RH.

235. – Le risque d'une chasse forcenée de l'absentéisme.

Les performances économiques et sociales d'une entreprise dépendent de facteurs externes et de facteurs internes. Parmi ces derniers, il y a les ressources humaines, le(s) personnel(s), les hommes et les femmes du collectif de travail. Tout employeur se figure à cet égard qu'il convient de pourchasser leurs temps morts de même que leurs absences.

Cette préoccupation patronale devient condamnable si les absences ainsi pourchassées sont autorisées par une règle, voire imposées par celle-ci (405). En tout état de cause, les salariés contestent volontiers l'exigence forcenée du présentéisme. C'est de la sorte que, il y a une quarantaine d'années la cour d'appel de Montpellier (1er octobre 1984) avait condamné un employeur du chef d'entrave à l'exercice du droit syndical à 8000 francs d'amende (soit 1230 euros aujourd'hui). En sus de devoir assumer des réparations civiles, cet employeur aura subi l'affichage et la publication de son arrêt de condamnation.

En l'espèce, il avait mis à pied une salariée absente de l'usine pour participer à une activité syndicale. Apparemment sans autorisation préalable, même si son bon

405) Nathalie KACZMARCZYK, Temps de travail des sapeurs-pompiers : une histoire sans fin, AJCT 2024. 658.

de délégation extérieur avait bien été réceptionné par la direction des ressources humaines.

Dès lors, ont dit les juges, JEAN PIERRE X. (l'employeur) *« qui ne peut prétendre avoir ignoré le motif de l'absence de sa salariée et qui a d'ailleurs normalement payé à cette dernière ses heures de délégation, a consciemment apporté une entrave à l'exercice des fonctions de déléguée syndicale de Martine Z..., en sanctionnant une absence dont il a lui-même reconnu a posteriori qu'elle était justifiée »*.

Devant la Cour de cassation, le condamné a contesté la présomption de connaissance appliquée à sa personne, sauf à parler d'infractions matérielles dans son cas. Or, *« en toute hypothèse, le doute doit toujours bénéficier au prévenu »* (406). Selon lui, son intention coupable apparaissant douteuse, sa relaxe s'imposait à la juridiction de jugement.

Mais son pourvoi en cassation aura été rejeté. La raison est que, avait pensé la Cour de cassation (04 février 1986), *« la liberté de déplacement des délégués syndicaux, en vue de l'exercice de leurs fonctions, est d'ordre public ; qu'elle ne peut être limitée par un règlement intérieur et subordonnée à une autorisation de l'employeur »* (407).

236. – Le contrôle de l'absentéisme des salariés élus.

Tout salarié élu a-t-il le droit de s'éclipser de la structure de travail quand bon lui semble ? Non, puisque la Haute cour aura indiqué (dans le même arrêt) que *« la déléguée était*

---

406) Le Code du travail fait souvent bénéficier le doute au salarié. On le voit notamment aux articles : L1225-3 ; L1235-1 ; L1333-1.

407) Crim. 4 janv. 1983, no 82-91.800 ; Pascal CAILLAUD, Formation professionnelle continue, Répertoire de droit du travail.

seulement tenue d'informer son chef direct avant de quitter son poste de travail » (408).

Faut-il en conclure que l'employeur n'a aucune marge de décision ? C'est-à-dire qu'il devrait se contenter de prendre acte du départ du salarié élu appelé par ses activités de représentant de ses collègues. La chambre criminelle de la Cour de cassation (04 janvier 1983) avait en tous cas jugé que : « *le refus du congé, sans consultation préalable du comité d'entreprise, est constitutif du délit d'entrave* » (409).

237. – L'absence de l'élu comme un temps de travail effectif.

Un contrôleur de la RATP (travaillant de nuit) était aussi membre du conseil de prud'hommes. Cette qualité d'élu l'aura indirectement conduit à un procès contre son employeur. Il demandait une restitution de temps de repos. Car il l'utilisait jusque-là pour remplir ses missions juridictionnelles. La Cour d'appel de Paris (20 novembre 2007) et la Cour de cassation (8 avril 2009) lui auront donné raison.

Aux termes de l'arrêt, d'une part, « *[Selon l'article] L1442-5 du code du travail, les employeurs sont tenus de laisser aux salariés de leur entreprise, membres d'un conseil de prud'hommes, le temps nécessaire pour se rendre et participer aux activités prud'homales* ». D'autre part, dit le « *quatrième alinéa devenu l'article L1442-7 du même code, le salarié membre d'un conseil de prud'hommes, travaillant en service continu ou discontinu posté, a droit à un aménagement d'horaires de son travail de façon à lui*

---

408) Idem.

409) Crim. 4 janv. 1983, no 82-91.800 ; Pascal CAILLAUD, Formation professionnelle continue, Répertoire de droit du travail.

garantir un temps de repos minimum » (410). La mission d'intérêt général du salarié élu semble l'emporter sur l'intérêt égoïste de l'employeur.

Certes un départ justifié par un intérêt individuel aura quand même placé un employeur en difficulté devant les juges. Selon la Cour de cassation (07 novembre 1989), laquelle se prononçait à propos du licenciement d'une salariée, une cour d'appel aurait dû « *rechercher si l'absence du salarié était de nature à entraîner, pour la SOCIÉTÉ IBSI des conséquences préjudiciables à la production et à la marche de l'entreprise, ce qui eût seul pu justifier le refus du congé-formation* » (411).

238. – La volonté de prise de congés déjà convenus.

Toujours en dépit de l'opposition de son employeur (la Société Éditions et Publications), une salariée se sera absentée de mi-avril à fin mai 1980. Alors, 10 jours après son retour, elle était licenciée. Mais, sans cause réelle et sérieuse, aura jugé la cour d'appel de Versailles (29 juin 1983).

Le pourvoi en cassation de l'employeur ne pouvait prospérer, compte tenu de la faute qu'il avait commise au détriment de la salariée informée très (trop) tardivement de l'impossibilité de son congé dans la période souhaitée (412).

---

410) Cass. Soc., 8 avril 2009, RATP, N° de pourvoi : 08-40278, Bulletin 2009, V, n° 108.

411) Cass. Soc., 7 novembre 1989, société IBSI, N° de pourvoi : 87-41219, Bulletin 1989 V N° 649 p. 391 ; Cassation de Cour d'appel de Paris, du 28 janvier 1987.

412) Tribunal administratif de Bordeaux, 6 juillet 2020, Un chef de service peut imposer aux agents, sous le contrôle du juge, de prendre une partie de leurs congés à des dates qu'il détermine,

Effectivement, cette demande qui datait du mois de mi-septembre n'aura été expressément refusée qu'en début avril.

La Cour de cassation (2 février 1987) a compris que les juges du fond excusent la salariée qui s'était imaginée comme *« tacitement acceptée cette demande déposée depuis de longs mois »*. Surtout que celle-ci avait pris de nombreux engagements en Corse pour les reportages à y réaliser (413).

En définitivement, c'est à bon droit que *« la cour d'appel a conclu que la décision de l'employeur, tardive et non justifiée par de réelles nécessités de service, avait été prise avec une légèreté blâmable constitutive d'un abus de droit »* (414). D'où des dommages-intérêts à la salariée.

L'une des raisons pour lesquelles les travailleurs absents de leurs postes de travaillent ne se cachent quand même pas de la vue de l'employeur est l'entrée en grève (415). Une grève discrète n'est pas courante et semble promise à l'échec. En tous cas, les grévistes ont conscience de n'avoir rien à craindre du pouvoir disciplinaire de l'employeur. Ce sont des salariés protégés, ou plutôt surprotégés, par rapport à leurs collègues.

Comme dit la doctrine, « *si la grève est licite, l'employeur qui met fin au contrat de travail d'un gréviste prononce un*

AJFP 2021. 32 ; Benoît LOPEZ, Le droit à l'engagement du salarié : le cas de la réserve opérationnelle, Droit social 2025. 22.

413) Les sommes payées en avance pourraient être perdues par le touriste qui ne se présente pas à l'hôtel ou à d'autres activités. Cf. Xavier DELPECH, Nouvelles précisions jurisprudentielles sur les droits des passagers aériens, D.A. 26 mars 2025.

414) Cass. Soc., 2 février 1987, N° de pourvoi : 83-44828, Bulletin 1987 V N° 75 p. 48.

415) Clotaire MOULOUNGUI, La question de la légitimité de l'absentéisme au travail, Didactijuris, 2024.

licenciement attentatoire au droit de grève (et non seulement abusif ou dépourvu de cause réelle et sérieuse) (416).

En général l'annulation du licenciement (parce que sans cause réelle et sérieuse) ne rapporte au salarié concerné que des dommages-intérêts (417). Mais en cas de licenciement nul, un tel salarié bénéficie (outre d'au moins six salaires mensuels) de la possible de réintégrer son emploi (418). Le même avantage profite par exemple dorénavant aux victimes de discrimination ou aux donneurs d'alerte.

Pour leur part, les agents publics dont le licenciement (la révocation) fait l'objet d'une annulation, par le juge administratif, réintègrent systématiquement leur emploi. Peu importe le motif de leur licenciement avorté.

239. – L'illicéité d'un licenciement préventif.

L'absentéisme ne doit être sanctionné qu'une fois survenu. Un licenciement prononcé préventivement est refusé par la Cour de cassation (18 février 2004). Encore que la cour d'appel de Chambéry se soit prononcée différemment, s'exposant alors à la censure (419).

Dans cette affaire, la cour d'appel de Chambéry (1er mars 2001) avait répondu à un salarié que son « *absence injustifiée*

---

416) Gilles AUZERO, Dirk BAUGARD et Emmanuel DOCKÈS, Droit du travail, Précis Dalloz, 2018, n° 1514.

417) Alexandre NIVERT, Barème Macron : quelle indemnité pour un salarié ayant plus de dix ans d'ancienneté dans une entreprise de moins de onze salariés ? D.A. 15 mai 2025.

418) Cécile MARTIN, Ogletree DEAKINS et Maëlys DEFROCOURT, Licenciement nul : quelles sommes sont dues au titre de l'indemnité d'éviction ? D.A. 22 mars 2023.

419) Cass. Soc., 18 février 2004, n° de pourvoi : 02-41622, Bulletin 2004 V N° 54 p. 51.

du 11 avril et le refus de se conformer aux consignes données le 22 avril par l'employeur, alors surtout que son attention avait été particulièrement attirée sur l'importance de sa présence le samedi, [constituaient] une faute grave justifiant la rupture anticipée de son contrat de travail à durée déterminée ».

En l'espèce, l'employeur lui avait été demandé de venir occuper son poste de travail le 9 mai (420). Or, une semaine avant (le 28 avril), il avait répondu par écrit qu'il n'y serait pas. Dès lors, sachant que ce salarié ne viendrait pas le jour dit, l'employeur le licencia le lendemain (soit le 29 avril). Ce fut pour « *absence non autorisée réitérée, refus d'exécuter les consignes strictes et perte totale et définitive de toute confiance* ».

Et pourtant, la Cour de cassation (18 février 2004) a considéré comme étant illégale cette sanction anticipée d'un absentéisme futur. En effet, rappelle la Haute Cour, à « *la date à laquelle la rupture du contrat de travail a été prononcée par l'employeur aucune absence non autorisée n'avait été réitérée par le salarié et [...] aucune sanction disciplinaire ne peut être infligée au salariée à titre préventif* ».

240. – Quelques profilages d'absentéistes potentiels.

Le Conseil d'État (27 mars 1987) n'avait pas approuvé le tribunal administratif de Pau (26 janvier 1982) d'avoir condamné l'ÉCOLE NATIONALE DE MUSIQUE DE TARBES. Celle-ci avait pressenti un défaut d'assiduité de la part d'une de

420) À rapprocher : Cour administrative d'appel de Marseille, 17 janvier 2006, Modification substantielle du tableau de service par le directeur, AJFP 2006. 120.

ses candidates déjà inscrite à plusieurs formations dans des villes de la région. Or, à Tarbes, il était attendu des élèves « *une assiduité constante et un travail régulier* » (421).

Même si cela semble aller de soi, il se trouve des études prétendant révéler que « *toutes choses égales par ailleurs, les salariés souffrant d'une maladie chronique ou d'un handicap ont une plus forte probabilité d'avoir été au moins un jour absents au cours des quatre dernières semaines* » (422).

En tous cas, il est facile de se douter que le recruteur (informé) ne s'encombrera pas de tels profils dans son effectif. L'on songera vite à imputer un semblable état d'esprit au secteur privé, puisque les entreprises se préoccupent moins de l'humain et plus de l'argent. Ce préjugé serait partiellement faux, puisque le service public partage lui aussi ce travers.

Ainsi, souhaitant recruter les jeunes hommes convenables physiquement et psychologiquement, l'armée soumettait ses futures recrues à divers tests. De son côté, l'administration civile faisait passer des examens médicaux aux futurs fonctionnaires (423). Évidement, la société inclusive (des handicapés aussi) à laquelle tous nous aspirons se concilie mal avec ces pratiques discriminatoires.

---

421) Conseil d'État, 27 mars 1987, n° 41467.

422) Sabine CHAUPAIN-GUILLOT and Olivier GUILLOT, Les déterminants individuels de l'absentéisme au travail : Une comparaison européenne, Revue économique, Vol. 62, No. 3, développements récent de l'analyse économique : LVIXe congrès annuel de l'Association française de science économique, 2010 (Mai 2011), pp. 419-427, Sciences Po University Press, https://www.jstor.org/stable/27975875.

423) Il s'agit principalement d'une radio thoracique contre la tuberculose.

241. – L'inégalité ponctuelle entre personnes.

Le droit européen proscrit la discrimination, même quand elle serait indirecte, et donc difficile à repérer. Dans cette optique, l'employeur se gardera d'exclure des candidats au seul motif que ceux-ci lui donneraient l'impression de pathologies susceptibles de parfois les éloigner du poste de travail (424).

La non-discrimination renvoie certainement à l'égalité. Dès lors, le Français estime que la règle est d'origine française, car la création et le fonctionnement des institutions françaises seraient guidés par ce principe. C'est seraient oublier que l'égalité ne concerne que les personnes qui sont dans la même situation de fait (425).

Le législateur a ainsi pu écarter les femmes du vote (426). Il a aussi pu créer deux collèges électoraux dans les colonies françaises d'Afrique ou d'Asie, pour que les blancs de ces colonies disposent de députés et de sénateurs à Paris, à l'instar des peuples colonisés qui, sous la Quatrième République, avaient désormais des représentants au Palais Bourbon et au Palais du Luxembourg (427).

---

424) Marc LOISELLE, Les 20 ans de la « loi Handicap » vus du Défenseur des droits : des avancées à parfaire, AJFP 2025. 67.

425) Christophe RADÉ, L'égal et le juste : retour sur la justification des différences de traitement, Droit social 2025. 254.

426) Anne-Christine TRÉMON, Reproduction sociale, exploitation des femmes et des immigrés, solidarité intergénérationnelle : une relecture contemporaine de Claude MEILLASSOUX, Revue L'Homme, 2025, Pages 143 à 163.

427) Jean FOYER et Sabine JANSEN, Il faudrait revenir à cette idée… que l'élection est le choix d'une politique, Parlement(s), Revue d'histoire politique, 2025, pages 6 à 15.

242. – L'indifférence de l'absentéisme prévisible des mères.

La grossesse n'est certainement pas une maladie. Néanmoins, elle provoque de la fatigue à la future maman, des visites médicales, et finalement de l'absentéisme (428). D'ailleurs, une fois né, le bébé compromettra souvent l'assiduité de sa mère au travail. Un employeur conscient de ce risque a-t-il le droit de refuser de recruter les femmes en âge de procréer ? La Cour de Justice de l'Union Européenne (CJUE alors CJCE) avait négativement répondu à ces questions longtemps avant ce siècle.

Par exemple, dans l'affaire Mahlburg, la jurisprudence européenne aura été que : *« un refus d'engagement pour cause de grossesse ne peut être justifié par des motifs tirés du préjudice financier subi par l'employeur en cas d'engagement d'une femme enceinte, pendant la durée de son congé de maternité. La même conclusion s'impose à l'égard du préjudice financier causé par le fait que la femme engagée ne puisse occuper, pendant la durée de sa grossesse, le poste concerné »* (429).

---

428) Marine FACON, Salariés protégés - Une vigilance accrue sur les procédures applicables, JA 2025, n°716, p.40 ; Sandrine MAILLARD-PINON, Maternité, Répertoire de droit du travail, octobre 2012, n° 26.

429) CJCE 3 févr. 2000, Mahlburg, pt 29 ; https://eur-lex.europa.eu/legal-content/FR/ALL/?uri=CELEX%3A61998CJ0207. Voici le dispositif même de cet arrêt : « Statuant sur la question à elle soumise par le Landesarbeitsgericht Mecklenburg-Vorpommrn, par ordonnance du 16 avril 1998, dit pour droit : *« L'article 2, paragraphes 1 et 3, de la directive 76/207/CEE du Conseil, du 9 février 1976, relative à la mise en œuvre du principe de l'égalité de traitement entre hommes et femmes en ce qui concerne l'accès à l'emploi, à la formation et à la promotion professionnelles, et les conditions de travail, s'oppose au refus d'engager une femme enceinte pour un emploi à durée indéterminée au motif qu'une*

Deuxième question : comment concilier le droit équivalent des femmes et des hommes à être recruter avec l'interdiction de placer ou de maintenir une femme en grossesse à un poste dangereux pour le futur bébé ? Plus précisément, faut-il quand même recruter une candidate dont on sait que pendant des mois elle pourra utilement entrer en fonction ? Elle serait payée à ne rien faire (430).

Or selon l'arrêt Dekker de la CJCE (08 novembre 1990), *« Un employeur agit directement en violation du principe d'égalité de traitement, s'il refuse de conclure un contrat de travail avec une candidate qu'il avait jugée apte à exercer l'activité concernée, lorsque ce refus d'engagement est fondé sur les conséquences possibles, dommageables pour l'employeur, de l'engagement d'une femme enceinte, et résultant des règles qui, édictées par les autorités publiques en matière d'incapacité de travail, assimilent l'empêchement d'exercer une activité pour cause de grossesse et d'accouchement à l'empêchement d'exercer une activité pour cause de maladie »* (431).

interdiction légale de travail attachée à cet état fait obstacle, pour la durée de sa grossesse, à ce qu'elle occupe, dès le départ, ledit emploi ».

430) Marine FACON, Salariés protégés, Une vigilance accrue sur les procédures applicables, JA 2025, n°716, p.40.

431) À ce sujet la France a la réputation d'y procéder avec retard, mais (peut-être pour se rattraper) en prévoyant des dispositions beaucoup plus rigoureuses que celles suggérées par la directive.

Section 2. – La publicité comme sanction des absences.

243. – L'injustice possible de la publicité des absences.

L'amour-propre est un puissant moteur des actions humaines. Peu de gens supportent de perdre la face en passant pour imbéciles, incompétents ou irresponsables. Cette fibre personnelle est susceptible d'être actionnée pour conduire des absentéistes à davantage fréquenter les lieux qu'ils désertent sans raison défendable. Dans l'espoir d'une autocorrection des intéressés, il a parfois été suggéré de faire la publicité de leurs absences (§ 1). Le problème est que les pourfendeurs de l'absentéisme d'autrui se trompent quelquefois. L'on comprend dès lors que leurs innocentes victimes souhaitent réparation (§ 2).

§ 1. – La médiatisation parfois légitime des absences.

244. – La la publicité des absences et le Name and Shame.

C'est la structure à qui l'absentéiste aura fait faux bond qui semble la mieux à même d'assurer la publicité de cet évènement indésirable. Mais en pratique, des tiers s'en mêlent quelquefois. Ils procèdent en effet unilatéralement à une diffusion de l'identité des personnes absentéistes (A.). La démarche n'est pas neutre ; elle est même méchante. Il s'agit de faire honte aux personnes manquant à leur obligation d'être présentes. C'est le concept controversé du Name and Shame (B.).

A. – Le jugement moral sur les absences et les absentéistes.

245. – Un PV sur les présents, les excusés et les absents.

En matière de réunions de travail, de conseils d'administration ou d'assemblée générales, les absentéistes sont dénoncés de façon implicite par les procès-verbaux (PV), par les comptes rendus, ou par les rapports. Une telle désignation quasi officielle les blesse parfois. À l'inverse, les présents se sentent indirectement valorisés. Une situation intermédiaire est plutôt celle des personnes excusées.

Cela dit, comment ranger les membres dans l'une des trois catégories ? A priori, pas de difficulté pour les présents : la feuille de signature ou une photo du jour permet de les identifier (432). Le classement des absents ne pose pas davantage de difficulté : ils n'auront pas signé, ou ne figureront pas sur la photo.

246. – La réflexion sur les personnes excusées à une réunion.

La catégorie des personnes excusées donne davantage à réfléchir. Car, sur quelles bases l'est-on, et qui constate ou accorde l'excuse ? On supposera que l'excusé est un absent involontaire. Si son empêchement (son motif d'absence) n'est pas survenu brusquement, il en aura informé ses collègues en amont. De sorte que ces derniers réaliseront à temps qu'il n'y aura pas à compter sur sa participation ; sauf peut-être par mandataire interposé (433).

---

432) Le problème possible étant celui de la légitimité de la participation à la réunion. En effet, avaient-ils tous le droit d'être là ?

433) Puisque le mandant votera en définitive comme les présents, doit-on le regarder comme présent, ou comme absent, ou comme excusé ?

Malgré l'éventuelle légitimité des excuses, si le quorum prévu n'est pas atteint, la réunion et les votes devront être reportés à plus tard. Cela étant, *« dès lors que le quorum est atteint une élection est régulière malgré le défaut de la mention « non excusés »* au regard des noms de conseillers absents (434).

D'ailleurs, l'empêchement doit-il être précisé à tous les participants, ou seulement au bureau directeur, voire au seul président de l'instance ? Chacune des trois possibilités semble admissible, mais également susceptible d'une contestation devant la juridiction compétente. Par ailleurs, y a-t-il des délais pour présenter la justification de son absence ? Sans doute le plus tôt possible, et en tous cas avant la réunion suivante où justement le PV sera validé.

247. – L'absence titre de noblesse ou brevet de résistance.

Il est arrivé que ne point figurer parmi les présents soit reconnu comme courageux et salutaire. Par exemple, et au contraire, la grande majorité des observateurs estiment qu'il aura été funeste (de la part du Parlement) d'accorder les pleins pouvoirs au maréchal Pétain. La très grande majorité des présents avaient voté *''pour''* et une petite minorité *''contre''* (435).

---

434) TA Rennes 24 mai 1989, Gueguen, RJTCA 1990. 276, no 194 ; Francis-Paul BÉNOIT et Jean BÉNOIS, Encyclopédie des collectivités locales, Chapitre 1 (folio n°460) - Municipalité : composition, Août 2015.

435) Quelques "pour" célèbres (de notre point de vue) : Pierre Laval, Taittinger, Joseph Caillaux, René Coty, Jean Deschanel. Quelques "contre" : Vincent Auriol, Léon Blum, Paul Cabanis, Daladier, Léo Lagrange, Marquis de Chambrun.

Ces derniers auront été regardés par le GÉNÉRAL DE GAULLE comme les premiers résistants sur le sol français. Il leur adjoignait volontiers ceux qui avaient refusé de prendre part au vote (436).

Mais aurait-il été opportun et utile que chaque Français de l'époque épousât une attitude similaire ? Selon un auteur, plusieurs corps de métier avaient opté pour la résistance plus ou moins concertée. Cependant, il ne sembla pas pertinent aux intéressés de démissionner en bloc ; dans l'espoir puéril que la France recouvrit alors l'indépendance et la liberté.

Pire, la démission collective revenait à inciter les *''collaborateurs''* à rechercher dans un tel groupe ceux qui s'adonnaient déjà à « *l'action secrète contre l'occupant* ». Il fallait pourtant qu'au moins l'un d'entre eux le criât à la face du monde. Ce fut alors le juge PAUL DIDIER qui s'y colla (437).

Et puis, ceux qui avaient voté pour la modification constitutionnelle désormais honnie ne pouvaient anticiper (à l'instant T) toutes les conséquences qui risquaient de s'ensuivre. A l'issue de la guerre, beaucoup de ces hommes politiques n'ont plus exercé de mandats électifs, soit parce que la population n'en voulait plus, soit parce que les nouvelles autorités les auront fait jugé et privé de leurs droits civiques. La SNCF aura également procédé à une épuration de ses agents (438).

---

436) Parmi la centaine en question : Pierre Mendès-France, Alexandre Millerrand, Monnerville.

437) Cf. Jean-Paul JEAN et Paul DIDIER, le juge qui a dit publiquement non à Pétain, Les cahiers de la justice 2022. 315.

438) Charlotte POULY, Les agents et dirigeants de la SNCF, épurés sous Vichy, épurés après Vichy. Regard croisé autour de la réintégration, Histoire & mesure (2014/2 Vol. XXIX).

D'un autre côté, quoi penser des parlementaires excusés ? Dans le Journal Officiel du mercredi 10 juillet 1940 on lit : *« MM. Jacquinot, Parayre, Tony Révillon, Auguste Mounié, Hamelin, le général Stuhl, le général Hirschauer, Alexandre Duval, Jean Philip, Henry Bérenger, Melenne et Paul Reynaud s'excusent de ne pouvoir assister à la séance ».*

En tout état de cause, c'est la publication (par le Journal Officiel) des présents, des absents et des excusés, qui aura rendu notre actuel jugement de valeur. Pour la suite de leur vie, les intéressés ont alors porté l'évènement comme une malédiction ou comme une bénédiction.

Une publication des votes nominatifs n'aurait pas que du bon. Car les parlementaires étant identifiables, ils pourraient alors subir les conséquences négatives de leurs votes. Précisément, les GILETS JAUNES avaient attaqués des permanences de parlementaires, voire leurs domiciles (439).

248. – L'absentéisme une faute de gestion d'administrateurs.

L'absence au bureau de vote n'est pas systématiquement de nature à exonérer un administrateur des responsabilités inhérentes aux préjudices causés par la décision litigieuse de son instance collégiale. Car, prendre part aux réunions fait partie des obligations des membres d'un tel conseil. L'on se figure que l'intéressé aurait pu faire pencher la décision dans un meilleur sens (440).

La cour d'appel de Versailles (21 octobre 1993) avait eu à condamner à des dommages et intérêts un administrateur

---

439) Théo SCHERER, Loi renforçant la sécurité des élus locaux : je préviens, je protège et j'informe, D.A. 5 avril 2024.

440) Clotaire MOULOUNGUI, L'absentéisme des décideurs, hic pour quorums et majorités, Didactijuris, 2024.

ayant reconnu « *ne pas avoir exercé les fonctions de surveillance et de contrôle qui lui incombaient* », à cause du président-directeur général.

Les conseillers Versaillais lui avaient rétorqué qu'il s'était volontairement mis dans l'impossibilité d'exercer sa mission de contrôle. Dès lors, il n'aura pu empêcher ou essayer de prévenir les dérives de gestion expliquant la liquidation judiciaire de l'organisme. Or sa responsabilité personnelle ne pouvait être absoute par « *l'éventuelle carence du président-directeur général* » (441).

L'un des commentateurs de l'arrêt dit en conséquence que l'abstention est l'une des manifestations possibles de la faute de gestion. En tous cas, les administrateurs ne sauraient se contenter de voter des mesures lors de réunions à distance ou sur place.

Effectivement (un peu comme les parlementaires à l'égard du gouvernement), ils ont par ailleurs une mission de contrôle. Aussi le président et les directeurs de leur organisme doivent-ils se savoir surveiller. Sur la tête des administrateurs, il plane ainsi des sanctions tant pour leurs actions que pour leurs omissions.

Plus généralement, « *les dirigeants sociaux ne peuvent s'exonérer de leur responsabilité en alléguant qu'ils n'ont pas pris part aux agissements fautifs. Il leur faut critiquer ou démissionner* » (442).

On sait que la personne morale verra peut-être sa responsabilité pénale engagée, et sûrement sa responsabilité

---

441) CA Versailles 13e ch., 21 oct. 1993, n° 507, Stergard c/ Chavinier ès-qualités.

442) PAUL LE CANNU, Bulletin Joly Sociétés, 1994 - n°1 - page 99.

civile (443). Or, la responsabilité pénale de la personne morale n'exclue pas celle des personnes physiques. D'un autre côté, la personne morale a le droit d'exercer une action récursoire contre les mandataires sociaux.

249. – L'assiduité scolaire grâce à une publicité des absences.

L'écolier devrait certainement très tôt se familiariser avec l'assiduité dans l'effort et la fréquentation des lieux de l'activité professionnelle. Car il est un futur travailleur et un futur électeur ; c'est-à-dire un bon citoyen.

Un membre du Conseil d'État rappelle que « *Jules Ferry pensait que la commune était à la démocratie ce que l'école primaire était au savoir : le lieu des apprentissages essentiels, dont le citoyen devait sortir armé pour faire face à ses devoirs* » (444).

À cet égard, la loi du 28 mars 1882 de laquelle découle l'instruction obligatoire des enfants avait envisagé l'hypothèse de l'école buissonnière. Le cas échéant, le père ou la personne responsable de l'enfant absentéiste devait comparaitre devant une commission municipale réunie dans la salle des actes de la mairie.

À l'intérieur de cette enceinte solennelle, devait lui être rappelé le texte de la loi scolaire, ainsi que le devoir d'assiduité. En cas de réitération de l'absentéisme ou en cas de non-comparution, les noms, prénoms, qualités des

443) Clotaire MOULOUNGUI, La nature de la responsabilité pénale des personnes morales en France, RD pén. crim. 1995, Chron. p. 143 ; L'élément moral dans la responsabilité pénale des personnes morales, RTD. Com. 94.441.

444) Thierry TUOT, Les droits du sectionnaire, AJDA 2003. 2203.

personnes responsables devaient être *« cloués »* à la porte de la mairie, avec une notice explicative.

À l'époque, l'utilité de l'école était mal comprise, et ses objectifs paraissaient dérisoires (445). Du reste, cette école était très sélective, et les meilleurs devaient s'éloigner de plus en plus de leur terroir ; pour une ville toujours plus grande, pour le collège, pour le lycée, etc. Or les enfants étaient une aide précieuse dont il était difficile de se passer à la ferme et aux champs (446).

250. – L'affichage de l'absentéisme de son rival à l'élection.

À la veille des élections municipales de mars 2014, un candidat avait vu (placarder par son rival) un tract mettant en cause son absentéisme au cours de son précédent mandat en qualité de conseiller municipal de la belle bourgade SERVON (447).

Or, indique le Code électoral, *« il est interdit à tout candidat de porter à la connaissance du public un élément nouveau de polémique électorale à un moment tel que ses adversaires n'aient pas la possibilité d'y répondre utilement avant la fin de la campagne électorale »* (448).

Pourtant, le tribunal administratif de Melun (30 mai 2014) a refusé d'annuler l'élection obtenue par le

---

445) Parfois, les métiers offerts à la formation étaient déjà pratiqués par des villageois parfaitement analphabètes.

446) Aujourd'hui, la question concerne des populations en grande difficulté sociale. Or, les stigmatiser *« n'est pas une solution adaptée et efficace »* (Fanny ROGUE, De la difficulté à trouver des moyens efficaces pour lutter contre l'absentéisme scolaire, Petites affiches, 04/06/2015, n° 111, p. 6).

447) 3500 habitants environ, 20 km de Paris.

448) Code électoral, article L48-2.

dénonciateur. Le Conseil d'État (3 décembre 2014) s'est prononcé dans le même sens. Pour ces juges, le tract ne pouvait pas entraîner l'annulation parce que *« l'essentiel de son contenu ne constituait pas un élément nouveau de polémique électorale »* (449).

251. – La publicité même des absences excusables du député.

Au regard des listes publiées à l'issue d'une séance d'une chambre du Parlement, il est difficile (sinon impossible) d'indiquer d'emblée quels députés ou quels sénateurs auront manqué la séance prévue. Les textes en vigueur valorisent l'assiduité et passent l'absentéisme (ou l'inassiduité) sous silence.

C'est le cas de l'alinéa 2 de l'article 42 du Règlement de l'Assemblée Nationale. Il prévoit que *« les noms des commissaires présents, ainsi que les noms de ceux qui se sont excusés, [...], sont publiés au Journal officiel le lendemain de chaque réunion de commission ainsi que par voie électronique ».* Le règlement intérieur du Sénat dispose pareillement que : *« Le lendemain de chaque séance de commission, les noms des membres présents, des membres excusés et de ceux ayant délégué leur vote sont insérés au Journal officiel »* (450).

Pourtant des politologues se demandent si la publicité des absences n'aurait pas d'effet dissuasif sur les parlementaires défaillants. Or cela serait aujourd'hui aisé

---

449) Conseil d'État, N° 381909, COMMUNE DE SERVON. Certes, l'absentéisme d'un candidat est un élément susceptible de rebuter l'électorat. Néanmoins, l'argument avait déjà été soulevé pendant la campagne électorale. La publicité par affichage des absences d'autrui, est admissible en matière électorale.

450) Règlement intérieur du Sénat, article 15, alinéa 2.

grâce à l'Internet (451). De fait, le besoin de communication et de transparence conduit à publier un tableau mensuel des activités des sénateurs sur le site du Sénat. Ce tableau est actualisé quotidiennement, et au moins une fois par semaine.

Ainsi, un panorama du temps affecté par le parlementaire à son mandat se trouve à la disposition de tous. « *Toutefois, cela ne permet pas d'avoir une idée précise de l'assiduité des élus, car leur investissement peut également se retrouver dans les travaux préparatoires ou aux auditions. En effet, une nuance doit être faite entre présence et travail effectif des sénateurs* » (452).

D'ailleurs, grâce à une démarche comparatiste, l'on sait que : « *Si les parlementaires français aiment par dessus tout la séance publique et les joutes qu'elle autorise, les parlementaires allemands préfèrent consacrer leur temps au travail de commission. Dès lors, si les statistiques montrent parfois une grande similitude du temps [en quantité] consacré au travail législatif cela cache un rapport au temps qui peut être assez différent* » (453).

252. – La dissuasion de l'absentéisme par sa publicité.

Est-il frivole de chercher à donner de l'audience aux absences injustifiées ? Pas facile de répondre de façon définitive à cette question. Toutefois, une analogie est

---

451) Pauline LAGARDE, La réforme du règlement intérieur du Sénat destinée à lutter contre l'absentéisme parlementaire, Revue du droit public, 01/09/2016, n° 5, p. 1477.

452) Idem.

453) Gilles TOULEMONDE, Le temps parlementaire, Constitutions 2016 p.40.

possible avec les cas où le législateur demande aux magistrats d'ordonner la publicité de leurs jugements de condamnation (454).

Apparemment, les délinquants dont les turpitudes sont affichées s'en trouvent mortifiés. Au point de parfois solliciter la magnanimité des juges sur ce point spécifique. De la sorte, dans une affaire, un prévenu avait souhaité le sursis à propos de sa peine de publicité. Autrement dit, la diffusion surviendrait seulement en cas de récidive de sa part.

Mais la cour d'appel de Lyon (12 novembre 2003) l'avait débouté de cette demande. À l'occasion de l'examen du pourvoi, la Cour de cassation (3 juin 2004) avait répondu que la cour d'appel avait bien fait de refuser la faveur de jeter un voile pudique sur la délinquance fiscale de l'intéressé.

Dans un autre contentieux fiscal, le prévenu aura reproché à la cour d'appel de Versailles (18 mai 1990) d'avoir *« ordonné l'affichage de sa décision à la porte du domicile »*. C'est vrai qu'en l'espèce les conseillers se seront montrés bien plus sévères que la loi mise en œuvre (455).

---

454) Conseil constitutionnel, 29 septembre 2010, Publication du jugement de condamnation pour publicité trompeuse : conformité à la Constitution, D. 2011. 54.

455) Ce texte *« ne confère au juge pénal que le pouvoir d'ordonner l'affichage de sa décision sur les panneaux réservés à l'affichage des publications officielles de la commune où les contribuables ont leur domicile ou à la porte extérieure de l'immeuble du ou des établissements professionnels de ces contribuables »* (Cass. Crim., 7 juillet 1991, N° de pourvoi : 90-83905).

B. – L'exonération facile de dénonciateurs d'absentéistes.

253. – L'abus de sa liberté d'expression contre un absentéiste.

La personne présentée (à tort ou à raison) comme absentéiste en éprouvera parfois une meurtrissure. D'autant plus que, avait dit Beaumarchais : *« Calomnions, calomnions, il en restera toujours quelque chose ! »*. Dans ces conditions, quelle voie de recours pour la victime ?

La Commission Guinchard sur la répartition des contentieux, avait préconisé de sortir de la matière pénale la diffamation et l'injure, au contraire de ce qu'avait décidé le législateur de 1881. Les auteurs auraient alors éventuellement été condamnés pour une faute civile réparable au moyen de dommages-intérêts. En revanche, continuerait de relever du juge pénal le discours nourri par la discrimination (religieuse, ethnique, raciale, etc.).

La liberté de la presse était une conquête récente qu'il convenait de préserver des censeurs et des procéduriers ; c'est pourquoi agir contre un média devait être (rendu) difficile. Par exemple : le délai (très court) de trois mois ; l'indispensable indication des dispositions applicables de la loi ; l'impossibilité pour le juge de requalifier les faits.

Toutefois, nul ne milite aujourd'hui contre la liberté d'expression (et donc contre la liberté d'imprimer sa pensée : presse). Presque tous les citoyens se sont approprié ce droit. Parallèlement, et par conséquent, les victimes d'injures ou de diffamation se sont multipliées. Ainsi, les écluses procédurales prévues par la loi de 1881 pénalisent dorénavant des milliers de personnes par jour.

254. – Le vœu d'une indemnisation des victimes des médias.

Désormais, se pose la question de l'accès au droit et celle de la possibilité d'un procès contre les auteurs des diffusions préjudiciables. D'où l'intérêt ressenti d'une simplification des règles. Par exemple, en optant pour le (seul) recours classique en indemnisation ; la responsabilité civile délictuelle. Mais l'idée ne séduit nullement les auteurs indifférents au sort des (pauvres) personnes diffamées ou injuriées (456).

D'après eux, la contrepartie des fortes protections offertes à l'auteur du discours (éventuellement préjudiciable à autrui) doit rester la responsabilité pénale (encourue envers la société et envers cette victime). Il faut dès lors une réponse pénale là où l'honneur, la mémoire, ou la fortune d'une personne pouvait se jouer.

Au fond, notre société, soucieuse du sort des victimes (et demanderesse de pénalisation) irait à contrecourant en se refusant de prendre en considération la souffrance morale endurée par la personne vilipendée. Le changement des règles devrait au minimum consister en la possibilité de donner aux faits leur juste qualification. Ou bien le juge serait autorisé à retenir d'office l'article qui dans cette loi (de 1881) réprime les faits exposés.

255. – Le droit à une publicité des condamnations obtenues.

Si elles en avaient la possibilité, sans doute les victimes se vengeraient-elles parfois à outrance. Elles ignoreraient

---

456) Par Thierry MASSIS, Faut-il dépénaliser la loi du 29 juillet 1881 sur la liberté de la presse ?, Gaz. Pal. 4 sept. 2008, n° GP20080904001, p. 2.

donc la mesure ou la proportionnalité contenue dans l'adage restrictif « *œil pour œil, dent pour dent* ». Même lorsque la vengeance est finalement assurée par la puissance publique, une victime pourrait encore désirer que la condamnation du coupable se sache le plus possible.

Cette volonté d'attirer l'opprobre sur le coupable au-delà du cercle plus ou moins immédiat de l'affaire est certainement compréhensible. Néanmoins, est-elle fondée en droit ? Pour la Cour de cassation (18 octobre 2017) *« les décisions de justice étant publiques »*, il existe conséquemment un *« droit pour la victime, sauf abus, de procéder, à ses propres frais, à toute autre mesure de publicité de la condamnation prononcée à son bénéfice »* (457).

Mais ce n'est pas un droit de sur-amplifier les répercussions du jugement grâce à l'Internet (458). Il a été jugé qu'en mettant le dispositif du jugement temporairement en ligne sur son site internet, *« la société Newmat avait commis une faute en violation du principe suivant lequel nul ne peut se faire justice à soi-même ».*

À première vue, le texte publié semblait neutre ; il ne contenait pas de commentaire particulier. N'empêche que la démarche aboutissait à augmenter *« l'impact de la publicité donnée au jugement au-delà des limites résultant des termes*

---

457) Cass. Com., 18 octobre 2017, société Normalu, n° de pourvoi : 15-27136.

458) La publicité des jugements est contrecarrée par l'existence de décisions en chambre du conseil, lesquelles sont des décisions à huis clos. La Cour de cassation a dû préciser que cela n'est pas forcément « *incompatibles avec l'obligation d'impartialité, ni davantage avec l'exigence de publicité prévues par l'article 6.1 de la Convention européenne de sauvegarde des droits de l'homme et des libertés fondamentales* » (Cass. Crim., 15 juin 1994, affaire Abdelhakim X, n° de pourvoi : 93-83847).

mêmes de son dispositif ». Ce dont la cour d'appel a déduit que la société Newmat avait commis une faute constitutive de concurrence déloyale au préjudice de la société Normalu (459).

256. – La faute pour publicité d'une culpabilité probable.

Se faire indemniser pour préjudice consécutif à un abus de la liberté d'expression est impossible si, au lieu de se fonder sur la loi du 29 juillet 1881, la victime utilise malheureusement le Code civil en son article 1240 (autrefois art. 1382). L'erreur est également commise par les juges du fond eux-mêmes. Ainsi, dans une affaire tranchée par la cour d'appel de Douai (14 mars 2013), un couple avait confié sa fille mineure à un professeur de tennis censé la façonner en championne (de ce sport).

Mais hélas, il se sera par ailleurs décidé à initier et/ou à perfectionner la gamine dans le sport en chambre. L'ayant appris, les deux époux ont aussitôt craint la lenteur et l'insuffisance de la réponse pénale (460).

Dans cette affaire, la cour d'appel énonce que les deux parents auront eu le tort de *« s'ériger en enquêteur et en justicier, avec la conscience voire l'intention de nuire à la réputation et à la carrière de Monsieur Jean-François Y ».*

---

459) Cass. Com., 18 octobre 2017, société Normalu, n° de pourvoi : 15-27136.

460) « *Ne faisons pas croire à nos concitoyennes et concitoyens que les personnes mises en cause seraient protégées et bénéficieraient d'un système procédural en leur faveur. Il suffit d'une garde à vue, d'un interrogatoire, d'un procès, pour se rendre compte qu'il n'existe pas de juge laxiste et que les droits de la défense ne sont pas permissifs* » (Juliette CHAPELLE, Chérissons les droits de la défense ! AJ pénal 2024. 233).

D'après les conseillers douaisiens, en effet ils auraient dû se contenter *« de signaler les faits aux seules autorités compétentes et de s'en remettre aux instances disciplinaires et judiciaires afin que des sanctions soient éventuellement prises »* (461).

Or, les faits auront plutôt été largement diffusés ; au moyen du maximum de canaux. D'où l'octroi de dommages-intérêts au professeur. Sachant qu'il ne trouverait probablement plus jamais à s'employer nulle part (462). Des dommages-intérêts dont il n'aura toutefois pu jouir. Effectivement, son arrêt favorable aura été cassé : le délai de trois mois (pour utiliser le texte adéquat) était écoulé depuis l'origine (463).

La victime de propos médiatisés ne doit dont pas trop prendre le temps de la réflexion pour se tourner vers la justice réparatrice. Encore que la réparation alors rêvée cadre mal avec la liberté d'expression derrière laquelle entendra se retrancher l'auteur du préjudice médiatique.

---

461) Douai le 14 mars 2013.

462) A croire le prévenu, leur « *comportement excessif et malveillant* » rivalisait avec l'approche excessive du ministère public lui-même. Celui-ci n'avait pas hésité à parler de corruption de mineur, d'atteintes sexuelles sur mineur par personne ayant autorité, et de pédopornographie (pour des SMS et films coquins. Or, l'une seulement de ces infractions (les atteintes) se sera avérée exacte ; selon les juges du fond (juges impartiaux).

463) Cass. Civ. 1, 29 octobre 2014, n° de pourvoi : 13-22038.

§ 2. – La faute des justiciers pourfendeurs des absences.

257. – Le choix entre liberté d'expression et droit à réparation.

La personne qui aura été présentée à tort comme absentéiste subit assurément un préjudice. Or nous sommes bien loin de l'époque où une juridiction avait cru pouvoir dire que la douleur ne se monnaie pas. Aujourd'hui, le droit à des dommages-intérêts est un droit constitutionnellement reconnu aux victimes. Des procès sont donc envisageables à l'encontre des pourfendeurs (plutôt légers) de l'absentéisme d'autrui (A.). Néanmoins, ils causent le préjudice déploré dans le cadre de leur liberté d'expression, laquelle a également une valeur constitutionnelle. L'on peut donc se demander si l'indemnisation peut vraiment être obtenue par les faux absentéistes, les auteurs d'absences légitimes (B.).

A. – Les obstacles à la publicité de l'absentéisme d'autrui.

258. – La possible publicité des condamnations pénales.

Selon le Code pénal (art. 131-10) : « *Lorsque la loi le prévoit, un crime ou un délit peut être sanctionné d'une ou de plusieurs peines complémentaires qui, frappant les personnes physiques, emportent [...] affichage de la décision prononcée ou diffusion de celle-ci soit par la presse écrite, soit par tout moyen de communication au public par voie électronique* ».

De toute évidence, outre la permission d'un texte spécifique, le juge doit s'assurer que l'infraction pour laquelle il entend donner de l'écho n'est pas une simple contravention. L'absentéisme n'est ni un crime, ni un délit ;

sauf pour les déserteurs et les évadés (464). D'une autre côté, malgré leur gravité plusieurs infractions ne donnent pas lieu à publicité de la condamnation. Il y a donc peu de justification à recommander la publicité des absences d'une personne.

259. – La rareté des condamnations susceptibles de publicité.

Beaucoup de particuliers s'octroient le pouvoir de publier les absences qu'ils constatent de la part des uns et des autres. Leurs ligues anti-absentéisme œuvrent certainement aux frontières de la légalité. Un raisonnement a fortiori permet de s'en convaincre. En effet, même le juge ne procède à la publicité des condamnations qu'il prononce que si un texte l'y autorise. Mieux, les parlementaires eux-mêmes doivent aussi prendre des précautions ; et notamment se garder de prévoir l'automaticité d'une telle publicité.

Surtout que la Déclaration des Droits de l'Homme et du Citoyen (DDHC), de 1789, dispose, en son article 8, que : « *La loi ne doit établir que des peines strictement et évidemment nécessaires, et nul ne peut être puni qu'en vertu d'une loi établie et promulguée antérieurement au délit, et légalement appliquée* ».

La peine est évidemment nécessaire lorsque les faits punis appellent la réprobation sociale. Elle est strictement nécessaire en étant proportionnée aux faits et à la

---

464) « *Les rares évasions ont lieu pour la plupart à l'occasion de déplacements hors de l'établissement (extractions, hospitalisations d'office...). Rarissimes sont les évasions depuis la prison elle-même* » (Jean-Marie DELARUE, La loi et la pierre, Droit social 2011. 1145). Patrick BEAU, Le jardinage peut être un moyen d'évasion, D. 1997. 103.

personnalité du prévenu ou de l'accusé. Le Conseil d'État rappelle qu'il y a « *méconnaissance du principe de proportionnalité de sanctions ne prenant pas en compte la nature et la gravité des irrégularités commises* » (465).

À cet égard, un commerçant qui vantait abusivement la supériorité de ses produits et la modicité de ses prix a été convaincu de publicité mensongère. Or, il ne voulait pas que sa condamnation fît l'objet d'une publicité. Pour fonder sa demander de discrétion, il invoquait à la fois l'article 8 de la DDHC et l'article 6.1 de la CEDH (466). Selon lui, la loi autorisant la publicité systématique de sa peine violait ces sources supérieures (467).

Mais, son pourvoi contre l'arrêt de la cour d'appel de Reims (16 mars 2000) a été rejeté. La raison est que : *« si les mesures de publication et d'affichage de la décision s'appliquent de plein droit, échappant à l'appréciation des juridictions répressives, leur prononcé est subordonné à la reconnaissance de la culpabilité de l'auteur d'une fraude*

465) Conseil d'État, 18 mars 2020, n° 420244, Lebon 2020.

466) La CEDH a deux significations. C'est d'abord la Convention Européenne des Droits de l'Homme (et des Libertés Fondamentales) à laquelle font partie une quarantaine de pays, dont la Russie, la Turquie, la France, etc. La CEDH est par ailleurs la juridiction strasbourgeoise chargée de recevoir les plaintes contre les États contrevenants.

[467]467) Cependant, la Cour de cassation n'est pas juge de la validité des lois, lesquelles doivent bénéficier d'une application loyale de sa part (François MOLINIÉ, La loyauté dans le procès, Justice et Cassation 2024. 483). Elle ne saurait donc évincer du droit positif une loi qui lui semblerait soit inconstitutionnelle, soit inconventionnelle. Un bémol toutefois : dans le cadre de l'exception d'illégalité, le juge pénal s'avère juge de la légalité des actes administratifs base de poursuites.

fiscale par le juge pénal, après examen préalable de la cause par un tribunal indépendant et impartial » (468).

Il est vrai que la Cour de cassation n'a pas le pouvoir d'annuler une loi ; surtout pas une loi déjà en vigueur. C'est l'apanage du Conseil constitutionnel. Celui-ci peut désormais exclure de l'ordre juridique mêmes des dispositions législatives déjà promulguées et appliquées. C'est la procédure de la QPC, instituée seulement par la réforme constitutionnelle sarkozyste de 2008.

En vérité, le justiciable sollicitait sans doute le bénéfice de la technique de l'exception d'illégalité. Grâce à ce mécanisme juridique, la loi illégale (inconstitutionnelle) n'aurait pas été applicable à son cas. Toutefois, cette loi demeurerait dans l'ordonnancement juridique, et donc applicables à d'autres justiciables.

260. – L'effet relatif de la honte sur les absentéistes potentiels.

Y a-t-il de la honte à ne pas se rendre régulièrement à son travail ? La honte résulte du regard moqueur ou réprobateur des témoins. Par exemple, une personne qui tombe dans la rue se sentira soulagée de constater que nul ne l'aura vu choir (et donc déchoir). Il est rare qu'un évènement gênant connu du seul intéressé le déstabilise vraiment. Les cas contraires (de prise de conscience) se traduisent en des remords, c'est-à-dire en des reproches à soi-même (469).

Certaines situations autrefois gênantes pour leurs protagonistes se banalisent. C'est le cas des paris et des jeux

468) Cass. Crim., 7 mars 2001, N° de pourvoi : 00-82538.

469) Philippe JESTAZ, Réflexions sur « La règle morale dans les obligations civiles », D. 2024. 1857.

d'argent (470). C'est aussi le cas du concubinage (union libre ou, autrefois, concubinat) (471). De même, la jurisprudence décide qu'il ne faut plus s'exagérer l'infortune d'être cocu ; il ne s'agirait plus d'une situation exacerbée par l'émoi populaire.

261. – La publicité de condamnations en droit du travail.

La publicité des condamnations a d'abord concerné les prélèvements obligatoires (impôts et taxes, puis cotisations sociales) comme peine complémentaire. En droit du travail, les employeurs en sont l'objet dans diverses situations infractionnelles. C'est notamment le cas lorsqu'ils se refusent à respecter : l'égalité professionnelle (472) ; la sécurité (473) ;

---

470) Mathias LATINA, L'article 1965 du Code civil ne s'applique qu'au prêt consenti pour jouer, L'essentiel Droit des contrats, 2015, n° 2, p. 3 : « *Le Code civil [art. 1965] porte encore la trace d'une période pendant laquelle le jeu, frappé de réprobation sociale, était exclu de la sphère juridique. Les joueurs ne pouvaient donc attendre aucun secours du droit* ».

471) Franck DAHAN, Le créancier d'un concubin, Gaz. Pal. 21 nov. 2000, n° GP20001121001, p. 7 : Bien qu'il s'agisse d'un terme banalisé, n'emportant plus la réprobation sociale, une seule disposition du Code civil à l'article 340-4, alinéa 2 donne une définition du concubinage comme de simples relations stables et durables.

472) Geoffroy de RAINCOURT et Grégoire DUCHANGE, Égalité professionnelle : le maquis s'agrandit ! D.A. 4 avril 2014 ; Code du travail, article L1146-1.

473) Code du travail, article LL4741-5

le travail temporaire (474) ; la femme enceinte (475) ; le travail des enfants (476).

Les valeurs morales et sociales d'un endroit sont des notions qui s'apprécient « *au regard de considérations objectives et non en fonction de la sensibilité personnelle et subjective de la personne visée* » (477).

La cour d'appel de Paris a pu considérer que « l'évolution des mœurs comme celle des conceptions morales ne permettaient plus de considérer que l'imputation d'une infidélité conjugale [adultère] serait à elle seule de nature à porter atteinte à l'honneur ou à la considération » (478).

L'évolution des agissements suivis d'une réprobation populaire

474) C. DECHRISTÉ, Travail temporaire : le jackpot de la requalification, D.A. 6 juillet 2007 ; Code du travail, article L1255-12.

475) Code du travail, article L4743-1.

476) Code du travail, article L7124-34 ; Sandra COURCENET, Les normes internationales et le travail des enfants, AJ fam. 2006. 150.

477) Cass. Civ. 1, 17 décembre 2015, n° de pourvoi : 14-29549, magazine Point de Vue. Rejet du pourvoi contre l'arrêt de Paris (24 septembre 2014). Un pourvoi introduit par la femme bafouée, dont la vie semblait être exposée dans le livre La frondeuse, paru en 2012.

478) Cass. Civ. 1, 17 décembre 2015, n° de pourvoi : 14-29549, magazine Point de Vue. Rejet du pourvoi contre l'arrêt de Paris (24 septembre 2014). Un pourvoi introduit par la femme bafouée, dont la vie semblait être exposée dans le livre La frondeuse, paru en 2012.

B. – Une dette rare pour publicité des absences d'autrui.

262. – Le silence sur les jugements rendus à huis clos.

C'est en public que les jugements et arrêts sont rendus ; sauf dans quelques cas particuliers. Ensuite cependant, l'accès au relevé individuel des condamnations subies par une personne (casier judiciaire) devient secret aux institutions communes.

S'agissant de l'absentéisme, il est jugé par des instances disciplinaires aux décisions presque toujours prises à huis clos. En pratique, il arrive que celles-ci soient affichées. Le cas échéant, elles sont préalablement rendues anonymes : les protagonistes ne seront pas identifiables ou péniblement.

À ce propos, les dispositions statutaires relatives à la discipline des fonctionnaires mentionnent que : *« le pouvoir disciplinaire [...] peut décider, après avis du conseil de discipline, de rendre publics la décision portant sanction et ses motifs »* (479).

263. – La révélation légitime d'un absentéisme dans la presse.

Dans une affaire jugée par la cour d'appel de Bordeaux (28 mars 2013), un directeur d'entreprise aura été poursuivi pour avoir évoqué dans la presse l'absentéisme de la salariée licenciée. On y trouvait notamment l'affirmation *« selon laquelle les absences de la salariée désorganisaient le travail »*. Pourtant, sa lettre de licenciement sanctionnait plutôt *« le fait que Nathalie Y... était venue travailler pendant ses jours de congés »*. Était-ce l'assiduité excessive ou bien

479) Loi n° 84-16 du 11 janvier 1984 portant dispositions statutaires relatives à la fonction publique de l'État, article 67, alinéa 1.

l'indisponibilité infinie qui avait été sanctionnée par cet l'employeur ?

Il n'en reste pas mois que d'après les juges, le délit de diffamation découlait de ce que le directeur avait tenu ses propos (diffamatoires) sans faire preuve de prudence et de mesure (dans l'expression). Bien sûr, il pouvait être excusé en rapportant la preuve contraire (c'est-à-dire celle de sa pondération). En tous cas, les juges n'auront pas vu en quoi la tenue de propos tendant à stigmatiser l'absentéisme d'une salariée (ainsi que les conséquences qui en seraient provenues sur l'organisation du travail) serait la poursuite d'un but légitime.

Mais l'arrêt bordelais, confirmatif « *sur la culpabilité et sur la peine d'amende prononcée* » n'aura pas résisté au contrôle (de légalité) de la Cour de cassation (2 novembre 2014). Une annulation (en l'espèce sans renvoi) fut prononcée au visa de la liberté d'expression prévue par l'article 10 de la Convention européenne des droits de l'homme (480).

264. – La publicité d'absences déjà auto-médiatisées.

Dans une autre affaire, une salariée avait cru pouvoir faire condamner son employeur qui avait indiqué à des médias que son licenciement s'expliquait par un absentéisme

480) Cass. Crim., 2 novembre 2014, n° de pourvoi : 13-84142. Le lecteur notera au moins deux choses ici. En premier lieu, l'enjeu du litige était 3000 euros d'amendes, plus les intérêts civils. En second lieu, cette condamnation aura été décidée par la cour d'appel de Bordeaux en tant que juridiction de renvoi. En effet, l'affaire avait déjà fait l'objet d'un pourvoi en cassation (Crim. 16 octobre 2012, n° 11-85 366).

récurrent. La cour d'appel de Douai (5 novembre 2013) lui a donné raison, concluant par ailleurs à du harcèlement moral. Car, dès le début de l'année 2010, la salariée s'était vue retirer l'ensemble des prérogatives de responsable de l'office de tourisme.

Pour les conseillers douaisiens, le président de l'Office ne pouvait raisonnablement soutenir que cette décision avait été prise à l'encontre de l'intéressé à raison de son absentéisme, puisque ce manquement était lié à une dépression, elle-même consécutive à ce retrait des fonctions de responsable de l'office.

Le problème est que, dit la Cour de cassation (20 janvier 2015), *« la liberté d'expression ne peut être soumise à des ingérences que dans le cas où celles-ci constituent des mesures nécessaires au regard du paragraphe 2 de l'article 10 de la Convention européenne des droits de l'homme et des libertés fondamentales »* (481). Le président (d'office) espérait échapper à la sanction pénale (sur ce point tout au moins) en excipant de sa bonne foi.

Or la cour d'appel lui en avait refusé le bénéfice. En l'espèce, elle se sera trompée, car le propos incriminé était en lien avec un contentieux de la relation de travail déjà porté sur la place publique. En effet, une manifestation syndicale de soutien avait été organisée à l'occasion de l'inauguration d'une installation autoroutière de la société ASF. Ainsi, le licenciement en question était devenu une question d'actualité qui présentait un intérêt pour le public.

Dès lors, il n'y avait pas de franchissement des limites admissibles de la liberté d'expression, de la part du président de la société qui aura répliqué à sa propre mise en cause. Concrètement, il aura répondu aux sollicitations de la

481) Cass. Crim., 20 janvier 2015, n° de pourvoi : 13-88317.

presse ; de plus, avec prudence et mesure. Il se sera en effet limité à livrer sa version de l'affaire, en s'en tenant aux seuls griefs exprimés dans la lettre de licenciement. La cassation est intervenue sans renvoi, puisque rien ne restait à juger : la réplique tempérée du président était légale, même si elle avait porté sur l'absentéisme de la salariée.

265. – L'absentéisme prétendu d'un pharmacien calédonien.

Dans une espèce jugée par la cour d'appel de Nouméa (22 août 1996), la diffamation consistait en *« l'imputation d'absentéisme du pharmacien dans son officine »* (482). Les lecteurs de Nouvelle-Calédonie avaient eu cinq occasions de l'apprendre en feuilletant le journal local, du 3, ou du 6, ou du 9 août 1993 ; sinon les livraisons du 11 et du 14 novembre 1993. Quatre mois après la cinquième de ces mentions litigieuses, la victime a vainement transmis son droit de réponse au directeur de la publication (483).

Las d'en attendre la publication, à savoir sept mois après la dernière agression journalistique, il se décida alors de saisir la justice (7 juillet 1994). L'apothicaire soutenait que l'accusation de désertion habituelle de son officine *« avait porté atteinte à son honorabilité en tant que pharmacien, membre d'une profession de santé, et avait entraîné une répercussion sur son chiffre d'affaires »*.

Toutefois, et à l'instar du tribunal intervenu avant elle, la cour d'appel aura dénié la réparation sollicitée. Son arrêt confirmatif a d'ailleurs été repris par la Cour de cassation (5 novembre 1998). Ainsi donc, les victimes de situations

482) Cass. Civ. 2, 5 novembre 1998, n° de pourvoi : 96-22050.

483) Emmanuel Dreyer, Nouvelle restriction judiciaire mise à l'exercice d'un droit de réponse en ligne, Légipresse 2025. 36.

analogues devraient savoir que *« l'action civile en dommages-intérêts, résultant du délit de diffamation, est soumise à la courte prescription de 3 mois édictée par l'article 65 de la loi du 29 juillet 1881, même si elle est portée devant la juridiction civile et exercée indépendamment de l'action publique ».*

266. – La prescription dans les trois mois de la publication.

Dans l'affaire ci-dessus (du pharmacien calédonien), le problème est que c'est bien longtemps après la publicité de son absentéisme prétendu qu'il en aura eu connaissance lui-même. De sorte qu'il n'encourant certainement pas le reproche de négligence dans la défense de son propre droit. De plus, il pouvait apparemment compter sur la bienveillance classique de la jurisprudence en matière de prescription.

En effet, selon le Rapport annuel 2014 de la Cour de cassation, l'action en responsabilité délictuelle risquait originellement la prescription extinctive à partir de la survenue du préjudice, ou bien à compter de son aggravation (484). Néanmoins, l'ignorance prouvée de la victime aura conduit la jurisprudence à repousser le décompte du délai de prescription ; pour le faire partir du jour de la découverte (485).

Certes, l'impossibilité apparente d'une pareille démonstration (preuve négative : ignorance,

---

484) https://www.courdecassation.fr/publications_26/rapport_annuel_36/rapport_2014_7040/livre_3_etude_temps_7047/emprise_droit_7193/fonction_extinctive_7196/delais_prescription_31946.html.

485) Cass. Civ. 1, 11 mars 2010, pourvoi no 09-12.710, Bull. 2010, I, no 62 ; Cass. Civ. 2, 13 mars 2008, pourvoi no 07-12.962.

méconnaissance) est traditionnellement reconnue comme l'exigence d'une preuve diabolique. Encore que les juges du fond puissent se montrer accommodant en la matière (486).

Malheureusement, la Cour de cassation a impitoyablement précisé que *« le point de départ du délai de prescription est fixé à la date de la publicité de l'écrit comportant les imputations diffamatoires, alors même que la personne diffamée se serait trouvée dans l'impossibilité de connaître à cette date les attaques dont elle a été l'objet »*. Une analyse différente semblait possible en partant du droit à indemnisation reconnue à toute victime. Or il s'agit d'un droit ayant dorénavant une valeur constitutionnelle. Il convient par conséquent de le concilier avec les droits subjectifs concurrents.

Dans une communication lumineuse (487), le Professeur RADÉ parle des caractères constitutionnels du droit de la responsabilité civile (caractère personnel et réparation intégrale), après en avoir identifié les Fondements (exigence constitutionnelle et égalité devant les charges publiques).

C'est toutefois en 2011 que, dans les mêmes colonnes, l'on découvre plus nettement encore « *La constitutionnalisation de la responsabilité civile* » sous la plume des Professeurs Pascale DEUMIER et Olivier GOUT. Ils caractérisent « *l'encadrement constitutionnel de la responsabilité civile* » par sa consolidation et par sa mise en œuvre instable. Selon eux, la responsabilité civile se trouve confrontée à la jurisprudence constitutionnelle ; d'abord à « *l'aune des*

---

486) Cass. Civ. 1, 9 novembre 2004, pourvoi no 02-20.117 ; Cass. Com., 30 mars 2010, pourvoi no 08-17.841, Bull. 2010, IV, no 69.

487) RADÉ, Liberté, égalité, responsabilité, Cahiers du Conseil Constitutionnel, juin 2004, n° 16.

canons actuels du droit de la responsabilité » ; ensuite « *à l'aune de l'avenir de la responsabilité civile* » (488).

Précisément, le pharmacien avait suggéré la possibilité d'un repli vers le Code civil et ses principes de responsabilité civile. Étant entendu qu'à l'époque, les délais pour agir s'étalaient sur des années ; et ils demeurent plutôt longs, même après la réforme de la prescription de juin 2008.

En effet, « *Les actions personnelles ou mobilières se prescrivent par cinq ans à compter du jour où le titulaire d'un droit a connu ou aurait dû connaître les faits lui permettant de l'exercer* » (489).

Mais l'espoir de notre disciple de la déesse Hygie a été déçu. En effet, a proclamé la Cour de cassation (05 novembre 1998), « *la partie lésée ne peut, pour échapper à cette prescription [de trois mois], attribuer aux faits qui lui ont causé le dommage dont elle poursuit la réparation, le caractère de délit ou de quasi-délit civil, donnant lieu à une demande en dommages-intérêts soumise aux règles de prescription du droit commun* » (490).

---

488) Pascale DEUMIER et Olivier GOUT, La constitutionnalisation de la responsabilité civile, Cahiers du Conseil Constitutionnel, 2011.

489) Article 2224 du Code civil, issu de la LOI n°2008-561 du 17 juin 2008 - art. 1.

490) Dans cette affaire, le directeur de la publication aura gagné sur toute la ligne. Y compris sur le refus d'insertion de la réponse du pharmacien tendant à voir rectifier l'erreur initiale ; rectification qui aurait tari le besoin de procès. Et pourtant la soumission spontanée au droit de réponse devrait être inscrite dans l'âme du journaliste censé épris des principes de contradiction et de vérité. Outre l'obligation légale : « *Le directeur de la publication sera tenu d'insérer dans les trois jours de leur réception, les réponses de toute personne nommée ou désignée dans le journal ou écrit périodique quotidien sous peine de 3 750 euros d'amende sans préjudice des autres peines et dommages-intérêts auxquels l'article*

267. – L'exonération de pétitionnaires contre l'institutrice.

Une jurisprudence similaire à la précédente aura épargné des parents d'élèves poursuivis par une institutrice. Il se trouve qu'elle aura été vainement candidate à un poste de directrice. À la croire, sa candidature avait souffert de la pétition *« lui imputant [entre autres] un absentéisme important et des retards répétées »*. D'où une saisine de la justice.

De façon générale, sa *« demande tendait à obtenir l'indemnisation des conséquences dommageables de propos rendus publics, portant atteinte à l'honneur et à la considération »*. Or au lieu de placer son action en justice sous l'égide de la loi sur la presse, notre professeur des écoles avait préféré le patronage plus familier du Code civil.

Certes, la cour d'appel de Colmar (18 mai 2000) n'y avait rien trouvé à redire. Mais c'était sans compter avec les parents d'élèves en question, à propos desquels le qualificatif de *''procéduriers''* pouvait se rajouter à celui de *''justiciers''*. La Cour de cassation leur a donné raison dans un arrêt de principe (que d'aucuns trouveront être d'espèce, tant il ressemble à tant d'autres).

Voici son enseignement classique : *« les abus de la liberté d'expression prévus et sanctionnés par la loi du 29 juillet 1881 ne peuvent être réparés sur le fondement de l'article 1382 [art. 1240 désormais] du Code civil ; que l'action publique et l'action civile résultant des crimes, délits et contraventions prévus par la loi susvisée se prescrivent par*

---

pourrait donner lieu » (Loi de 1881 sur la presse, art. 13, alinéa 1).

trois mois révolus à compter du jour où ils ont été commis ou du jour du dernier acte d'instruction ou de poursuite s'il en a été fait » (491).

Pas de doute, l'institutrice aura été mal conseillée ; car sa demande relevait plutôt de la loi du 29 juillet 1881. Effectivement, son action en justice visait à obtenir la réparation du préjudice consécutif à des propos. Des propos rendus publics malgré leur effet négatif sur l'honneur ou sur la considération d'autrui.

269. – La chance du critique d'universitaires absentéistes.

Encore relativement au monde des professeurs, il se trouve qu'un maître-assistant du Centre universitaire de la Réunion a accordé une interview au périodique local, dénommé Dimanche. Dans le numéro paru le 30 juillet 1981, on pouvait notamment y lire sa dénonciation de « *l'absentéisme abusif de certains de ses collègues de l'U.E.R Droit* ». Ces collègues l'ont alors poursuivi pour propos injurieux ou diffamatoires devant la juridiction pénale. Cette dernière l'a condamné tant en première qu'en seconde instance.

L'arrêt confirmatif de la cour d'appel de Saint-Denis de Réunion (4 janvier 1984) a déclaré l'enseignant coupable des délits de complicité de diffamation. La sanction, purement financière, se sera élevée à 1000 francs d'amende et à un franc (symbolique) de dommages-intérêts. Se rajoutait cependant le coût financier et moral de la publication de l'arrêt.

Saisie à son tour (et malgré la réalité des faits) la Cour de cassation (5 juin 2003) a annulé cette condamnation. Ici

491) Cass. Civ. 2, 5 juin 2003, N° de pourvoi : 00-19036.

l'homme de la rue s'offusquera d'un tatillon formalisme. C'est que les propos injurieux ou diffamatoires sont exclusivement punis sur la base de la vieille loi (maintes fois modifiées) du 29 juillet 1881.

Cette loi contient des dispositions utilisables lorsque la victime est un particulier (492), et d'autres lorsque la victime est un agent public (493). Or, dit la Cour de cassation, *« les fait reconnus comme diffamatoires ou injurieux par l'arrêt attaqué étaient [...] imputés à des professeurs d'université donc à des fonctionnaires publics, pris en cette qualité et en raison de leurs fonctions et non à de simples particuliers »* (494).

En résumé, les pourfendeurs injustes de l'absentéisme (de fonctionnaires ou de salariés) sont punissables. Pourvu que les poursuites à l'encontre soient basées sur la disposition pénale adéquate. À cette occasion, des intérêts civils (des dommages-intérêts) sont envisageables.

---

492) Articles 32 alinéa 1 et 33 alinéa 2.

493) Articles 31 et 33 alinéa 1.

494) Cass. Crim, 16 avril 1985, n° de pourvoi : 84-90169.

Bibliographie sommaire

Manuels et extraits d'encyclopédies

Renvois en autocitation

Clotaire MOULOUNGUI, Absentéisme des décideurs, hic pour quorums et majorités, Didactijuris, 2024.

Clotaire MOULOUNGUI, L'absentéisme dans les formations, préf. Catherine COUTURIER, Didactijuris, 2025.

Clotaire MOULOUNGUI, L'absentéisme dans les métiers du care et du soin, Didactijuris, 2024, 121 pages.

Clotaire MOULOUNGUI, L'absentéisme et ses inconvénients prétendus, Th. Nantes, 2023.

Clotaire MOULOUNGUI, *La question de la légitimité des absences au travail et ailleurs*, Didactijuris, 2024, 301 pages.

Clotaire MOULOUNGUI, La question de la légitimité des absences au travail, Didactijuris, 2024, 301 pages.

Clotaire MOULOUNGUI, Le sous-effectif dû au personnel, préf. Jean-Yves KERBOURC'H, Didactijuris, 2025.

Clotaire MOULOUNGUI, Les leviers incitatifs de l'assiduité au travail, Singleton, 2025.

Clotaire MOULOUNGUI, Méfaits et Bienfaits de l'Absentéisme, Didactijuris, 2024.

Clotaire MOULOUNGUI, Responsabilités et Indemnités, en matière d'absentéisme, Didactijuris, 2024, 225 pages.

Autres auteurs

Antoine MAZEAUD, Droit du travail, LGDJ.

Elsa PESKINE et Cyril WOLMARK, Droit du travail, HyperCours, Dalloz.

Gilles AUZERO, Dirk BAUGARD et Emmanuel DOCKÈS, Droit du travail, Précis Dalloz.

Jean MOULY et Jean SAVATIER, Droit disciplinaire, Sanctions disciplinaires, Répertoire de droit du travail.

Philippe TERNEYRE, Grève dans les services publics, Répertoire de droit du travail.

Romain MARIÉ, Fasc. 28-15 : Suspension du contrat de travail. – Applications, JurisClasseur Travail Traité.

Sandrine MAILLARD-PINON, Maternité, Répertoire de droit du travail.

Stéphanie DAMAREY, Cour de discipline budgétaire et financière, Répertoire du contentieux administratif.

Yves GUYON, Répertoire de droit des sociétés, Assemblées d'actionnaires.

Revues surtout juridiques et privatistes

Revues après 2019

Alexandre NIVERT, Barème Macron : quelle indemnité pour un salarié ayant plus de dix ans d'ancienneté dans une entreprise de moins de onze salariés ? D.A. 15 mai 2025.

Amélie ALBY BONARDI, L'indemnisation de la rupture depuis l'entrée en vigueur du barème Macron : entre contournement et inconventionnalité, La Semaine Juridique Social n° 17, 30 avril 2024, 1141).

Amélie D'HEILLY et Marion BIESSE, Inaptitude - En questions : le contrôle patronal des arrêts de travail, *La Semaine Juridique Social* n° 8, 25 Février 2020, act. 63.

Anne-Christine TRÉMON, Reproduction sociale, exploitation des femmes et des immigrés, solidarité intergénérationnelle : une relecture contemporaine de Claude MEILLASSOUX, Revue L'Homme, 2025, Pages 143 à 163.

Bertrand de BELVAL et Jean VILLACÈQUE, Suspension provisoire d'un avocat poursuivi pénalement, GPL 13 déc. 2022, n° GPL443s8.

Cécile MARTIN, Ogletree DEAKINS et Maëlys DEFROCOURT, Licenciement nul : quelles sommes sont dues au titre de l'indemnité d'éviction ? D.A. 22 mars 2023.

Christophe BIGOT, La complicité de diffamation non publique : un régime juridique en construction, Dalloz IP/IT 2024. 302).

Christophe RADÉ, L'égal et le juste : retour sur la justification des différences de traitement, Droit social 2025. 254.

David GUILBAUD et Nicolas PÉHAU, Paiement irrégulier de rémunérations, *AJDA* 2020. 1901.

Emmanuel DREYER, Nouvelle restriction judiciaire mise à l'exercice d'un droit de réponse en ligne, Légipresse 2025. 36.

Grégoire CALLEY, Conditions de validité de l'exercice du droit de retrait pendant la crise sanitaire AJFP 2025. 272.

Guillaume BEAUSSONIE et Antoine BOTTON, La consigne : punir l'élu (local) en laissant libre l'électeur, D. 2025. 1037.

Gwennhaël FRANÇOIS, L'unité de décompte du temps de travail : l'heure ou le jour, Droit social 2022. 11).

Jérémy BOUSQUET, Licenciement pour insuffisance professionnelle : la motivation par référence est à bannir, AJFP 2024. 281).

Julie KLEIN, Des limites au principe selon lequel nul ne peut se constituer de titre à lui-même, RTD civ. 2024. 711.

Laurent GAMET, Le travailleur et (les deux visages de) l'algorithme, Droit social 2022. 775.

Loïc MALFETTES, Licenciement de salarié protégé et exigence de maintien de salaire, A.D. 11 juin 2020

Marie MERCAT-BRUNS, Les multiples formes de la discrimination fondée sur le handicap, Rev. trav. 2024. 331.

Marie-Christine DE MONTECLER, Accessibilité : la carotte et le bâton, AJDA 2023. 817 ;

Marine PÉTRAUD, Ines BELLADONNA et Piotr ROUSSEL, La « déprocéduralisation » en droit des fonctions publiques : une mutation du rapport de force entre une administration employeuse et ses agents ? AJFP 2025. 8).

Mathieu TOUZEIL-DIVINA, L'obligation procédurale d'enquête en cas de dénonciation d'un harcèlement moral, AJFP 2025. 23 ;

Mathilde ICARD et Pauline DELENTAIGNE-LEROY, Le rappel à l'ordre, levier managérial, AJFP 2024. 451.

Morane KEIM-BAGOT, Activités non autorisées, restitution des IJSS et pénalité financière, Note sous CASS. CIV. 2, 28 mai 2020, n° 19-12962 et 19-14010, BJT sept. 2020, n° 113y6, p. 42).

Nathalie BOURZAT-ALAPHILIPPE, Arrêt de travail et contre-visite médicale, JS 2024, n°255, p.46.

Olivier DIDRICHE, Le bon et le mauvais manager... et les conséquences juridiques de l'exercice « anormal » du pouvoir hiérarchique, AJCT 2025. 163.

Patrice ADAM, Le bouffon du (d)Roi(t), Droit social 2022. 512 ;

Pierre-Yves VERKINDT, Maladie et inaptitude médicale, Répertoire de droit du travail, avril 2021, n° 60.

Raphaël RENEAU, Des transformations managériales de l'exercice du pouvoir hiérarchique, AJFP 2025. 301.

Samuel DELIANCOURT, Se soustraire aux contre-visites médicales peut être assimilé à un abandon de poste, AJFP 2025. 91 ;

Sandrine FOULON, Le travail doit payer, oui mais comment ? Alternatives Économiques, 20 juillet 2024.

Sandrine MAILLARD, Le désengagement au travail des salariés, Droit social 2025. 11).

Simon FARGES, La révocation ad nutum des dirigeants de SAS : une règle supplétive de volonté, D. 2022. 1195.

Sylvia ROZELIER, Engagement des poursuites disciplinaires et prescriptions, D. 2002. 772.

Théo SCHERER, Loi renforçant la sécurité des élus locaux : je préviens, je protège et j'informe, D.A. 5 avril 2024.

Thomas BIGOT, Droit de se taire en matière disciplinaire : le Conseil d'État clarifie le champ d'application, D.A. 7 janvier 2025.

Thomas BIGOT, La réforme de l'arrêt maladie des fonctionnaires est actée, D.A. 6 mars 2025.

Revues avant 2019

Alexis ZARCA (et Sylvain NIQUÈGE), Dispute sur l'abandon de poste, AJFP 2016 p.181.

André LEGRAND, La sanction de l'absentéisme scolaire, La Semaine Juridique ADMINISTRATIONS et Collectivités territoriales n° 39-40, 27 Septembre 2010, act. 686.

Annie JOLIVET et Valérie PUEYO, La pénibilité du travail : de quoi parle-t-on ? Rev. trav. 2010. 686.

Anonyme, « L'absentéisme politique », Courrier hebdomadaire du CRISP 1969/3 (n° 429)

Antoine MAZEAUD, Un élargissement, en jurisprudence, du domaine de la sanction pécuniaire, *Droit social* 1991 p.469.

Arnaud Haquet, Le statut de l'élu local en filigrane, AJDA 2015 p.1210.

Aurélie BRETONNEAU, Contrôle du temps de travail : l'illicéité de la géolocalisation, AJDA 2018. 402.

Bertrand MATHIEU, Illégalité de retenues sur salaires imposées à des agents publics ayant participé à un mouvement revendicatif, AJDA 1992. 371.

Bertrand MATHIEU, L'employeur public entre droit administratif et droit du travail, AJFP 2000. 16).

Bruno GENEVOIS, Quels sont les fondements juridiques des retenues pécuniaires consécutives à une grève ?, *RFDA* 1987, p. 807 ;

Caroline DECHRISTÉ, Les contrats de travail flexibles. Une comparaison internationale (de Sophie Robin-Olivier), Les Presses de SciencesPo, Rev. trav. 2015. 428.

Caroline TABOUROT-HYEST, Révocation des dirigeants : les absents ont toujours torts ! Rev. sociétés 2013. 294.

Catherine PUIGELIER, La maladie et le contrat de travail, La Semaine Juridique Entreprise et Affaires n° 43, 25 Octobre 1990, 15890.

Catherine PUIGELIER, Prescription des poursuites disciplinaires et connaissance des faits reprochés par un supérieur hiérarchique, D. 1998. 53.

Catherine PUIGELIER, Suspension du contrat de travail pour maladie, obligation de loyauté et obligation de collaboration, D. 2000. 511.

Catherine PUIGELIER, Une faute grave non liée à l'état de grossesse justifie le licenciement d'une femme enceinte, La Semaine Juridique Social n° 25, 17 juin 2008, 1354.

Céline LEBORGNE-INGELAERE, Les obligations du salarié pendant l'arrêt maladie, JT 2025, n°281, p.25.

Christian BIDÉGARAY, Faut-il être un saint pour être un élu local ? RFDA 2025. 274.

Christian GAMALEU KAMENI, Précisions relatives à la retenue de la prime d'un salarié absent pour participation à une grève, *LPA* 25 janv. 2019, n° 141x0, p. 11.

Christine LÉONARD, Marie-Reine VAN AMERINGEN, Shimon DOLAN et André ARSENAULT (1987), Absentéisme et assiduité au travail : deux moyens d'adaptation au stress, Relations industrielles, 42(4), 774–789. https://doi.org/10.7202/050363ar

Christophe DAADOUCH, Parentalité sous contrainte : l'abrogation de la "loi CIOTTI", et après ?, Association jeunesse et droit, Journal du droit des jeunes, 2013/3 N° 323, pages 35 à 36, https://www.cairn.info/revue-journal-du-droit-des-jeunes-2013-3-page-35.htm.

Christophe VIGNEAU, Obligation de loyauté du salarié en arrêt maladie, La Semaine Juridique Entreprise et Affaires n° 20, 15 Mai 2003, 764).

Claude DIDRY, Au-delà de la subordination, les enjeux d'une définition légale du contrat de travail, Droit social 2018. 229 ;

Conseil d'État, 29 janvier 2003, Compétence liée de l'administration pour interrompre le versement d'un revenu de remplacement à un agent exclu pour motif disciplinaire, Lebon 2003.

Danièle RANCIÈRE, La grève des écoliers, Association Vacarme | « Vacarme », 2004/1 n° 26 | pages 41 à 46, https://www.cairn.info/revue-vacarme-2004-1-page-41.htm.
L'auteur a lu cette information dans un journal (Llanelly Mercury, 7 septembre 1812).

David ALIS, Marc DUMAS et Gwénaëlle POILPOT-ROCABOY, *Risques et souffrance au travail,* Coll. Économie du travail, Dunod (2010).

Delphine CASTEL, Transfert d'entreprise, Le règlement intérieur ne suit pas les contrats de travail, JA 2018, n°589, p.10.

Didier ARLIE, *LPA* 8 juillet. 1994, Non-respect des articles L135-7 et R135-1 du Code du travail et préavis conventionnel de démission, n° PA199408106.

Didier DELIGNIÈRES, L'université est-elle faite pour faire réussir les étudiants ? Mouvement & Sport Sciences - Science & Motricité 2013/2 n° 80.

Didier JEAN-PIERRE, Quand l'absence de service fait peut consister en un service mal fait, La Semaine Juridique Administrations et Collectivités territoriales n° 6, 5 Février 2007, 2025.

Dominique ASQUINAZI-BAILLEUX, Exercice du mandat de représentation pendant un arrêt maladie, La Semaine Juridique Social n° 25, 24 Juin 2014, 1269 ; Cass. Soc., 21 mars 2014, n° 12-20002 et 12-20003, Société ISS propreté.

Edwige ANTIER, Réflexion sur les châtiments corporels infligés aux enfants et leur interdiction par le droit, Les cahiers de la justice 2011. 107.

Emmanuel ROUX, La démission d'office en droit de la fonction publique : une pratique sans fondements ?, – AJFP 2001. 41.

Evan RASCHEL, Nouvel épisode dans l'application de la règle ne bis in idem en droit français : l'autorisation du cumul des sanctions pénales et disciplinaires, Gaz. Pal. 30 mai 2015, n° 224k3, p. 14.

Fabien TESSON, Cumul d'indemnités dans le cas d'une maladie professionnelle, *La Semaine Juridique Administrations et Collectivités territoriales* n° 1-2, 13 Janvier 2014, act. 32.

Fabrice MELLERAY, Les retenues pécuniaires pour fait de grève dans les services publics, *AJDA* 2003 p.1648).

Fanny DUMAYROU, Le reflux de la protection de l'emploi du salarié malade, Revue de droit du travail 2016 p.678.

Fanny ROGUE, De la difficulté à trouver des moyens efficaces pour lutter contre l'absentéisme scolaire, Petites affiches, 04/06/2015, n° 111, p. 6).

Francis HEKKING, *Réflexions sur la mécanique administrative. - Point d'administration, point de France : Nouvelles réflexions sur la mécanique administrative,* 1949.

François DUQUESNE, Droit du travail, Mémentos LMD, Gualino, 14è éd. 2019, p. 301.

Françoise FAVENNEC-HÉRY, Les relations professionnelles entre époux ou le travail sans la subordination, Droit social 2002. 403.

François-Xavier GALLET, La notion de temps de travail effectif, Gazette du Palais, 04/01/2001, n° 004, p. 4.

Frédéric GRAS, Licenciement de l'animateur Tex : le droit à l'humour, Kelsen et la morale dominante, Légipresse 2022. 363.

Geneviève PIGNARRE et Louis-Frédéric PIGNARRE, Le salaire contrepartie du travail ou les vertus du synallagmatisme revisité par le droit du travail, *Rev. trav.* 2011. 647.

Georges BORENFREUND, L'abattement pratiqué sur une prime d'assiduité, conséquence de l'absence du salarié du fait de sa mise à pied, ne constitue pas une sanction pécuniaire, *D. 1*995 p.357.

Gérard VACHET, Jours fériés, *Répertoire de droit du travail*, septembre 2019, n° 46.

Gilles Armand, Une exclusion temporaire de fonctions peut être justifiée par l'absentéisme sans que l'absentéisme justifie des retenues sur traitement, AJFP 2012 p.150.

Guillaume MAIRE, L'exécution en nature d'une obligation de faire imposée au créancier, AJDI 2014. 203.

Hanan QAZBIR (madame), Le mandat parlementaire face au nouveau régime du cumul, Presses Universitaires de France, Revue française de droit constitutionnel, 2015/3 N° 103, pages 633 à 656, https://www.cairn.info/revue-francaise-de-droit-constitutionnel-2015-3-page-633.htm.

Harold KOBINA GABa, Ignorance, mépris ou respect circonstancié du droit applicable dans l'entreprise ? D. 2003. 915.

Hugo BARBIER, Le devoir de réaction de l'employeur, Rev. trav. 2025. 102.

Jacques BARTHÉLÉMY et Gilbert CETTE, Vers un droit de l'activité professionnelle, Droit social 2017. 188.

Jean KERNINON, L'obligation pour l'autorité administrative de prendre réellement ses décisions, La Revue administrative, 34e Année, No. 203 (sept-oct. 1981), pp. 479-488 (10 pages), Published By : Presses Universitaires de France, DOI : 10.2307/40773268, https://www.jstor.org/stable/40773268.

Jean MOULY, Charte du football professionnel : pas de rupture anticipée du contrat de travail pour le joueur absent aux entraînements, Droit social 2015 p.88.

Jean PÉLISSIER, Préavis de démission : un revirement de jurisprudence, *Rev. trav.* 2008. 592).

Jean SAVATIER, Salaire. Réduction en cas de grève perlée. Sanction pécuniaire, *Droit social* 1995 p.599.

Jean-Emmanuel RAY, Grève. Rémunération. Jour férié ou de repos. Paiement (non), Droit social 1998. 853.

Jean-François PAULIN, Stages et stagiaires, Répertoire de droit du travail, octobre 2015, n° 38.

Jean-Marc MIGLIETTI, Faute grave ou lourde du salarié : des conséquences d'exception, Tourisme et Droit 2000, n°14, p.23.

Jean-Marc Miglietti, L'État de santé et le licenciement du salarié - 1re partie : maladie et licenciement, Juris associations 1999, n°209, p.17).

Jean-Marc PASTOR, La Cour des comptes renouvelle ses critiques sur la gestion des agents territoriaux, AJDA 2016. 1896.

Jean-Maurice VERDIER, Au-delà de la réintégration et de l'indemnisation des grévistes : vers une protection spécifique des droits fondamentaux des travailleurs ?, Droit social 1991. 709.

Jean-Yves FROUIN, Le refus du salarié de se soumettre à une contre-visite médicale ou d'en respecter les conclusions constitue-t-il une faute ? *Droit social* 1995. 984.

Joël COLONNA, Un motif de refus de la contre-visite : le défaut de paiement des indemnités complémentaires, *La Semaine Juridique Entreprise et Affaires* n° 12, 20 Mars 1997, 926 ;

Johanne SAISON, Rien ne sert d'enquêter avec partialité... AJFP 2025. 289.

Joseph FROSSARD, Les indemnités complémentaires, en cas de maladie, à la charge de l'employeur, *Droit social* 1991. 568).

Julien ICARD, Mode de calcul du temps de travail effectif, Les Cahiers Sociaux, 01/05/2014, n° 263.

Julien MONDOU, Délai de préavis et démission, JS 2021, n°218, p.46.

Julien SORIN, Justiciabilité d'une sanction disciplinaire infligée à un parlementaire, AJDA 2017 p.41 ;

Juliette GATÉ, Contraindre un prisonnier retraité à travailler n'est pas du travail forcé, D.A., 22 février 2016).

Juliette PERROT, https://bealondoner.wordpress.com/2014/12/11/la-chambre-des-lords/.

Katia WEIDENFELD, Quel recours pour un député sanctionné ?, AJDA 2015. 1692.

Laurence MAUGER-VIELPEAU, L'absentéisme scolaire et l'aggravation des mesures de suspension des allocations familiales, Droit de la famille et des personnes, 15/11/2010, n° 10, p. 3.

Laurence Pécaut-Rivolier, Donner l'information : les obligations du salarié, Droit social 2013 p.103.

Laurent LOMBART, Typologie de la radiation des cadres de la fonction publique : les cas de pure constatation, AJFP, 2008. 265.

Lola ISIDRO, L'enfant étranger et les prestations familiales : retour sur un usage singulier des sources du droit, RDSS 2012. 1123

Luc DEREPAS, Le Conseil d'État précise sa jurisprudence sur les retenues sur traitement pour cause de grève, *Droit social* 2009. 64.

Maître Julie VERGER, 06/12/2017, https://www.eurojuris.fr/articles/absenteisme-d-un-conseiller-municipal-37478.htm.

Marc GUERRINI, Le contrôle des sanctions disciplinaires infligées aux membres des assemblées parlementaires, RFDA 2016. 345 ;

Marc VERDUSSEN, Éthique et politique : la Belgique à la croisée des chemins, Revue de droit public, 01/03/2018, n° 2, p. 373.

Marcel VOXEUR, Durée des arrêts en accident de travail : les CPAM sont protégées du contrôle des employeurs, La Semaine Juridique Social n° 6, 7 février 2012, 1051.

Marie-Christine ROUAULT, Congé de maladie, refus de contre-visite et constatation de l'abandon de poste, *LPA* 8 juin 2016, n° 113t9, p. 7.

Marie-Christine ROUAULT, Les jours de congés annuels compris dans une période de grève doivent être payés, La Semaine Juridique Social n° 29, 15 Juillet 2008, act. 403).

Marine FACON, Salariés protégés - Une vigilance accrue sur les procédures applicables, JA 2025, n°716, p.40 ;

Maryline BRUGGEMAN, La sanction de l'absentéisme scolaire, au cœur de l'ambiguïté de l'obligation scolaire, Droit de la famille n° 12, Décembre 2011, dossier 19.

Mathieu FATREZ, Arrêt de travail : l'abstention de toute activité non autorisée s'entend strictement, *CSBP* février 2011, n° *CSBP*2011-227-A11, p. 42.

Mathieu TOUZEIL-DIVINA, Continuité du service public, urgence et astreintes d'agents, La Semaine Juridique Administrations et Collectivités territoriales n° 49, 2 Décembre 2013, act. 942).

Maud PARNAUDEAU, https://www.courrierdesmaires.fr/11485/comment-concilier-mandat-local-et-activite-professionnelle/) ; publié le 15/01/2010.

Myriam ROUSSILLE, Démission du dirigeant : de l'inutilité du préavis contractuel, *Gaz. Pal.* 3 avril 2018, n° 319s8, p. 66.

Nicole MAGGI-GERMAIN, Existe-t-il un droit commun du travail ? Droit social 2019. 1034).

Olivia DUFOUR et Christophe PALLEZ, L'exercice du pouvoir de sanction est une révolution culturelle pour la CNIL, LPA 29 sept. 2004, n° PA200419501, p. 3.

Olivier NÉGRIN, Le versement de la rémunération, La règle du service fait, La Semaine Juridique Administrations et Collectivités territoriales n° 4, 19 Janvier 2009, 2012).

Pascale DEUMIER et Olivier GOUT, La constitutionnalisation de la responsabilité civile, Cahiers du Conseil Constitutionnel, 2011.

Pascale Tessier, Quelle indemnité de fonction pour les élus n'appartenant pas à la majorité ?, https://www.courrierdesmaires.fr/84226/quelle-indemnite-de-fonction-pour-les-elus-nappartenant-pas-a-la-majorite/. Publié le 27/11/2019.

Patrice HUERRE, s'absenter : choix ou nécessité ?, I.N.S.H.E.A. | « La nouvelle revue de l'adaptation et de la scolarisation », 2011/4 N° 56 | pages 13 à 20, https://www.cairn.info/revue-la-nouvelle-revue-de-l-adaptation-et-de-la- scolarisation-2011-4-page-13.htm.

Pauline LAGARDE, La réforme du règlement intérieur du Sénat destinée à lutter contre l'absentéisme parlementaire, Revue du droit public, 01/09/2016, n° 5, p. 1477.

Philippe SOUBIROUS, Assouplissement des règles de retenue sur rémunération des fonctionnaires grévistes, *AJDA* 2008. 1667 ;

Pierre FRANCK, La sanction doit-elle être la même pour tous les auteurs d'une même faute ? Droit social 1991. 621.

Pierre Le GARZIC, La réduction des indemnités des conseillers régionaux en cas d'absentéisme, AJDA 2007 p.678.

Pierre-Ange ZALCBERG, https://www.village-justice.com/articles/regime-retenues-faits-greve,3041.html.

Pierre-Yves VERKINDT, Licenciement en raison de l'état de santé : importance de l'avis médical d'inaptitude, Note sous Cass. soc., 14 juin 2007, n° 06-43.443, F-D, Hansali c/ SA Sylvania Lighting Internationa, La Semaine Juridique Social n° 37, 11 Septembre 2007, 1670.

RADÉ, Liberté, égalité, responsabilité, Cahiers du Conseil Constitutionnel, juin 2004, n° 16.

Raphaël MATTA-DUVIGNAU, La radiation des cadres pour abandon de poste, AJFP 2014. 105.

Rédaction, L'exclusion définitive du service est la seule sanction applicable aux élèves gardiens de la paix, AJFP 2008. 326.

Rémi LEMAÎTRE, Des collégiens « absentéistes » très assidus, Agora, Pages 95 à 107.

Robert HOLCMAN, Secteur public, secteur privé : similarités et différences dans la gestion des ressources humaines. Revue française d'administration publique, 2007, 123(3), 409-421. https://doi.org/10.3917/rfap.123.0409.

Thibault LAHALLE, Conditions d'attribution d'indemnités complémentaires, La Semaine Juridique Social n° 23, 2 Juin 2009, 1238.

Thierry MASSIS, Faut-il dépénaliser la loi du 29 juillet 1881 sur la liberté de la presse ?, Gaz. Pal. 4 sept. 2008, n° GP20080904001, p. 2.

Valérie AVENA-ROBARDET, L'école buissonnière sévèrement sanctionnée, AJ Famille 2010 p.199.

Valérie CHATEL, Mettre fin à la solitude des managers, AJ Collectivités Territoriales 2013 p.29).

Valérie LACOSTE-MARY, Les conditions d'attribution des indemnités journalières : état des lieux, *RDSS* 2011 p.692.

Vincent CASANOVA, L'argent et l'absent, Vacarme 2010/3 (N° 52), pages 92 à 94.

Vincent WAUQUIER, CDD et inexécution de la prestation inhérente au contrat de travail, *D. 2*004. 377.

Wolfgang FRAISSE, L'application du régime de la présomption légale en matière de harcèlement moral, D.A. 6 février 2014.

Xavier AUMERAN, Restitution des indemnités journalières : cumul de la répétition de l'indu et de la pénalité financière, *JCP S* 2018, 1298.

Youssef GUENZOUI, La crainte révérencielle, D. 2010. 984 ;

Yves ABRAM, Le conflit de devoirs : le fonctionnaire territorial entre les obligations d'obéissance et de résistance, AJFP 1996. 39 ;

Yves CHAUVY, Un dilemme : le licenciement d'un pompier volontaire, travailleur salariée, RFDA 1992. 310.

Table des matières

Sommaire ______ ***9***

Introduction. – L'illégalité des sanctions financières pour absentéisme fautif ______ ***11***

1. – La diversité de vols du temps de travail par le salarié. ______ 11

A. – Le dénombrement préalable des présences et des absences 11

2. – L'absentéisme révélé par un décompte des présents. ______ 11
3. – L'autocontrôle et le contrôle hiérarchie des présents. ______ 12
4. – L' obligation légale de décompte du temps de travail. ______ 14
5. – La mauvaise volonté ou la mauvaise foi d'absentéistes. ______ 15
6. – Le contrôle des absences dans les formations. ______ 16

B. – Le cas de l'absentéisme moral ou vol du temps de travail ______ 17

7. – La difficulté du mesurage de l'utilité d'une présence. ______ 17
8. – La durée de travail et ses résultats possibles. ______ 18
9. – L'absentéisme moral, le défaut de service et autres. ______ 19
10. – La dénonciation du présentéisme au travail. ______ 20
11. – Le risque d'absentéisme dû au cumul d'emplois. ______ 21
12. – Le risque juridique du cumul illicite d'emplois. ______ 21

C. – La contestation de la retenue sur salaire de l'absentéiste ______ 23

13. – Les seules sanctions disciplinaires contre l'absentéiste. ______ 23
14. – Une infraction pour sanction pécuniaire au salarié. ______ 24
15. – L'inopportunité du choix des sanctions pécuniaires. ______ 26
16. – Le seul juge correctionnel pour les vols et autres. ______ 27
17. – La dimension pécuniaire des sanctions disciplinaires. ______ 28
18. – Le risque de double peine du salarié absentéiste. ______ 30
19. – La légalité d'une sorte de cumul des peines. ______ 31
20. – Le refus licite d'une prime conditionnelle au fautif. ______ 32
21. – L'illcéité de la compensation unilatérale patronale. ______ 33

Chapitre 1. – Les sanctions disciplinaires pour absentéisme ______ 35

22. – Des réponses disciplinaires souvent différentes entre le privé et le public ______ 35

Section 1. – La sanction des absentéistes dans le public ______ 35

23. – Le reproche d'insuffisance ou d'indiscipline à l'agent. 35
24. – L'assiduité grâce à la carotte et/ou au bâton. 36
25. – Des sanctions différentes dans le privé et le public. 37
26. – Les individus punissables dans une administration. 38
§ 1. – La sanction de l'agent public absentéiste. 38
27. – Les sanctions disciplinaires de l'agent absentéiste. 38
A. – La diversité de sanctions dont la révocation 39
28. – Des sanctions disciplinaires de sévérité variable. 39
1. – La mutation ou l'exclusion temporaire de l'absentéiste 40
29. – Les sources des sanctions des fonctionnaires. 40
30. – Le délai et l'autorité de la sanction disciplinaire. 41
31. – Les trois principaux types d'avis dans l'administration. 42
32. – La sévérité variable selon son le chef du service. 43
33. – La mutation d'un magistrat du siège comme sanction. 43
34. – Le déplacement d'office de l'administrateur civil. 45
35. – La coopération souhaitable du salarié en vue de sa mutation disciplinaire. 46
36. – L'absentéiste exclu de fonctions (et non pas suspendu). 47
2. – Le départ définitif de l'absentéiste comme sanction 50
37. – Le licenciement éventuel de l'agent public absentéiste. 50
38. – Le licenciement de la contractuelle pour insuffisance professionnelle et absentéisme. 50
39. – Le ratage de la mise à la retraite d'un inspecteur des impôts pour son probable absentéisme. 51
40. – Le licenciement d'agents territoriaux de tous grades pour défaut d'assiduité. 52
41. – La démission recherchée d'une sommité dijonnaise de la culture pour absentéisme. 53
42. – L'invocation à Vitry de l'absentéisme à la rescousse du licenciement d'une directrice. 54
43. – Les deux échecs toulousains de licenciement d'un contractuel sans grade. 55
B. – Le concept d'abandon de poste et sa controverse 57
44. – L'abandon de poste comme invention prétorienne discutée en doctrine. 57
1. – Une jurisprudences contre le long absentéisme d'agents 57
45. – L'incompatibilité du droit à des absences avec une continuité service public. 57
46. – La perte de la procédure protectrice en cas d'abandon de poste. 58

47. – L'abandon de poste des gardiens de la paix faux malades mais vrais grévistes. 59
48. – Le contrôle médical difficile des brefs arrêts maladie. 61
49. – L'abandon de poste constitué par le défaut de transmission de ses justificatifs d'absence. 62
50. – La force majeure comme échappatoire hypothétique dans l'abandon de poste. 64
51. – Le lien habituel de l'abandon de poste avec une maladie de l'agent public. 66
52. – Les trois critères de validité du licenciement pour abandon de poste. 67
53. – La persistance de relations avec l'agent absentéiste procédurier. 68
54. – La fragilité juridique du licenciement pour abandon de poste. 70
2. – Les controverses sur la révocation pour abandon de poste. 72
55. – L'assimilation de l'abandon de poste à la désertion militaire. 72
56. – L'assimilation de la radiation pour abandon de poste en simple prise d'acte. 73
57. – Le rapprochement de l'abandon de poste du secteur public et du secteur privé. 74
58. – L'abandon de poste comme preuve d'une souffrance au travail. 75
§ 2. – L'exclusion de l'élu ou de l'élève absentéiste 76
59. – La pluralité des personnes coupables d'absentéisme. 76
A. – L'exclusion de l'élève français ou étranger 77
60. – Le faible pouvoir contre l'élève français et le grand pouvoir contre l'étudiant étranger. 77
1. – L'exclusion illusoire ou dérisoire de l'élève français 77
61. – La facilitation du mérite républicain par l'école. 77
62. – L'existence de réussites sociales sans l'aide de l'école. 79
63. – L'absentéisme de collégiennes par fronde religieuse. 81
64. – Le sauvetage d'une exclusion définitive d'absentéistes par substitution de motif. 82
65. – La pluralité des absences fondement de l'exclusion définitive. 84
66. – L'absentéisme forcé de l'étudiante exclue à tort. 86
2. – Le refus du titre séjour à l'étranger absentéiste 88

67. – L'exigence d'une preuve d'assiduité à l'étudiant demandeur d'une carte de séjour. 88
68. – L'assiduité pour un passage du statut de mineur non accompagné à étudiant étranger. 89
69. – L'indifférence du changement d'orientation en cas de sérieux et d'assiduité de l'étudiant. 90
70. – L'OQTF en cas de cumul d'échecs, d'une réorientation et/ou d'un absentéisme. 91
B. – La sanction de la démission d'office dans une instance 92
71. – L'accord d'administrateurs et du juge pour la concrétisation de la démission d'office. 92
1. – Les principes directeurs de la démission d'office 93
71. – Le besoin de groupements aux membres assidus. 93
72. – L'historique et les sources de la démission d'office. 95
73. – Le pouvoir du juge en matière de démission d'office. 95
74. – Le délai d'un mois pour chacune des étapes de la procédure. 96
2. – La mise en œuvre de la démission d'office 97
76. – Illustrations de tentatives de démissions d'office. 97
77. – La démission d'office dans un établissement du réseau des CC. 99
78. – La démission d'office dans la commission nationale d'aménagement commercial. 100
79. – La démission d'office de membres du CESER. 101
80. – La démission d'office dans l'aéronautique, dans l'artisanat et dans le sport. 102
81. – Le défaut de formation du conseiller prud'homme. 103

Section 2. – La sanction des absentéistes dans le privé 105
82. – L'anticipation patronale de l'absentéisme et de ses sanctions. 105
83. – Les travailleurs comme absentéistes protégés et parfois surprotégés. 106
§ 1. – Le licenciement du salarié de droit commun. 106
84. – La preuve de l'absentéisme fautif et de la licéité de sa sanction. 106
A. – L'exigence d'absences fautives et préjudiciables de droit commun. 107
85. – Un absentéisme fautif revendiqué ou regretté par le travailleur. 107

1. – Le licenciement de l'absentéiste insouciant ou effronté __ 108
86. – L'absentéisme récurrent du footballeur Diégo Maradona. __ 108
87. – La gravité même de l'absentéisme de simples soignants de base. __ 108
88. – L'absentéisme de la professeure d'élèves absentéistes. 110
89. – La lenteur dans la justification de ses absences par une secrétaire. __ 112
90. – L'absentéisme récurrent du tisserand indifférent aux avertissements. __ 113
91. – L'agent de fabrication désorganisatrice de l'entreprise par son absentéisme. __ 115
92. – La faute grave du plombier transmetteur tardif de ses nombreux justificatifs. __ 116
93. – L'absentéisme d'une chargée d'affaires peut-être harcelée. __ 117
94. – L'impossibilité du licenciement préventif du vendeur en outillage. __ 118
2. – L'erreur de l'absentéiste sur son droit à absence __ 120
95. – La faute simple surtout pour un absentéisme imputable à l'employeur. __ 120
96. – Le silence trompeur de l'employeur face à l'instituteur syndicaliste. __ 120
97. – La qualification de faute simple de l'absentéisme de la secrétaire indisposée. __ 122
98. – Le salarié parti en congé annuel contre l'avis nouveau de l'employeur. __ 124
99. – L'erreur d'appréciation du pompier volontaire absentéiste. __ 125
B. – La réussite variable de la procédure de licenciement __ 128
100. – Le rappel des principes applicables à l'occasion d'un licenciement. __ 128
1. – L'échec du licenciement du footballeur absentéiste __ 131
101. – Le défaut d'assiduité (à l'entraînement) d'un footballeur amiénois. __ 131
102. – L'illicéité du choix d'une sanction oubliée par le règlement intérieur. __ 132
103. – Le vide juridique surtout dans les structures sans règlement intérieur. __ 133

104. – La critique doctrinale de l'arrêt favorable au footballeur amiénois. 134
2. – La réussite de l'exclusion de dirigeants absentéistes 135
105. – Le besoin de dirigeant pour toute personne morale. 135
106. – La démission implicite des dirigeants absentéistes. 136
107. – La cooptation d'un administrateur de remplacement en cas de démission implicite. 136
108. – Les règles de licenciement du dirigeant d'entreprise. 137
§ 2. – L'apparente immunité de quelques absentéistes 141
109. – La protection même des absentéistes contre des sanctions faciles. 141
A. – La protection privilégiée des titulaires d'un mandat 142
110. – Des élus bénévoles en principe bénéficiaires d'une surprotection fonctionnelle. 142
1. – Les illustrations de la surprotection des élus coupables d'absentéisme. 142
111. – La précision sur les principes protecteurs applicables. 142
112. – La subordination de la surprotection d'élu à sa révélation à l'employeur. 144
113. – L'interminable contentieux d'une surprotection à l'encontre de la société Amadeus. 145
114. – La surprotection de l'absentéiste même seulement élu en cours de procédure. 146
115. – Le maintien d'avantages au syndicaliste devenu permanent et donc indisponible. 147
116. – La discrimination syndicale pour considération de l'impact du mandat sur le travail. 148
117. – La présomption de prise en compte de l'indisponibilité du travailleur élu. 150
118. – La réintégration et des indemnités pour le salarié en cas d'autorisation annulée. 151
2. – La neutralisation de la surprotection du salarié élu 153
119. – L'absentéiste devenu syndicaliste par peur du licenciement prochain. 153
120. – Le licenciement du syndicaliste pour trop d'absences injustifiées. 154
B. – La surprotection du malade contre le licenciement 155
121. – L'abandon de principes généraux du contrat pour la protection des salariés. 155

1. – L'évolution de la société vers l'indifférence de l'absentéisme dû à la maladie. 156
122. – Le compromis social relatif à l'absentéisme pour maladie. 156
123. – Le licenciement envisageable de l'absentéiste à la base d'une désorganisation. 157
124. – Le licenciement du malade en incapacité en cas de reclassement impossible. 158
125. – La spécificité des absences pour accident du travail, maladie professionnelle et grossesse. 159
2. – Les velléités de licenciement d'absentéistes pour maladie 161
126. – La neutralité de l'absentéisme désorganisateur. 161
127. – L'impuissance en cas d'irrespect des heures de sortie. 162
128. – L'impuissance au cas de contrat de travail suspendu. 164
129. – L'efficacité moindre du VRP malade. 165
130. – La prescription et la maladie comme échappatoires. 166
131. – La rigueur d'antan d'Air France contre le malade. 167
132. – L'avis pour un licenciement du handicapé. 168

Chapitre 2. – Les "sanctions morales" pour absentéisme 171

200. – L'appel étonnant au concept de sanctions morales. 171

Section 1. – La discrétion classique de la sanction morale. 172

201. – La volonté unilatérale de l'employeur et du salairé. 172
§ 1. – L'exigence d'une autocorrection à l'absentéiste 172
202. – L'hostilité aux sanctions morales même neutres. 172
A. – Le doute entre sanction disciplinaire et sanction morale 173
203. – Le contours des sanctions applicables au travailleur. 173
204. – La sanction d'après le Code du travail. 173
205. – La rareté de la définition des notions dans les codes. 174
206. – L'identification des mesures qualifiables de sanctions. 175
207. – Une différence entre punition et sanction. 176
208. – Le statut des observations et autres avertissements. 178
209. – La sanction morale dans l'administration. 180
210. – Les sanctions morales presque disciplinaires. 180
211. – La variété des sanctions morales. 181
212. – La prescription des poursuites disciplinaires. 184
213. – La sanction morale comme préalable à la sévérité. 185
214. – Le risque d'une tolérance initiale de l'absentéisme. 186
215. – Le procès contre une vulgaire sanction morale. 187
216. – Les règles de mise en œuvre de la sanction morale. 190

217. – La convocation de l'absentéiste à un entretien.______ 193
B. – Le refus de simples sanctions morales par des absentéistes _ 194
218. – La liberté d'expression même au travail. ___________ 194
219. – Le devoir de subordination ou d'obéissance au travail._ 196
220. – L'irruption de l'absentéiste chez le directeur. ________ 197
221. – Le mutisme méprisant du salarié sur ses absences.____ 198
222. – Le respect et la discrétion devant les clients. _________ 200
223. – Le choix des seules sanctions du règlement intérieur.__ 201
§ 2. – L'illicéité de certains échanges avec l'absentéiste potentiel___ 202
224. – L'assiduité et les erreurs ou les fautes de gestion RH. __ 202
A. – Les précautions proches du harcèlement moral ___________ 203
225. – L'idée du profil d'assiduité du candidat au poste. _____ 203
226. – Le lien de la quête d'assiduité avec le harcèlement. ___ 204
227. – La perplexité quant aux reproches admissibles._______ 205
228. – Le harcèlement comme cause et effet des absences. __ 206
229. – L'analyse des réflexions du maire en harcèlement. ____ 207
230. – Le droit d'envoi de courriers neutres au travailleur. ___ 208
231. – La sensibilisation choquante à l'assiduité. __________ 209
232. – La duplicité de l'ANACT sur la leçon aux absentéistes.__ 211
233. – La leçon de morale de Toyota à un absentéiste. ______ 212
234. – L'existence d'entretiens bienveillants à l'absentéiste.__ 213
B. – Les mesures constitutives de fautes de gestion RH. ________ 214
235. – Le risque d'une chasse forcenée de l'absentéisme. ____ 214
236. – Le contrôle de l'absentéisme des salariés élus. _______ 215
237. – L'absence de l'élu comme un temps de travail effectif._ 216
238. – La volonté de prise de congés déjà convenus. ________ 217
239. – L'illicéité d'un licenciement préventif. _____________ 219
240. – Quelques profilages d'absentéistes potentiels. _______ 220
241. – L'inégalité ponctuelle entre personnes. _____________ 222
242. – L'indifférence de l'absentéisme prévisible des mères.__ 223

Section 2. – La publicité comme sanction des absences. ______ 225
243. - L'injustice possible de la publicité des absences. 225
§ 1. – La médiatisation parfois légitime des absences. ____________ 225
244. – La la publicité des absences et le Name and Shame. ___ 225
A. – Le jugement moral sur les absences et les absentéistes. ____ 226
245. – Un PV sur les présents, les excusés et les absents._____ 226
246. – La réflexion sur les personnes excusées à une réunion. 226
247. – L'absence titre de noblesse ou brevet de résistance. __ 227
248. – L'absentéisme une faute de gestion d'administrateurs. 229

249. – L'assiduité scolaire grâce à une publicité des absences. 231
250. – L'affichage de l'absentéisme de son rival à l'élection. __ 232
251. – La publicité même des absences excusables du député. 233
252. – La dissuasion de l'absentéisme par sa publicité. ______ 234
B. – L'exonération facile de dénonciateurs d'absentéistes. ______ 236
253. – L'abus de sa liberté d'expression contre un absentéiste. 236
254. – Le vœu d'une indemnisation des victimes des médias. _ 237
255. – Le droit à une publicité des condamnations obtenues. _ 237
256. – La faute pour publicité d'une culpabilité probable. ____ 239
§ 2. – La faute des justiciers pourfendeurs des absences. ________ 241
257. – Le choix entre liberté d'expression et droit à réparation. 241
A. – Les obstacles à la publicité de l'absentéisme d'autrui. ______ 241
258. – La possible publicité des condamnations pénales. _____ 241
259. – La rareté des condamnations susceptibles de publicité. 242
260. – L'effet relatif de la honte sur les absentéistes potentiels. 244
261. – La publicité de condamnations en droit du travail. ____ 245
B. – Une dette rare pour publicité des absences d'autrui. _______ 247
262. – Le silence sur les jugements rendus à huis clos. _______ 247
263. – La révélation légitime d'un absentéisme dans la presse. 247
264. – La publicité d'absences déjà auto-médiatisées. _______ 248
265. – L'absentéisme prétendu d'un pharmacien calédonien. _ 250
266. – La prescription dans les trois mois de la publication. ___ 251
267. – L'exonération de pétitionnaires contre l'institutrice. ___ 254
269. – La chance du critique d'universitaires absentéistes. ___ 255

***Bibliographie sommaire* ______ 259**

Manuels et extraits d'encyclopédies ______ 259

Renvois en autocitation ______ 259
Autres auteurs ______ 259

Revues surtout juridiques et privatistes ______ 260

Revues après 2019 ______ 260
Revues avant 2019 ______ 262

***Table des matières* ______ 271**

***Fin du livre et page pour des observations* ______ 280**

Fin du livre et page pour des observations

www.ingramcontent.com/pod-product-compliance
Lightning Source LLC
LaVergne TN
LVHW060030210926
848481LV00013B/3825
9791097723262